o amor não é um jogo

(mas você deveria saber as probabilidades)

o amor não é um jogo

(mas você deveria saber as probabilidades)

Randy Hurlburt

Colaboração **Harold Bessell**

Novo Conceito
editora

Produção Editorial
Equipe Novo Conceito

Tradução
Denise Brazys
Luciana di Tota Boni

Editoração
Dreampix Comunicação

Projeto Gráfico e Capa
Dreampix Comunicação

Dados Internacionais de Catalogação na Publicação (CIP)
(Câmara Brasileira do Livro, SP, Brasil)

Hurlburt, Randy
O amor não é um jogo : (mas você deveria saber as probabilidades) / Randy Hurlburt ; [tradução Denise Brazys , Luciana di Tota Boni]. -- São Paulo : Editora Novo Conceito, 2005.

Título original: Love is not a game : but you should know the odds.
Bibliografia.
ISBN 85-8665-355-1

1. Amor 2. Auto-estima 3. Conduta de vida 4. Felicidade 5. Homem-mulher - Relacionamento 6. Namoro 7. Relações interpessoais 8. Sexo (Psicologia) I. Título.

05-2680 CDD-158

Índices para catálogo sistemático:

1. Amor e felicidade : Psicologia aplicada 158
2. Felicidade e amor : Psicologia aplicada 158

2005
Direitos exclusivos para a língua portuguesa cedidos à Tecmedd.

Novo Conceito
editora

Av. General Júlio Marcondes Salgado, 106
CEP 01201-020 São Paulo - SP
tel: 55 (11) 3512-5500
sac@editoranovoconceito.com.br
www.tecmedd.com

Em memória de

Harold Bessell
Marido, pai, amigo, terapeuta, autor.

O mundo é um lugar melhor por causa das suas idéias.

Os justos são atraídos pela percepção dos homens,
E não pensam por si mesmos;
Até que a experiência os ajude a pegar
E a aprisionar fadas e elfos

E então os patifes começam a rosnar
E os hipócritas a uivar;
E todos os seus bons amigos mostram seus objetivos secretos
E a águia se revela na coruja.

William Blake

LEITOR, MUITA ATENÇÃO

O conteúdo deste livro representa a opinião e experiência do autor e não tem a intenção de dar conselhos médicos, legais, financeiros ou de qualquer outro tipo, nem de substituir a consultoria de um advogado, psicólogo, médico ou de outros profissionais. Os leitores são bastante aconselhados a usar seus próprios julgamentos e discernimento ao estimar os riscos no momento de decidir usar ou não qualquer conselho, informação ou outro conteúdo do livro, incluindo as seções de "Resumo" e "Tarefa". Se houver qualquer dúvida, o leitor deve procurar o profissional apropriado.

Este livro é vendido sem qualquer garantia, expressa ou subentendida, e o autor e a editora não são responsáveis por qualquer perda, dano ou outras conseqüências resultantes da leitura do livro ou de qualquer um de seus conselhos ou informações.

As histórias apresentadas, apesar de baseadas na realidade, foram modificadas para não revelar a identidade de qualquer pessoa. Qualquer semelhança entre pessoas reais, vivas ou mortas, e as descritas no livro, será mera coincidência.

SUMÁRIO

AGRADECIMENTOS

Outrora dócil, e em perigosa senda,
O justo seguiu seu curso ao longo
Do vale da morte.
[...]
Até que o vilão deixou as sendas do conforto
E, caminhando por perigosas sendas, conduziu
O justo a regiões estéreis.
Agora a furtiva serpente se esgueira
Em mansa humildade,
E o justo vocifera nos ermos
Onde vagueiam leões.
[...]

William Blake

Aos meus filhos, Mike e Christy: escrevo este livro para vocês. Gosto muito dos momentos que passamos juntos, jogando futebol, brincando com soldadinhos e bonecas, fazendo caminhadas, conversando e participando de jantares e reuniões de família, mas os valores permanentes da minha vida estão nos "segredos" que escrevi aqui.

Será suficiente para mim se, ao ler o livro, vocês venham a conhecer melhor o pai de vocês. Se adquirirem algum conhecimento que seja bom para vocês, melhor ainda.

Também espero que outros aprendam com este livro. Mas ele não é para qualquer um. Na realidade, apenas aqueles leitores que quiserem um tipo de relacionamento de alto nível e estiverem dispostos a pensar de diferentes formas reconhecerão o valor deste livro.

Ao autor colaborador, dr. Harold Bessell: tive muita sorte por poder contar com o seu conhecimento e orientação. Seus métodos não-convencionais de psicoterapia permitiram que eu descobrisse a pessoa dentro de mim que buscava por respostas. Você me ajudou a entender o que era possível e a lidar com as frustrações e tensões – fruto de chegar lá tão lentamente. Você me proporcionou uma vida mais profunda e mais feliz – sentirei imensamente a sua falta.

À autora e pioneira, Nancy Friday: um agradecimento especial pela permissão para usar trechos de seus livros *My secret garden* [*Meu jardim secreto*] e *O homem e o amor*. Você abriu o assunto de fantasias sexuais para o mundo e, dessa forma, criou novas oportunidades para a satisfação humana. A inclusão do seu material torna o meu livro melhor.

À minha amiga Shelley: obrigado por ser uma amiga constante, por escutar minhas idéias malucas, mesmo que nem sempre concorde com elas. Ninguém jamais tentou entendê-las ou apreciá-las da mesma maneira que você. Sua ajuda com a edição também foi incalculável.

A John e Traci Soderberg: John, obrigado pelo talento artístico e amor que você colocou na escultura *A ascensão de Io*. A beleza de Io, sua inocência, sua graça, a sensação de liberdade, a energia plena... Ela me inspira todos os dias. A vida é curta, mas o bronze é para sempre! Traci, sua amizade e seu apoio para o que eu escrevo significam mais do que eu possa dizer.

A Gilbert Ortega e Gil Jr.: serei eternamente grato pela ajuda para comprar a *Io* da galeria de vocês. Sei como foi difícil separarem-se dela. Contudo, de uma maneira muito importante, ajudaram-me a começar este livro. Obrigado. (P.S.: vocês estão convidados a visitá-la sempre que quiserem!)

A Paul Reese (Reese Creative): seu talento artístico na criação de capas e ilustrações é incrível! Os ícones dos capítulos tornam cada um dos segredos memoráveis! Gostei muito de ter recebido sua orientação como amigo e colega de trabalho.

A Christina Cicero (Words, Ink): obrigado por acreditar no conceito do meu livro e pelas horas incansáveis gastas na edição dele, a fim de me ajudar a passar a mensagem da melhor maneira possível. Sua ajuda tornou o livro muito melhor do que ele era.

A Madeline Hoefer: foi um prazer trabalhar com você na composição do livro. Todo autor precisa de alguém com o seu talento e zelo para fazer com que tudo se encaixe e funcione da melhor maneira possível.

A Aew, meu amor: você tocou meu coração e me deu a oportunidade de vivenciar os segredos deste livro. Estou ansioso para saber aonde o rio da vida irá nos levar.

A todos os meus professores, amigos, companheiros e colaboradores: queria poder citar os nomes de todos vocês e agradecê-los pessoalmente. Vocês me mostraram os diferentes tipos de relacionamento. Os segredos neste livro pertencem a vocês.

A DEUSA DO AMOR

A ascensão de Io. Escultura em bronze.
John M. Soderberd, 1979.

ANTES

Vôos baixos da fantasia

Uma vez, uma garotinha ouviu alguém dizer alguma coisa sobre o amor. Ela ouviu que o amor era o paraíso, e que tudo de que ela precisava para chegar até lá era o foguete de um homem.

Então, essa garota corajosa, querendo chegar ao paraíso, começou a prestar atenção nos foguetes. Descobriu que, assim como os fogos de artifício, eles tinham diferentes cores e sons. Um dia, durante a sua busca, ela encontrou uma nave espacial. Ela não sabia muito sobre naves espaciais, mas essa era tão grande que ela nem pensou duas vezes antes de seguir em frente e deixá-la para trás. Escolheu então um foguete vermelho que fazia muito barulho. Ele iluminava a escuridão e fazia com que a terra tremesse.

Alguns anos depois, a jovem começou a se perguntar por que ainda não havia chegado ao paraíso. Parecia que seu foguete a estava deixando bem longe de onde ela realmente queria ir. Então ela começou a procurar por um foguete melhor, percebendo que havia feito a escolha errada na primeira vez. Dessa vez ela seria um pouco mais cuidadosa, teria menos pressa e não cometeria o mesmo erro novamente.

Durante sua busca, a jovem passou pela nave espacial mais uma vez. Por estar mais esperta do que na primeira vez, ela parou um momento para pensar, mas concluiu que a nave não se movia rápido o suficiente para levá-la aonde ela queria ir. Enquanto isso, foguetes surgiam de todos os lados. Dessa vez, ela escolheu um verde e silencioso.

Mais alguns anos se passaram e, mais uma vez, essa jovem mulher percebeu que estava decepcionada, desencorajada e confusa. Parecia que era muito mais difícil encontrar o paraíso do que ela imaginava. Mas por ser corajosa, ela reuniu toda sua experiência e sabedoria, prometendo ser extremamente cuidadosa desta vez.

Uma coisa que ela havia aprendido era que havia mais em um foguete do que se via na primeira vez, por isso era importante olhar tanto dentro como fora dele. Novamente, ela encontrou a nave espacial. Dessa vez, ela notou uma placa que havia passado despercebida nas duas primeiras vezes e que dizia "Destino: Amor Verdadeiro". Era algo que parecia tão distante! Sempre esperançosa e usando a sabedoria que havia adquirido, ela olhou dentro da nave. Entretanto, ao ver a explosão de cores que havia ali dentro, ela imediatamente deu as costas e correu o mais rápido que pôde. Durante a fuga, ela arrancou a placa, a fim de proteger as amigas da situação perigosa em que ela se encontrara. Parou ao lado de um tranqüilo foguete amarelo.

Alguns anos mais tarde, essa mulher não era mais tão jovem. Ela ainda não havia chegado ao paraíso, mas tinha se tornado muito sábia. Ela aprendeu que o amor é o inferno, não o paraíso. Ao conversar com suas amigas sobre isso, elas concordaram. Individual e coletivamente, elas decidiram se afastar dos foguetes, e dedicar seu tempo a coisas mais valiosas, como trabalho, filhos e/ou atividades sociais... Ela espera que sua filha aproveite o baile de formatura...

PRÓLOGO

O Longo Vôo em Direção à Verdade

A maioria das gaivotas não se incomoda em aprender mais
do que os simples rudimentos do vôo...
como chegar da praia até a comida
e depois voltar.

Fernão Capelo Gaivota,
Richard Bach

A jovem do nosso "Antes" estava desiludida pelos repetidos fracassos em sua busca pelo amor. Mas como a esperança é a última que morre, ela manteve-se otimista, esperando que a sua filha tivesse sucesso onde ela não teve. Infelizmente, a mãe não aprendeu o que precisava saber para ter sucesso no amor, e é bem provável que sua filha também não aprenda. O ciclo de esperança e de desilusão está fadado a repetir-se mais uma vez.

A busca por um relacionamento amoroso de qualidade irá sempre falhar quando se limitar ao "foguete" de um homem ou mulher. Apesar de os foguetes serem abundantes, eles não têm nem o poder nem a estabilidade para levar você ao paraíso. Os foguetes, assim como as pessoas, nem sempre são o que parecem. O que você precisa (e o que ela deixou para trás) é de uma nave espacial com poder e estabilidade.

Infelizmente, esse ciclo de esperança e desilusão é muito comum atualmente. Nossa cultura nos dá apenas metade do conhecimento de que precisamos. A outra metade está escondida atrás de crenças e tabus poderosos. A ausência relativa de boas informações e a abundância de informações erradas servem para criar muitos foguetes, mas não muitas naves espaciais. Desse modo, aqueles que buscam um relacionamento amoroso de qualidade com freqüência se frustram a cada tentativa em vão.

Eu mesmo me sinto como uma vítima das pressões culturais e da ignorância. Procurando pelo meu caminho até o paraíso, eu me apaixonei por um foguete verde. Alguns anos, dois filhos e muita confusão e desânimo depois, encontrei-me divorciado e pronto para fazer uma tentativa com um foguete vermelho, daqueles bem barulhentos.

Felizmente, enquanto estava no processo de me decepcionar (novamente) com o foguete vermelho, mas antes de me casar uma segunda vez, conheci Harold Bessell.

– Há muita coisa que você não sabe sobre o amor – ele disse, mas eu estava cético. – Você não precisa acreditar em mim ou em qualquer outra pessoa, deixe que o mundo lhe ensine.

E foi isso que eu fiz:

Andei pelo mundo,
Buscando por aquela menina-moça,
Que sabe que o amor pode durar,
E você sabe que ele vai durar.

Da música *Southern cross,*
M. Curtis, R. Curtis e S. Stills

Minha busca pela verdade sobre os relacionamentos amorosos de qualidade levou-me a lugares distantes: Europa, América do Sul, Ásia, Marte, Vênus, Crípton, Xanadu... Durante essa jornada, muitas pessoas dividiram suas experiências pessoais comigo. Senti a dor das desilusões delas e fiquei frustrado por ter ido tão longe e, ainda assim, não estar satisfeito como eu esperava.

Quando já tinha perdido quase todas as minhas esperanças, fui visitar Io, a deusa do amor. Ela vive em uma das luas de Júpiter; foi exilada ali durante a invasão da Terra pelos marcianos e venusianos.

– Eu não consigo encontrar o amor que eu quero, não sei mais onde procurar e não sei em que acreditar – eu disse.

– Randy, é difícil encontrar amor de qualidade na Terra, porque a sua sociedade ainda tem muito a aprender. Mas você adquiriu muito conhecimento nas suas viagens e pode ajudar a Terra a evoluir para um nível superior de conhecimento se falar abertamente sobre tudo que viu – ela respondeu.

– Eu vi muita coisa, estou confuso.

– Estive observando e esperando por você. Eu sabia que você viria para cá, mais cedo ou mais tarde. Eu possuo as tábuas de pedra que contam os segredos do amor e do sexo. Você encontrará neles a síntese daquilo que já sabe, mas não consegue acreditar. Dedique um tempo para estudá-los com atenção. Infelizmente, as tábuas terão de continuar aqui, porque são muito pesadas para serem levadas em sua viagem de volta à Terra. Então, quando estiver pronto para voltar, leve com você estes Dados do Amor; eles contêm a essência dos segredos e são muito mais fáceis de carregar.

Ela me deu um pacote com quatro dados, dois vermelhos e dois brancos. No pacote estava escrito: "AVISO: O AMOR NÃO É UM JOGO". A deusa continuou:

– Com estes dados, você irá aprender o que está sendo escondido de você na Terra a respeito de relacionamentos amorosos de qualidade. Muito do que você irá aprender lhe parecerá estranho e é provável que você reaja de forma violenta contra algumas dessas idéias. Seja paciente. Abra seu coração e sua mente. Use os dados para ajudá-lo a aprender e a se lembrar. Compartilhe com os outros o que você aprendeu. Mas preste atenção ao aviso: O AMOR NÃO É UM JOGO!

Deixei Io com seriedade e com a responsabilidade que ela havia dado para mim. Não era isso que eu queria para a minha vida; tudo o que eu queria era encontrar a minha alma gêmea para amar e cuidar. Mas o caminho havia me escolhido.

Pense sobre todas as vezes
Em que eu caí.
Espíritos estão me usando
Vozes mais poderosas chamando...

Também de *Southern cross*

Espero que este livro seja o canal adequado para essas vozes mais poderosas.

INTRODUÇÃO

A Busca por Relacionamentos de Qualidade

O propósito deste livro é aumentar a compreensão dos relacionamentos amorosos de qualidade. Não é como a maioria dos livros que você leu, que ditam as "regras do jogo" ou pedem que você "caia na real". A maioria, apesar de ser interessante de ler, simplesmente traz velhos conhecimentos numa nova embalagem. Se quiser dar um grande passo no sentido da compreensão, precisará ver as coisas de uma maneira diferente. Quando usamos um ponto de vista diferente, vemos coisas que hoje parecem inacreditáveis ou impossíveis para nós, mas que, no futuro, parecerão óbvias.

Eu disse no Prólogo que "espíritos estão me usando" para escrever este livro. Imagino que a razão pela qual eles estejam me usando seja porque eles me viram procurando pela minha alma gêmea, e tendo um pensamento mais aberto. Eles viram eu me tornar cada vez mais frustrado ao tentar seguir os conselhos dos chamados psicólogos. Sou uma pessoa normal, saudável e razoavelmente inteligente, e estou cansado dos becos sem-saída da sabedoria convencional. Eu não tenho que me conformar e posso dizer o que precisa ser dito, mesmo que isso não agrade algumas pessoas.

Este livro representa minhas opiniões e idéias, baseadas nas minhas próprias experiências, nas experiências que outros compartilharam comigo e nos conselhos de Harold Bessell. Ele é o único psicólogo no qual realmente confiei. Há 20 anos, quando eu o conheci, ele colocou-me no caminho para que eu viesse a entender os relacionamentos. Ele me ajudou a enxergar que relacionamentos de qualidade não podem ser encontrados com pensamentos convencionais. Mais recentemente, ele colaborou comigo na escrita e na edição deste livro, para que eu pudesse dar a outra metade das informações sobre o amor às pessoas. Esses segredos estão contidos nos Dados do Amor.

Durante todo o livro, uso histórias reais para ilustrar os segredos dos Dados do Amor. Apesar de as histórias serem baseadas em relacionamentos reais, fatos específicos foram modificados para que as identidades não fossem reveladas.

Escrevi este livro por meio de um processo de encadeamento. Cada capítulo foi feito com base no capítulo anterior. Ele foi feito para ser lido seqüencialmente, capítulo por capítulo, para que faça sentido e forme uma filosofia completa, e talvez não-convencional. Se você pular algum trecho, o material ficará fora de contexto e poderá ser facilmente mal-interpretado.

Espero que esses "segredos" tornem-se algo familiar. Minha fantasia é que, sempre que duas pessoas começarem a falar sobre amor ou sexo, suas primeiras palavras sejam:

– Como essa situação se encaixa nos "Segredos dos Dados do Amor?"

As ilustrações no começo de cada capítulo têm a intenção de conservar ainda mais os segredos na memória.

Por causa do uso dos Dados do Amor para explicar uma variedade de conceitos importantes (você entenderá a razão ao ler mais) é fácil cair na armadilha de pensar que o amor é um jogo. Conseqüentemente, é importante reafirmar e lembrar do aviso da deusa do amor:

O AMOR NÃO É UM JOGO!

Segredo 1

Poder e magia

química romântica

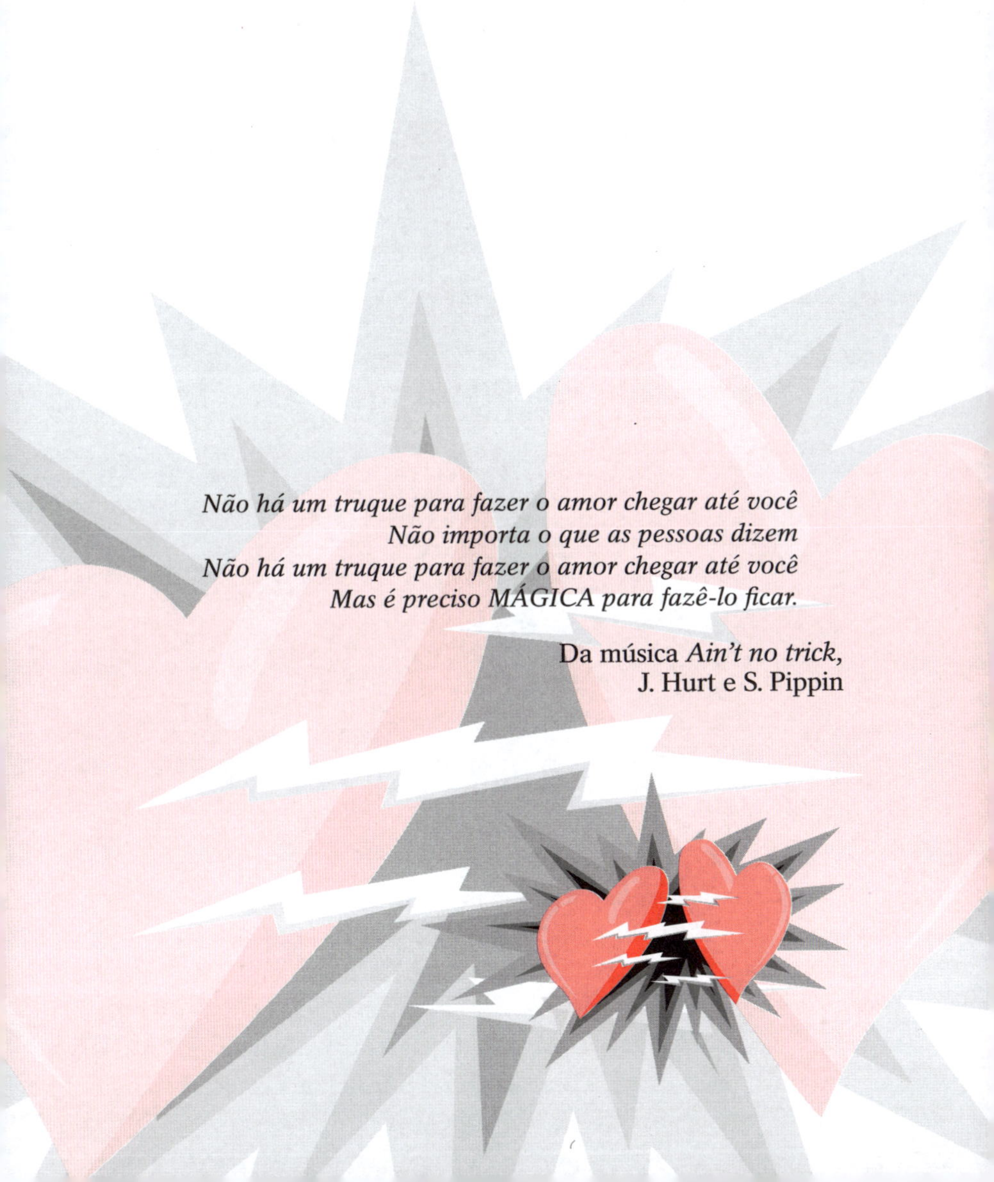

Não há um truque para fazer o amor chegar até você
Não importa o que as pessoas dizem
Não há um truque para fazer o amor chegar até você
Mas é preciso MÁGICA para fazê-lo ficar.

Da música *Ain't no trick,*
J. Hurt e S. Pippin

Se o amor não é um jogo, o que ele é então? Muitas pessoas pensam que um jantar à luz de velas, vinho e rosas deve ser amor, mas, infelizmente, de vez em quando tudo isso é um jogo. Casamento deveria ser amor, mas, freqüentemente, também é um jogo. Viver junto, ter filhos – isso pode ser amor ou pode ser um jogo. Talvez amor seja "comunicação e confiança", mas isso não separa o amor de tantos jogos. Pessoalmente, acredito que o amor esteja mais para uma viagem espacial do que para jantares à luz de velas e casamentos. De uma coisa nós sabemos, uma viagem espacial não é um jogo. Mas o amor também não é.

Exploraremos a analogia entre amor e uma viagem espacial mais tarde, em um outro capítulo.

Mas antes, vamos entender o que é um relacionamento amoroso de qualidade. Começaremos com uma história.

A história de Mike e Lori

Mike conheceu Lori no restaurante em que ela trabalhava como garçonete. Ele a achou muito atraente, então mandou para ela um bilhete escrito em um guardanapo, perguntando se estaria interessada em uma nova amizade. Ela respondeu:

– Obrigada pela gentileza, mas já tenho namorado.

– Mas você pode, mesmo assim, ser minha amiga! – Mike respondeu.

Lori não tinha medo de amizade. E Mike sentiu um tipo de química que nunca havia sentido antes. Ele estava surpreso por sentir-se daquela maneira, mesmo que aquilo não fosse dar em sexo. Ela estava surpresa por ele se dispor a manter aquele tipo de amizade. O olhar malicioso dela e as faíscas que saíam quando eles conversavam e riam tornavam especiais todos os momentos em que estavam juntos. Eles compartilhavam suas idéias malucas sobre o amor e a vida. Ambos tinham uma espécie de personalidade rebelde. Eles gostavam do mesmo estilo de música e amavam dançar. A receptividade e a alegria de Lori excitavam Mike mais do que qualquer outra coisa que ele podia lembrar. Ele deixou que a sua imaginação voasse. Era tão fácil estar com ela, escutá-la, esperá-la, perdoá-la. Ele sentia como se a conhecesse há muito tempo e não se sentia ameaçado pelo namorado dela, porque eles não estavam fazendo nada de "errado", e uma química verdadeira como aquela valia a pena, mesmo que não fosse dar em sexo ou casamento. O compromisso da amizade era o que ele estava disposto viver e a manter. Ela amava o poder que sentia, mas não sabia se iria durar.

É possível descrever esse fenômeno em uma só palavra: "MÁGICA".

Para Lori e Mike, o relacionamento não parecia um trabalho, mesmo que tivesse seus problemas. Na verdade, era bastante complicado porque ele a queria muito, mas ela precisava de tempo para adquirir confiança e compreendê-lo. E embora ele tivesse buscado todas as soluções para o quebra-cabeça que o relacionamento estava se tornando, não era algo trabalhoso. Era como mágica.

A química recíproca entre Mike e Lori nunca morreu. O relacionamento durou dois anos. Embora não fosse uma paixão passageira, havia uma diferença de maturidade entre eles. Emocionalmente, ela ainda era uma garotinha que estava aprendendo sobre amor e relacionamentos; assim como ele, ela amava a reação química que sentia, mas não tinha idéia do que significava nem de como lidar com aquilo. Ela poderia pôr fogo em qualquer coisa para a qual ela apontasse o dedo, e ela havia apontado para ele. Ela não conhecia o poder verdadeiro que tinha, muito menos tinha a capacidade de lidar com esse poder e mantê-lo controlado. Ela achava divertido, mas não sabia que esse relacionamento era como ter um diamante nas mãos. Ela nunca havia visto isso antes. Ela tinha medo de ser sufocada como em experiências anteriores. Ela não queria ser pega na "armadilha do amor". Ela gostava da diversão, mas não queria lidar com assuntos muito sérios por muito tempo. A possibilidade de haver uma boa química e de ter um parceiro maduro que não a prendesse, jamais passou por sua cabeça. Mike deu o espaço que ela precisava, mas isso não foi o suficiente para dar um fim aos medos de Lori.

Ela acabou se afastando e foi o fim de tudo.

Como essa história mostra de forma tão dolorosa, uma forte atração não é suficiente. Ainda assim é o primeiro dos dois fatores importantes que definem um amor de qualidade. Tem de haver atração romântica. A importância desse sentimento, ou química, é conhecida, mas alguns de seus atributos importantes não são. Neste capítulo, discutiremos esses importantes – mas pouco conhecidos – atributos da química romântica.

O segundo fator importante em um relacionamento amoroso de qualidade é a maturidade emocional. Esse fator, ou a falta dele, foi ilustrado com a história de Mike e Lori. No Capítulo 2, daremos mais atenção à maturidade emocional.

Praticamente todo mundo já sentiu uma atração química em um momento ou outro e, provavelmente, sabe um pouco sobre isso. Mas saber um pouco não é suficiente se você estiver lendo este livro. Você o lê porque quer alguma coisa especial. Você não quer apenas metade do conhecimento.

A melhor explicação para química romântica que eu já vi está no livro *The love test* [*O teste do amor*], do meu amigo e mentor dr. Harold Bessell. Ele é um psicólogo renomado, que faz pesquisas a fim de entender a química amorosa. *The love test* [*O teste do amor*] é bastante completo ao explicar esse importante conceito e eu recomendo sua leitura.

É crucial compreender totalmente o conceito de química explicado neste capítulo e o conceito de maturidade explicado no próximo, porque eles são pontos-chave para o sucesso nos relacionamentos e são parte importante para o restante deste livro. São conceitos que não são claramente articulados em outros livros sobre o assunto. Não quero reinventar nada, então a maior parte do que apresento neste e no próximo capítulo está baseado no trabalho do dr. Bessell.

O QUE É QUÍMICA ROMÂNTICA?

Dr. Bessell explica a química romântica da seguinte forma:

> *A atração romântica é uma força invisível, assim como o magnetismo, a gravidade e a eletricidade. Você não pode vê-la, não pode tocá-la, não pode cheirá-la, mas você a reconhece por seus efeitos. A atração romântica não pode ser criada, porque é uma força bio-psicológica, relacionada à habilidade de cada indivíduo de ser atraído por outro indivíduo específico. Não é necessariamente recíproca, e não há razões ou regras que expliquem a sua existência. Eu posso me sentir atraído por Mary; John não tem o menor interesse por ela, a não ser para dizer que ela é uma boa pessoa. Mary pode, ou não, sentir-se atraída por mim ou por John. A atração romântica ou existe, ou não existe de maneira nenhuma. E se for real e forte, irá durar para sempre. Nós ainda não sabemos como criar atração romântica, nem sabemos como nos livrar dela.*

De acordo com a teoria do dr. Bessell, a química romântica não tem limite de idade, nunca discrimina, é indiferente a dinheiro, religião e, até mesmo, ao casamento. Pode ser prazerosa ou dolorosa, dependendo das outras circunstâncias que a envolvem. O poder da química romântica vem de uma fonte mais básica do que as nossas idéias sobre idade, beleza, dinheiro, religião e casamento, e não pode ser aproveitado ou alterado por aqueles que o vivem.

A química romântica é diferente da paixão passageira ou do sexo; também é diferente dos sentimentos que temos quando gostamos, confiamos e respeitamos outra pessoa. Afeição e sexo são duas facetas da atração romântica, mas são apenas uma parte dela. Química romântica é o estímulo que você tem por uma outra pessoa, aquele desejo indefinível e poderoso de estar com ele ou ela de uma maneira muito íntima, um desejo de ser especial e valioso na vida daquela pessoa. Química romântica inclui o desejo por companheirismo, intimidade e afeição profundos. Quando você sente uma forte química romântica por outra pessoa, você quer estar com aquela pessoa o máximo de tempo possível. Você quer que ele, ou ela, queira você! O tempo em que vocês estão distantes pode ser uma agonia. Quando vocês não estão juntos, a vida é menos agradável. Você sente-se só até o momento em que se encontrar com quem você ama. É a pessoa que você escolhe não apenas para dormir com você, mas para acordar, para te acompanhar, para ser seu par na virada do ano, para ser seu parceiro em muitas coisas, grandes ou pequenas.

Em uma forte química romântica recíproca, há um estímulo compartilhado pela companhia e afeição um do outro. A química parece certa e boa. Algo muito especial está acontecendo, algo que, muitas vezes, é descrito como "nós dois somos apenas um". Essa deliciosa proximidade pode dar a sensação de uma alma compartilhada.

A QUÍMICA É PERMANENTE

O dr. Bessell também explica as diferenças entre paixão passageira, sexo e química verdadeira:

Muitas pessoas que se divorciam foram vítimas de "paixões passageiras". Elas, provavelmente, casaram-se com pressa, sem experiência suficiente para poder reconhecer a diferença entre química verdadeira e paixão passageira, que, em seus primeiros momentos, podem ser idênticas. Mas há uma grande e importante diferença. Numa paixão passageira, aqueles maravilhosos sentimentos que lhe dizem que aquela pessoa foi feita para você não duram. Na química verdadeira, os sentimentos não apenas duram, como se tornam ainda mais profundos.

Dr. Bessell acredita (e a minha experiência prova) que quanto mais você conhece alguém, mais você se torna capaz de julgar a diferença entre fantasia e realidade. A paixão passageira irá desaparecer provavelmente em 90 a 120 dias, isso se os "apaixonados" se encontrarem o máximo possível, algo como duas ou três vezes na semana mais os finais de semana. Com todo esse tempo juntos, o estímulo irá diminuir lá pelo terceiro ou quarto mês. Se seus sentimentos não diminuírem depois desse tempo compartilhado, parece que você conseguiu a verdadeira química romântica.

Sexo é um tipo especial de paixão passageira. Muitas pessoas confundem sexo com amor verdadeiro. O sexo atrai, mas somente a atração física não é suficiente para manter duas pessoas juntas e felizes por muito tempo. Sexo é algo muito íntimo no nível físico, mas pode não haver muita intimidade emocional ou pessoal envolvida. A misteriosa energia que chamamos de química romântica é apenas parcialmente relacionada ao sexo, mas essa energia (química romântica) é necessária para sustentar uma vida de felicidade juntos.

Há muitas idéias falsas sobre química. Todo mundo gosta de crianças, então as pessoas costumam confundir infantilidade com química. Nossa sociedade dá muita atenção ao visual, portanto, muita gente confunde beleza com química. Um ótimo senso de humor sempre encanta, podendo ser facilmente confundido com química. Dinheiro pode comprar muitas coisas, e a satisfação resultante disso pode ser confundida com química.

Algumas vezes essas "sensações falsas" aparecem combinadas: quando encontramos alguém bastante atraente, bonito, jovial, agradável, com um delicioso senso de humor e talvez até bem financeiramente. Uma pessoa assim pode virar seu mundo de ponta-cabeça, mas freqüentemente é uma falsa química verdadeira que serve para esconder um nível baixo de maturidade (assunto que será discutido no próximo capítulo). Certamente, essa pessoa atraente nunca teve de crescer, porque todos consideram-na adorável e ela tende então a sempre conseguir tudo o que quer. Esse é o tipo de pessoa que sabe como jogar o jogo do amor (mas não sabe que o amor *não* é um jogo!).

O segredo para aproveitar o amor (o do tipo que não é um jogo) é aprender a identificar a verdadeira química (o sentimento essencial e permanente entre duas pessoas) e a separar as sensações falsas.

O livro do dr. Bessell também contém uma série de tabelas que comparam e diferenciam química verdadeira, paixão passageira, sexo e maturidade emocional. Essas tabelas foram reproduzidas no Apêndice 1 e vale a pena lê-las para o entendimento total desse fenômeno importante.

Antes de continuar, gostaria de dizer que nem todos concordam com o dr. Bessell ou comigo quando dizemos que a química é uma força permanente. Em nossa sociedade prevalece o mito de que o romance sempre esmorece. Na verdade, dois autores cujos trabalhos eu uso como referência neste livro, não aceitam a premissa de que a química verdadeira seja permanente. Thomas Moore, em *O que são almas gêmeas?*, diz:

> *O amor romântico é uma ilusão.*

E o dr. M. Scott Peck, em *A trilha menos percorrida*, diz:

> *O vigor do amor sempre diminui* [...] e também [...] o *amor romântico é uma mentira terrível.*

Com base em minha experiência, simplesmente discordo dessas afirmações, embora respeite muito a maioria das coisas que esses autores dizem. Acredito que, pelo fato de os livros deles não serem sobre amor romântico, eles não pensaram o suficiente nas causas do mito do "o romance sempre esmorece" (considerando as causas como paixão passageira e a imaturidade). Ao ler mais deste livro, você será capaz de identificar por que o mito do "o romance sempre esmorece" é tão popular e vai aprender como manter o romance vivo.

A QUÍMICA É PODER

Deve ter ficado claro nos textos apresentados anteriormente que a verdadeira química romântica (quando diferenciada da paixão passageira) é essencial para um relacionamento amoroso de qualidade. A química é o motor que move o relacionamento, como vimos na história de Mike e Lori. O dr. Bessell a descreve da seguinte maneira:

> *Atração romântica é como uma faísca que põe fogo em uma amizade. Quando vem acompanhada de maturidade emocional, é um pacto carinhoso e tranqüilo, é confiança recíproca, é dividir e perdoar. É a lealdade nos bons e maus momentos. Ela não busca a perfeição e leva em conta a fraqueza humana.*

Quando você está bastante atraído por alguém, a urgência em agradar aquela pessoa pode fazer com que você mude seu comportamento. Você pára de fumar quando nunca foi capaz de fazê-lo. Você pode começar a gostar de futebol ou até mesmo sente-se motivado a trabalhar seus problemas de maturidade para poder abrir caminho para um relacionamento melhor. A química romântica recíproca freqüentemente é um forte incentivo para que o parceiro imaturo cresça.

A QUÍMICA É CONEXÃO

Thomas Moore, em seu livro *O que são almas gêmeas?*, descreve o máximo que existe na conexão química:

> *Uma alma gêmea é alguém com quem nos sentimos profundamente conectados, como se a comunicação e a comunhão que existe entre nós não fosse produto de esforços intencionais, mas sim de uma graça divina. Esse tipo de relacionamento é tão importante para a alma que muitos dizem que não há nada mais precioso na vida*[...] *É uma forma rara de intimidade*[...].

Almas gêmeas são a forma mais superior de um relacionamento amoroso de qualidade; elas têm uma "conexão profunda". Nem todos os relacionamentos de qualidade têm essa profunda conexão, mas qualquer relacionamento de qualidade precisa ter algum grau desse sentimento. É isso que chamamos de "química".

Como discutiremos mais adiante, química é *metade* da definição de um relacionamento amoroso de qualidade. É a metade natural, permanente, poderosa e mágica. No entanto, é apenas a metade. A outra metade (maturidade) tem a ver com a habilidade de relacionar e manter essa conexão natural que a química proporciona. Essa outra metade, a metade da "habilidade", será discutida com detalhes no próximo capítulo.

A QUÍMICA É MENSURÁVEL

Encontrar e manter um relacionamento amoroso de qualidade exige esforço e uma mistura de emoção e lógica. Nessa experiência, a química é certamente um dos aspectos emocionais mais carregados. Entretanto, há um lado lógico nessa química que, acredite ou não, pode ser medido! O dr. Bessell desenvolveu um *Questionário de atração romântica*, formado por seis afirmações. Para fazer esse teste, você precisa pensar na outra pessoa e classificar seus sentimentos para cada afirmação em uma escala de 1 a 5, sendo 5 os sentimentos mais fortes e 1 os mais fracos. Exemplos de algumas afirmações são (*responda em uma escala de 1 a 5*):

Adoro surpreender a pessoa com cartões ou presentes.

Eu posso perdoar essa pessoa quase que instantaneamente.

Eu adoro conversar sobre diferentes aspectos com essa pessoa.

Nós temos algo que pode ser descrito como intimidade espiritual.

Esse instrumento de medida foi reproduzido integralmente no Apêndice 2.

Depois de fazer esse teste, você terá uma medida da sua atração romântica (química) pela outra pessoa, com um máximo de 300 pontos. O dr. Bessell recomenda que o teste seja feito várias vezes, porque, embora os resultados sejam bastante consistentes, é possível que eles oscilem. Eles podem ser artificialmente altos durante o estágio de paixão passageira. E podem ser baixos durante períodos melancólicos, quando você está chateado ou infeliz com a outra pessoa. Fazer o teste várias vezes lhe dará uma boa indicação da verdadeira química a longo prazo.

Uma vez uma amiga me disse:

– A última coisa que uma pessoa apaixonada quer fazer depois de uma noite romântica é ir para casa e fazer um teste!

Embora isso seja verdade, também mostra por que tantos relacionamentos falham. Conhecimento é poder. Faça um favor a si mesmo e responda ao teste do dr. Bessell. Você pode fazê-lo um dia *depois* da noite romântica, mas faça-o com freqüência.

A QUÍMICA VEM DEVAGAR

Freqüentemente escutamos as pessoas dizerem "Eu amo você" ou "Ela está apaixonada por ele". Isso nos dá a impressão de que o amor é coisa simples, que acontece facilmente. Pode ser considerado falta de educação perguntar "O quanto você me ama?" (e você pode nem mesmo conseguir uma resposta sincera). Entretanto, "Quanta química?" é a pergunta mais importante que todos que procuram por um relacionamento amoroso de qualidade devem fazer a si mesmos, porque é um fator essencial que diferencia o amor de qualidade dos relacionamentos comuns.

Usando o *Questionário de atração romântica* do dr. Bessell, é fácil perceber que uma resposta exata à pergunta do "quanto" pode estar entre 60 e 300 pontos na escala. A questão então não é "Você a ama?", tendo um "sim ou não" como resposta, mas sim "O quanto você a ama?", tendo uma resposta de, digamos, "241".

Minha recomendação é que a primeira coisa que você deve se perguntar (ou perguntar a um amigo), quando você ou ele disserem "Acho que estou apaixonado" é: "Quanto?" E então, é preciso responder a isso numericamente, usando o questionário do dr. Bessell. E claro, tome cuidado com a paixão passageira e meça seus sentimentos novamente depois de certo tempo.

A QUÍMICA GERALMENTE É DESEQUILIBRADA

Quando você pensa nisso, considerando que o grau de "amor" pode estar entre 60 e 300 na escala do dr. Bessell, é muito difícil encontrar duas pessoas com níveis de atração idênticos. É provável que as pontuações de ambos tenham uma diferença de 5 ou 10 pontos, mas mesmo assim não é uma regra. O mais provável é que haja uma diferença de 20 a 40 pontos quando uma pessoa está mais atraída que a outra. Então há, quase sempre, algum grau de desequilíbrio (que também é mensurável, assim como a diferença entre as duas pontuações de química). O dr. Bessell tem isso a dizer sobre o desequilíbrio na química romântica:

É verdade que freqüentemente uma pessoa está mais apaixonada do que a outra. É difícil encontrar um casal que tenha a mesma pontuação em química e maturidade. Se seus pontos em química em relação a seu parceiro são mais altos que os dela/dele com relação a você, então você a/o ama mais do que ela/ele a você, no sentido romântico.

Lembre-se que os níveis de química não precisam ser muito próximos para que um bom relacionamento exista. Mas uma química desequilibrada pode criar um diferencial poderoso no seu relacionamento. O dr. Bessell continua:

É possível que a pessoa que tenha uma química menor pelo seu parceiro possua mais poder.

Isso acontece porque a pessoa com a menor pontuação em química estaria menos motivada a trabalhar para o sucesso do relacionamento (prefiro pensar em "controle" e não "poder", já que não me refiro ao tipo de poder que impulsiona um relacionamento).

Geralmente é melhor quando o homem está um pouco mais interessado no relacionamento do que a mulher, porque isso acaba compensando o diferencial de poder existente entre os sexos na sociedade contemporânea. Seja justo ou não, os homens ainda têm mais poder do que as mulheres. Se a pontuação em química do homem for mais alta do que a da mulher, então o interesse por ela será mais forte e ele estará altamente motivado a agradá-la. Essa "vantagem" que a mulher tem nesse tipo de relacionamento pode surgir como uma compensação pelo fato de a sociedade sempre dar mais poder ao homem. Esses fatores de poder (controle) podem ser muito importantes quando for o momento de resolver conflitos básicos e chegar a uma solução que seja razoável para ambos.

É importante reconhecer a existência desses problemas de desequilíbrio. Em relacionamentos amorosos de qualidade, nos quais há muita química e maturidade e pouco desequilíbrio, os parceiros serão mais capazes de lidar com os problemas que possam aparecer. Embora uma pessoa seja mais poderosa, ela não estará ciente dessa posição e não tirará vantagem dela.

LIMIARES DA QUÍMICA ROMÂNTICA

Agora sabemos que podemos medir a química romântica. E reconhecemos que ela está dividida em graus. Mas quando a química romântica torna-se "amor"?

O dr. Bessell categoriza a química romântica da seguinte maneira:

260-300	*Química romântica muito alta*
220-260	*Química romântica alta*
200-220	*Química romântica limite*
180-200	*Química romântica fraca*
120-180	*Pouca química romântica*
60-120	*Não há química romântica*

O dr. Bessell afirma que uma pontuação de 220 ou mais é alta o suficiente para um relacionamento bastante feliz.

APRESENTANDO OS DADOS DO AMOR

É aqui que os Dados do Amor começam a se tornar úteis. Na Introdução, contei que não consegui trazer comigo os segredos de Io, a deusa do amor, nas grandes tábuas de pedra (muito pesadas para a viagem de volta à Terra), então ela me deu os Dados do Amor. Os Dados do Amor são um método prático para descrever os aspectos essenciais de um relacionamento; eles são um esquema de memorização para ajudar você a se lembrar de que forma esses aspectos afetam a qualidade de um relacionamento.

Muitas pessoas, ao verem os Dados do Amor, dizem:

– Mas o amor não é um jogo!

A imagem estereotipada de um dado nos remete a palavras como "apostar", "chances" e "perdas". Muitos apostaram com o amor e perderam, então eles têm medo até mesmo de olhar para os dados. Eu acho que deveríamos ignorar os estereótipos, mas é por causa deles que os dados vêm com o aviso de que "O amor não é um jogo". Os Dados do Amor não foram feitos para apostar ou para serem utilizados em jogos; eles foram feitos para mostrar, de uma maneira útil e divertida, os importantes aspectos da química, da maturidade, da probabilidade, do equilíbrio e da qualidade nos relacionamentos, como veremos durante todo o livro. Eles são uma maneira condensada de descrever importantes segredos a respeito dos relacionamentos amorosos. Então, lembre-se que, embora estejamos usando dados como uma ferramenta ilustrativa,

o amor não é um jogo!

Usaremos os dados vermelhos (pense num "coração") para representar os níveis da química romântica, da seguinte maneira:

Muito Alta	*(260 a 300)*
Alta	*(220 a 260)*
Média	*(200 a 220)*
Média Baixa	*(180 a 200)*
Baixa	*(120 a 180)*
Muito Baixa	*(abaixo de 120)*

Como você pode ver, o uso dos Dados do Amor cria uma escala de 1 a 6, em vez da escala do dr. Bessell, que vai de 60 a 300. Imagino que a deusa Io poderia ter usado uma escala de 1 a 5, de 1 a 10, ou até mesmo de 1 a 100 (em porcentagem), mas os Dados são mais divertidos, e Io é brincalhona (embora ela queira nos lembrar que o amor não é um jogo). Há outras vantagens de usar os dados como uma figura ilustrativa de medição que serão explicadas no Capítulo 3.

Embora as ilustrações dos Dados do Amor simplifiquem o teste de química romântica do dr. Bessell para uma escala de 1 a 6, não se pode perder de vista o fato de que a química pode ser medida com uma precisão muito maior pelo método original.

ALMAS GÊMEAS, MÁGICA E O VIOLINO

Já conhecemos Mike e Lori, cuja história mostra o valor e a importância da química. A química sentida por ambos era muito alta (nível). Era especial, maravilhosa e valiosa, mesmo que por pouco tempo. A química que eles sentiam era tão forte que poderia ser chamada de "química das almas gêmeas".

Lori e Mike sentiam que seu relacionamento era como "mágica". Richard Bach relatou esse tipo de mágica com a sua alma gêmea em *A ponte para o sempre* (outra leitura obrigatória para qualquer um que procura um relacionamento amoroso de qualidade). Citarei aqui alguns trechos desse livro:

> *A única vida que vale a pena viver é a mágica* [...].
> *A mágica é muito mais forte do que aço.*

Almas gêmeas são um subconjunto importante dos relacionamentos amorosos de qualidade. Todos os relacionamentos amorosos de qualidade têm um alto nível de química e, por conseqüência, muito poder, mas as almas gêmeas têm um nível *muito* alto de química. É aí que o "poder" transformar-se em "mágica".

Uma analogia que me ajuda a lembrar quais são os sentimentos trazidos pela química das almas gêmeas é o modelo "Stradivarius". Comparo a sensação da química das almas gêmeas à sensação de tocar um violino Stradivarius. Há muitos violinos que podem ser tocados, e todos podem soar bem. Há muitos homens ou mulheres que você pode amar, e todos eles podem ser ótimos. Mas quando você toca um Stradivarius, você sabe que encontrou a ressonância perfeita. Quando você sente a química das almas gêmeas, não é apenas bom: é mágico. Naturalmente, você precisa ser um bom ouvinte ou violinista para aproveitar de verdade um Stradivarius e é por isso que você precisa ser um amante relativamente experiente para apreciar a reação química que acontece entre almas gêmeas.

Se a sensação não for "boa" ou "muito boa", mas sim *mágica*, então esse é provavelmente o nível de química das almas gêmeas. Se a música que você escutar não for apenas a música de um bom violino, mas uma música na qual você pode ouvir e sentir tons tão ressonantes como os de um Stradivarius, então essa é provavelmente a química das almas gêmeas. Se esses sentimentos sobreviverem a tempos difíceis, então essa é, quase que certamente, a química de almas gêmeas.

Note que eu fui cuidadoso, dizendo "você provavelmente encontrou a *química* das almas gêmeas" e não "você provavelmente encontrou sua alma gêmea". Porque química não é tudo. A química é maravilhosa. É uma jóia rara e preciosa, que precisa ser guardada e aproveitada. Ela nunca morre. Pode ser um veículo poderoso que o levará às estrelas. Para mim, é inestimável e insubstituível. Mas não é tudo. Como a história de Mike e Lori ilustrou, a química é apenas *metade* do que é necessário para um relacionamento amoroso de qualidade. Sem maturidade, a química em altos níveis é só uma bomba prestes a explodir. Discutiremos maturidade no próximo capítulo.

A história de Tom e Mary

Lori, Mike e a jovem do nosso "Antes" não são as únicas pessoas que vivenciaram uma desilusão amorosa. Há milhões de histórias por aí, todas diferentes em seus detalhes, mas iguais em suas dores. Ouvi muitas delas. O propósito deste livro é transmitir o conhecimento necessário para evitar, ou superar, essas desilusões. Cada história deste livro dá uma dica do que fazer e do que não fazer na busca pelo amor significativo. A história a seguir ilustra a importância de medir a química antes do casamento e também o desequilíbrio da química.

Mary era inteligente, extrovertida, linda. Tom a conhecera quando eles eram crianças, suas famílias se conheciam; eles não tiveram outros relacionamentos. Mary e Tom namoraram por sete anos antes de decidirem se casar.

Tom era um jovem e promissor executivo. Mary não se importava muito com o lado social, mas "E daí?" Havia coisas mais importantes em um relacionamento.

Tom era do tipo aventureiro. Um dia ele disse:

– Vamos nadar nus na praia depois que escurecer. Vai ser divertido!

– Você deve estar brincando! – Mary respondeu – Isso é horrível! E se nos pegarem?

Eu deveria ter dito que Tom era tão aventureiro quanto romântico. Ele disse:

– Querida, passamos um dia tão bom juntos, e esse fogo na lareira está tão aconchegante, vamos fazer amor bem aqui. Eu quero você agora!

– Tom, não seja bobo. O fogo está lindo, mas não seria nem um pouco confortável fazer isso no chão. Deveríamos ir até o quarto.

Tom, claro, não desistiu facilmente:

– Vamos dar um passeio de bicicleta essa tarde.

– Mas não temos bicicletas!

– Eu sei, mas eu encontrei um lugar onde podemos alugá-las.

– Ah, mas é muito chato! E além disso, seria jogar dinheiro fora!

Tom queria ver o mundo e fazer muitas coisas. Ele queria viver a vida, queria que eles realizassem coisas juntos, mas eles nunca faziam muita coisa.

Mary, ainda por cima, não gostava muito do lado social que acompanhava a carreira de Tom. Ela não sentia a mesma química por ele que ele sentia por ela. Ela fantasiava sair com outros homens.

Então, ela foi embora.

Tom estava muito apaixonado por Mary. Enquanto Mary, mesmo tentando de tudo para que o relacionamento funcionasse, estava apenas levemente apaixonada por Tom. Os sentimentos dele por ela eram muito altos (um ), mas os sentimentos dela eram médios (um ). Eles se casaram porque era natural e algo que as pessoas esperavam que eles fizessem. Eles não mediram sua química usando o teste do dr. Bessell antes do casamento. Havia química, mas não havia equilíbrio. De alguma maneira, Mary tinha mais poder no relacionamento porque os sentimentos dela por Tom eram menores do que os dele por ela. Mas, na verdade, ela não conseguiu o que queria de verdade (um sentimento profundo de conexão), porque não havia química suficiente, e isso fez com que ir embora fosse uma decisão simples para ela. Para complicar as coisas, nenhum dos dois era muito maduro (ver o Capítulo 2). Esse tipo de relacionamento é muito típico. Sem qualquer sentimento real de amor, eles caíram na fantasia de "brincar de casinha" e se casaram. Estavam condenados a isso desde o início, pela grande diferença de química, mas não eram maduros o suficiente para saber disso.

RESUMO

Química é mágica. Química é poder. Química é conexão. A química verdadeira é permanente. Se ambos os parceiros tiverem uma química muito alta (um ⚅), eles têm chance de serem almas gêmeas. Se ambos os parceiros tiverem uma química alta (um ⚄), eles têm a chance de terem um bom relacionamento amoroso. Se a química for menor do que isso para qualquer um deles, as chances de que haja um relacionamento amoroso de qualidade serão mais remotas.

Ao usar a informação dada por este livro, você poderá desenvolver o conhecimento da qualidade da conexão química que você tem ou que pensa ter.

Mas a química é apenas metade da equação que compõe um relacionamento amoroso de qualidade. Para aumentar as suas chances de encontrar um bom amor, continue a leitura.

TAREFA

Por todo o livro eu incluí "tarefas" como sugestões para ajudá-lo a compreender o amor e os relacionamentos. Muitas dessas tarefas demorarão muito tempo para serem finalizadas, e você vai, naturalmente, querer continuar lendo o livro enquanto as realiza. Uma primeira tarefa é ficar amigo de alguém com quem tenha um nível de química ⚅, ou de aproximadamente 260 pontos ou mais no *Questionário de atração romântica* (Apêndice 2). Não é particularmente importante o que essa pessoa sente por você. O importante é que você estabeleça uma amizade *não-sexual*, da mesma forma que Mike fez em seu relacionamento com Lori. Para a maioria das pessoas, isso será bem difícil. Na verdade, a maioria não consegue lidar com esse tipo de relacionamento. Mas estamos evoluindo para uma época na qual as pessoas conseguirão lidar com isso mais facilmente. Tente e veja como será difícil. Provavelmente, será mais difícil para os homens do que para as mulheres: muitas reclamam que não têm vários amigos homens porque eles sempre ou querem sexo ou então abandonam o relacionamento. Você será bem-sucedido nessa tarefa quando a sua amizade não-sexual e com alto nível de química tiver durado no mínimo dois anos e você estiver comprometido a mantê-la, independentemente do que possa acontecer.

Segredo 2

Estabilização

maturidade emocional

O problema em muitos relacionamentos é um membro do casal ter um sério problema de maturidade emocional.

The love test, Harold Bessell

Lori e Mike tinham um alto nível de química um pelo outro, mas o relacionamento não deu certo. Por quê? Mary e Tom tinham um desequilíbrio grave de química, mas eles se casaram e, mais tarde, se divorciaram. Por que eles fizeram isso, e por que muitos outros casais fazem a mesma coisa?

Ao responder essas perguntas, aprenderemos de forma mais completa o que é um relacionamento amoroso de qualidade.

Estamos evoluindo como sociedade. No futuro, mais pessoas saberão o que é um relacionamento amoroso de qualidade. E, sem dúvida, se pudessem, elas voltariam ao passado para nos contar. Mas elas não podem e, de qualquer forma, isso não nos interessa. Talvez as histórias daqueles que tentaram, e falharam, irão nos ajudar a criar uma imagem de como os relacionamentos podem ser melhores.

Neste capítulo eu defino com mais precisão o segundo elemento essencial para os relacionamentos amorosos de qualidade, a maturidade emocional. Mais uma vez, me apóio firmemente no material do dr. Bessell. Mais tarde, contarei mais duas histórias e as relacionarei com o uso dos Dados do Amor.

O QUE É MATURIDADE EMOCIONAL E POR QUE ELA É IMPORTANTE?

Talvez seja mais fácil reconhecer a maturidade emocional pela sua ausência, porque a maioria das pessoas é imatura. A imaturidade emocional causa um grande número de problemas de relacionamento, incluindo infidelidade, abuso, desconfiança, falta de carinho, falta de comunicação, impaciência, negligência e muitos outros.

Infelizmente, uma conseqüência da imaturidade é que ela pode fazer com que a química *pareça* estar desaparecendo. Tratar uma pessoa mal parece e é falta de amor. Mas um mau tratamento não é o mesmo que falta de química, embora ambos encubram a qualidade do relacionamento. Esse efeito da imaturidade é uma das principais causas da existência do mito de que "o amor sempre esmorece". Entretanto, *é* um mito, porque a maturidade – com tempo e dedicação – poderá aumentar, e a química irá então brilhar da mesma forma que brilhava antes. Casais maduros podem manter seu nível de química (em qualquer grau que ela esteja), mas casais imaturos têm muita dificuldade para fazer isso. É importante, portanto, ser capaz de decifrar o que está acontecendo no relacionamento: é um problema de química ou um problema de maturidade?

Para pessoas espiritualmente avançadas, em um futuro ou planeta distante, a maturidade emocional poderá ser o curso natural da vida. Entretanto, aqui no nosso planeta, ela não é assim tão natural. Mas, felizmente, pode ser aprendida e nós podemos evoluir para nos aproximar desse lugar melhor. O dr. Bessell define a maturidade emocional da seguinte maneira:

> *A maturidade emocional refere-se àqueles padrões de comportamento que tornam possível ajustar-se corretamente à vida.*

De acordo com o dr. Bessell, pessoas emocionalmente maduras lidam melhor com os problemas e desafios da vida. Elas estão em contato com seus próprios sentimentos e com os de outras pessoas. Elas enfrentam muito bem uma grande variedade de situações emocionalmente desgastantes, mesmo quando estão assustadas, bravas, frustradas ou desapontadas. Pessoas emocionalmente maduras estão em contato com a realidade; elas têm fantasias, mas não vivem em um mundo de sonhos.

Elas sabem muito bem quais são suas próprias motivações. Pessoas maduras comportam-se de uma maneira positiva e construtiva em relação aos outros. Elas se importam com o bem-estar dos outros, reconhecem o valor das pessoas e as tratam com consideração, inclusão e respeito. Elas fazem e mantêm amizades com facilidade. Elas compartilham suas decisões e resolvem conflitos de forma construtiva.

Elas tomam a iniciativa e a responsabilidade no momento apropriado, planejam-se para o futuro, são organizadas, confiantes e boas em resolver problemas. Elas têm muito autocontrole, são pacientes, bondosas, perseverantes e dispostas a fazer sua parte no trabalho. São honestas, sinceras, justas e reconhecem a culpa quando necessário.

Como isso se encaixa na sua personalidade ou na dos seus amigos?

O dr. Bessell continua e descreve quatro aspectos distintos da maturidade emocional:

> *Para ajustar-se corretamente à vida é preciso ter uma boa parte das quatro áreas mais importantes da maturidade emocional: consciência, associação, competência e integridade.*

"Consciência" refere-se a até que ponto você (ou seu parceiro) é consciente dos seus sentimentos e dos de outras pessoas, e o quanto você conhece sua motivação e age de forma não-defensiva e realista. Sentimentos tendem a ser "coisas confusas e vagas"; geralmente é bastante complicado descrevê-los. Na escola, não aprendemos como estudar, entender ou descrever corretamente os nossos sentimentos. De alguma forma crescemos como analfabetos emocionais. Mas os sentimentos são o âmago da nossa existência e a causa básica de toda ação. O desafio da consciência significa que devemos fazer muito esforço para contrariar a nossa doutrinação cultural e aprender a escutar nossos sentimentos com mais cuidado.

"Associação" indica como a pessoa lida com suas necessidades sociais e até que ponto respeita e se importa com as outras pessoas. O relacionamento mais importante, intenso e amplo que existe é aquele com um amante. As necessidades e expectativas desse tipo de relacionamento formam uma lista extensa de prováveis recompensas e também de possíveis desapontamentos ou frustrações. Todas essas expectativas nos tornam bastante vulneráveis. Um casal maduro irá discutir esses problemas para que a compreensão substitua as suposições. As seguintes "habilidades associadas" podem ajudar a estabelecer um relacionamento mais íntimo: (1) dividir pensamentos íntimos; (2) dividir sentimentos íntimos; (3) discutir os assuntos diários da vida; (4) discutir e resolver os problemas juntos; (5) tomar decisões juntos; e (6) fazer coisas juntos.

"Competência" indica até que ponto a pessoa é decidida, organizada, motivada, flexível e boa em resolver problemas. Ajustar-se corretamente à vida exige não apenas ser consciente e relacionar-se bem com outras pessoas, mas também ser eficaz ao lidar com a correnteza contínua de problemas que nos desafiam. O desafio de tornar-se uma pessoa competente nos acompanha durante a vida inteira; não termina no dia em que deixamos a faculdade com um diploma nas mãos. A competência desenvolve-se por meio de trabalho duro, muito treino e vontade de enfrentar novos desafios sob diferentes circunstâncias.

"Integridade" refere-se às características do comportamento ético e autodisciplina individual. Juntas, essas características revelam o caráter da pessoa e até que ponto pode-se confiar nela. Nossa sociedade de controle remoto tende a tornar as coisas mais simples para nós. Isso não ajuda na construção interior da capacidade de trabalhar com afinco, tolerar coisas desagradáveis, ser perseverante, exercitar o autocontrole ou de ser propenso a esperar que coisas boas aconteçam. Na nossa cultura, o uso excessivo de relações-públicas e "construções de imagem" não contribui para a honestidade, autenticidade ou justiça. Uma pessoa com integridade está "integrada"; a maneira como vive seu dia- a-dia combina com sua auto-imagem. Ela respeita a si mesma e ganha o respeito dos outros.

A MATURIDADE É ESTABILIDADE

Pessoas com um alto grau de maturidade emocional são confiáveis. É possível confiar nelas, não apenas em assuntos comerciais, mas em assuntos que tratem de emoções e sentimentos. É possível contar algo a elas em segredo e ter certeza de que aquilo não será dito a uma outra pessoa. É possível dividir uma fantasia e ter certeza de que ela não será interpretada literalmente. Se elas assumirem um compromisso com você, pode saber que será assim até o fim. Elas demoram a envolver-se porque não querem ter um compromisso que não poderão cumprir. Elas são boas para resolver problemas porque podem fazer uso de seu conhecimento, experiências e soluções. Elas podem descrever perfeitamente como se sentem e estão dispostas a escutar sobre seus sentimentos sem julgá-lo. Pessoas com alto grau de maturidade emocional são bons amigos porque sua amizade dura para sempre, elas nunca o abandonarão. Elas são boas amantes, porque têm muitas coisas estimulantes para o amor.

Esse grau de maturidade vem com a experiência. Mas não com qualquer experiência. É preciso ter tanto as experiências boas como as ruins, além de habilidade para decifrar o que está acontecendo em cada situação. Um bom "treinador" pode ajudar uma pessoa a entender, mas é difícil encontrar um – conselheiros e terapeutas são um bom começo, mas nem sempre isso é suficiente. Comparo a construção da experiência à estabilidade do giroscópio. Se um giroscópio for bem pesado e estiver girando rapidamente, irá manter a mesma direção, mesmo que você tente empurrá-lo de alguma forma. É ele que mantém os foguetes em curso. Mas se o giroscópio for leve e estiver girando devagar (ou seja, pouca experiência), então ele irá oscilar e cair. E se experimentarmos girar o giroscópio primeiro para um lado e depois para o outro, ele nunca girará de verdade, e sim flutuará de um eixo para outro. Ou se girar com o eixo apontando para um "falso norte", nunca dará boas indicações direcionais. O processo de ganhar maturidade por meio da experiência é como o giro do giroscópio com o eixo voltado para o norte verdadeiro. É algo muito difícil em nossa sociedade, na qual existem tantos tabus (e, portanto, muitas falsas noções de norte verdadeiro) e na qual não há muita consciência do que seria um bom relacionamento.

A MATURIDADE É MENSURÁVEL

Assim como o dr. Bessell desenvolveu uma escala de pontos para a química romântica, ele também pesquisou e desenvolveu uma para a maturidade emocional. Juntas, elas podem prever o sucesso de um casamento ou de uma relação entre almas gêmeas. O formulário da escala de maturidade emocional é formado por 63 afirmações, agrupadas em quatro categorias: consciência, associação, competência e integridade. Faça esse teste avaliando seu parceiro/parceira em cada uma das características, de forma a pontuar a freqüência com a qual você observa o comportamento em particular: quase nunca (1 ponto), algumas vezes (2 pontos), razoavelmente freqüente (3 pontos), freqüentemente (4 pontos) ou muito freqüentemente (5 pontos). Alguns exemplos dessas afirmações são:

Meu amigo se expressa emocionalmente de uma maneira natural e imediata. (consciência)

Meu amigo demonstra um grande interesse pessoal por outras pessoas. (associação)

Meu amigo comporta-se de maneira planejada e organizada. (competência)

O autocontrole do meu amigo prevalece ao seu impulso. (integridade)

Depois dessa avaliação, você terá uma medida da maturidade emocional do seu parceiro. Embora, na teoria, a pontuação máxima para esse teste seja de 315 pontos, o dr. Bessell diz que dois terços das respostas foram "razoavelmente freqüentes" ou mais, e, dessa forma, a pessoa pode ser considerada bastante madura. Calculo que a regra de dois terços/um terço produza por volta de 200 pontos[1]. Lembre-se que alguém pode ser maduro em uma das quatro áreas e ser imaturo em outra. Felizmente, estamos evoluindo para um mundo onde a maioria das pessoas irá ter sua pontuação próxima de 315!

Esse instrumento de medida foi reproduzido integralmente no Apêndice 3.

A MATURIDADE VEM DEVAGAR

Você é "maduro" ou "imaturo"? O dr. Bessell usa a regra do dois terços/um terço para fazer essa distinção segundo a interpretação de sua escala de maturidade (uma pessoa é bastante madura se dois terços de suas respostas ao questionário ou mais forem "razoavelmente freqüente"). Da mesma maneira que discutimos em relação à química, há um degradê, que vai do negro total ("quase nunca" em todas as respostas) ao branco total ("muito freqüentemente" em todas as respostas); entre essas cores, há os tons de cinza. Com a maturidade é bem mais complicado, porque uma pessoa pode ser relativamente madura em uma certa área, como por exemplo, competência, enquanto, ao mesmo tempo, é imatura em outra área, como consciência, por exemplo. Ao usar o material do dr. Bessell, você poderá ver que há graus variados de maturidade; é possível brincar com o questionário dele, aplicando-o não apenas em você, mas também nos seus amigos. Você irá observar facilmente que alguns são emocionalmente mais maduros do que outros.

Assim como na química, mais uma vez a pergunta do "quanto" vem na frente; neste caso, perguntamos "o quanto maduro?" para um relacionamento amoroso de qualidade, queremos alguém que seja "muito maduro".

A MATURIDADE PODE AUMENTAR (MAS ISSO NÃO COSTUMA ACONTECER)

Felizmente, a maturidade *não* é como a química, já que a maturidade pode ser aprendida e melhorada com o tempo. Sobre este assunto, o dr. Bessell diz:

> *Para ter um amor duradouro, é necessária uma quantidade suficiente tanto de maturidade como de química. Se a química não estiver ali, nada pode ser feito para criá-la. Mas se faltar*

bastante maturidade emocional, não há necessidade de abandonar o relacionamento. Química romântica não pode ser adquirida, mas a maturidade emocional, pode. Maturidade compreende as habilidades adquiridas.

Há, infelizmente, algumas pessoas que são tão imaturas que pensam que são maduras. Essas pessoas raramente amadurecem emocionalmente porque quase nunca procuram ajuda. Elas rapidamente culpam outras pessoas por seus problemas e não conseguem enxergar-se por completo para reconhecer a necessidade de mudança.

Não se pode julgar a maturidade pela idade. Há homens e mulheres que cresceram biologicamente, mas, no que diz respeito à maturidade, continuam sendo crianças. Isso pode ser causado por problemas de educação ou por uma combinação de outros fatores. Eles entraram no mundo adulto como pseudo-adultos; na realidade, são apenas crianças mais altas e desenvolvidas sexualmente. Parecem adultos porque têm idade suficiente para parecer com um e para, algumas vezes, agir como tais.

O contrário também pode ser verdadeiro: uma pessoa muito jovem pode ter um nível de maturidade maior do que o normal para sua idade. Algumas vezes, diz-se que essas pessoas têm a "alma velha" ou que trazem consigo experiências de vidas passadas.

A verdade é que a maturidade pode e vai aumentar com o passar do tempo. Você pode ouvir que "as pessoas não mudam", mas essa é uma visão limitada que diz que muitas pessoas não mudam (os pseudo-adultos) e uma grande maioria muda tão devagar que é difícil perceber. Ao mudar, elas podem progredir e chegar a um outro lugar da nossa sociedade. Mas a maioria das pessoas *está* mudando, aprendendo com suas experiências e adquirindo conhecimento com a ajuda de amigos sábios e/ou conselheiros (e talvez com livros!).

A MATURIDADE É GERALMENTE DESEQUILIBRADA

Neste ponto, já deve parecer óbvio o fato de que a maturidade, assim como a química, pode ter níveis diferentes nos dois parceiros envolvidos em um relacionamento. Não só pode ser diferente, como é provável que o seja – pelo menos em algum grau. Mesmo se ambos forem muito maduros e a pontuação de um seja 250 e a da outra pessoa seja 270, provavelmente haverá momentos em que um vai precisar que o outro cresça. De alguma forma, a pessoa de menor maturidade pode ser ajudada de forma construtiva pelo seu parceiro.

A situação mais freqüente é aquela em que há uma grande lacuna entre os dois amantes: um é relativamente maduro e outro é relativamente imaturo. Nesse caso, a responsabilidade fica com a pessoa madura, que precisa ajudar seu parceiro. Dependendo do progresso e também do nível de maturidade da pessoa mais madura, essa experiência pode ser bastante frustrante. Geralmente, a melhor saída é procurar aconselhamento profissional. Mas a maior parte das pessoas evita o aconselhamento, tanto porque pode ser caro como porque infelizmente há um certo preconceito contra isso e ainda porque às vezes é difícil encontrar um bom terapeuta. Dessa forma, relacionamentos desequilibrados tendem a continuar dessa maneira. Isso é ruim porque freqüentemente causa o desgaste da química entre almas gêmeas.

Sobre esse assunto, o dr. Bessell afirma:

> *O problema em muitos relacionamentos é que um membro do casal tem um sério problema com maturidade emocional. Eles estão apaixonados (ambos têm uma alta pontuação em química romântica), mas apenas um deles é maduro o suficiente.*

O dr. Bessell diz que a pessoa imatura mostra sua imaturidade ao negligenciar o parceiro/parceira ou ao fazer exigências absurdas, o que pode, primeiramente, abalar o relacionamento e, eventualmente, destruí-lo. O que o casal provavelmente não percebe é que, no momento em que o parceiro com maturidade menor amadurece um pouco, a maioria dos problemas deles poderá ser resolvida. O desejo de procurar ajuda profissional e muito trabalho por parte do parceiro/parceira imaturo/imatura, combinados a um/uma amante com disposição para ajudar, poderá trazer uma melhora significativa ao relacionamento. O parceiro/parceira imaturo/imatura está, muitas vezes, tão apaixonado/apaixonada, que ele/ela logo se dará conta de que precisa dar um jeito em si mesmo para manter a relação.

O papel do parceiro/parceira maduro/madura, nesse tipo de relacionamento, é conhecido como "amante terapeuta". A pessoa mais madura está, na verdade, fazendo uma terapia importante por meio de amor, apoio, confrontação ocasional e aceitação. A química romântica é necessária para os resultados terapêuticos, assim como o nível de maturidade. A terapia profissional para a pessoa mais madura pode também ser necessária, para ajudá-la/ajudá-lo a enfrentar as exigências e frustrações de participar desse processo de crescimento com o parceiro/parceira.

LIMIARES DA MATURIDADE

Qual é o índice de maturidade necessário para obter um relacionamento amoroso de qualidade? Essa é uma pergunta que vale milhões!

Vamos utilizar o *Formulário de classificação da maturidade emocional* e simplificá-lo usando os Dados do Amor. Lembre-se, os dados não são para jogos, eles são um instrumento ilustrativo de memorização. Nessa simplificação de maturidade usaremos os dados de cor branca (pense em "cara legal"). Já que cada questão do formulário do dr. Bessell tem uma escala de 5 pontos para a resposta; como há 63 questões, é possível criar uma avaliação de maturidade com um máximo de 315 pontos. A escala de pontos para maturidade, então, ficará da seguinte forma:

⚅	*Muito Alta*	*(280 a 315)*
⚄	*Alta*	*(240 a 280)*
⚃	*Média*	*(200 a 240)*
⚂	*Média Baixa*	*(160 a 200)*
⚁	*Baixa*	*(110 a 160)*
⚀	*Muito Baixa*	*(60 a 110)*

Certamente, não é uma ciência exata, mas acredito que seja uma simplificação útil. (Lembre-se que uma razão para isso é o fato de haver diferentes categorias de maturidade dentro do teste; portanto, um único número não diz tudo.).

Quão maduro é "maduro"? O dr. Bessell utiliza sua a regra dos dois terços/um terço para "bastante maduro", que é, se você fizer as contas, algo entre 200 pontos ou um ⚃. Dadas as dificuldades que as pessoas vivenciam no amadurecimento, acredito que seja um bom nível de maturidade para relacionamentos medianos.

Minha própria experiência diz que uma pessoa com maturidade de nível ⚃ tem muita dificuldade para lidar de forma construtiva com a imaturidade dos outros. É possível, mas extremamente desgastante emocionalmente. Essa pessoa está consciente do que está fazendo e isso já é um bom começo, mas, mesmo assim, é bastante complicado.

Eu descobri que um relacionamento amoroso de qualidade requer que ambos tenham um nível alto (⚄) ou muito alto (⚅) de maturidade. Isso não é fácil de encontrar.

No Capítulo 1, conhecemos Lori e Mike. Agora podemos entender melhor porque o relacionamento deles fracassou. Embora ambos sentissem uma química muito alta (um ⚅), havia problemas de maturidade que o relacionamento não conseguiu superar. Mike era maduro o suficiente para reconhecer a química alta e ainda assim permanecer sendo um amigo, mas isso era muito difícil para ele. Ele, provavelmente, tinha uma maturidade "razoável" ou "média", um ⚃. Lori não era madura o suficiente nem para reconhecer que a química recíproca deles e a maturidade moderada de Mike eram algo valioso para ela. A maturidade dela era baixa: um ⚁, provavelmente.

Mesmo havendo uma química recíproca muito alta, a maturidade baixa fez com que o relacionamento fracassasse.

No Capítulo 1, também conhecemos Mary e Tom. Agora podemos visualizar o relacionamento deles com mais clareza:

Os sentimentos de Tom por Mary eram muito altos, um ⚅. Os sentimentos de Mary por Tom eram médios, um ⚃. A maturidade deles era, provavelmente, "média baixa", algo como um ⚂.

Como resultado dos níveis de maturidade deles, eles não foram capazes de perceber o desequilíbrio da química do casal antes do casamento e nem de trabalhar juntos os problemas conjugais.

A seguir, veremos mais histórias da vida real. Embora muitos livros de auto-ajuda para relacionamentos incluam exemplos ilustrativos, eles aparecem, normalmente, em apenas um ou dois parágrafos. Podem até ser interessantes, mas não podem dar uma imagem muito completa de como o relacionamento era. Eu optei por histórias mais longas. Faço isso correndo o risco de entediar o leitor mais apressado, mas, acredite, é melhor entender os casos com mais profundidade. Este livro é sobre isso: lidar com a realidade e adquirir um conhecimento profundo, deixando de lado as "meias-verdades". O amor não é um jogo. Meio conhecimento não é suficiente.

A história a seguir mostra que "maturidade razoável" pode não ser suficiente para um relacionamento amoroso de qualidade.

A história de Rick e Jackie

Jackie trabalhava em um banco. Há um bom tempo ela estava procurando por um relacionamento amoroso de qualidade e, quando menos esperava, Rick apareceu. Eles podiam flertar rapidamente durante as transações bancárias, era seguro! Ele tinha profundos olhos castanhos e cabelos loiro-dourados. Italiano? Norueguês? Que bela mistura!

– Queria sacar algum dinheiro. – ele disse.

– Quanto?

– O suficiente para irmos almoçar!

– Gosto de coisas caras, sabia? – ela respondeu.

– E então, onde você gostaria de ir?

– Que tal à Jamaica?

– Me dê $50 e iremos à Jamaica qualquer dia desses.

– Certo!

Ele gostava do brilho que surgia do riso dela. Uma pessoa tão espirituosa! E então, um dia:

– Quero depositar este cheque.

–Vai sacar dinheiro também?

– Não posso pagar uma viagem à Jamaica agora...

– E que tal jantar fora num restaurante caro? – ela propôs.

– Isso eu posso bancar!

– Próxima quarta?

– Perfeito.

Ela estava feliz, esperara a vida inteira por alguém como Rick.

Jackie esperava que ele estivesse disposto a começar o relacionamento com uma amizade. Ele esperava que não fosse uma amizade "não-sexual", mas estava preparado caso isso acontecesse.

Ambos gostavam muito de música. Ela já havia trabalhado em uma loja de discos. Ele gostava de dançar. Eram, obviamente, o par perfeito.

– Eu acho difícil fazer amigos de verdade – ela disse – Estou aqui há dois anos e só agora fiz uma amiga.

– Por que é tão difícil? – ele perguntou.

– Acho que são meus altos padrões! – ela respondeu.

Eles almoçavam juntos quase todas as semanas. Ela queria uma comunicação aberta, honesta. Ele gostava do fato de que ela era uma "pessoa real". "Primeiro a amizade" era o nome do jogo.

– Queria poder me soltar com alguém... – ela disse, com os olhos brilhando. – Você acredita que é possível para um casal conversar abertamente sobre suas fantasias sexuais e depois realizar algumas delas?

– Claro – ele respondeu. – Quando você quer começar?

– Eu nunca cheguei a confiar em alguém o suficiente para me soltar – ela respondeu. – Conversar com você faz com que eu me pergunte muitas coisas. Não tenho certeza se o que você está dizendo é possível.

– Eu sei que é arriscado – ele disse. – Teremos que deixar as regras de lado.

– O tempo irá dizer.

Ela amava o olhar, o sorriso e a inteligência dele.

– Não tenho certeza se estou preparada para um relacionamento – ela disse, um dia. – Muitos homens ficam felizes em apenas "ficar junto" durante um relacionamento. Eu quero mais do que isso.

– Como o quê?

– Algo empolgante, romântico, real. Como o que eu sinto com você! – ela respondeu.

Mas ela tinha de lidar com o fato de que ele tinha uma namorada, Rudi. Ele havia contado a Jackie sobre Rudi na primeira vez que almoçaram juntos e, embora fosse algo que a machucasse, a amizade dele era importante. Era valiosa para ela, e ela não queria perder aquilo. Ela sabia que podia confiar nele: ele sempre estava ao lado dela quando dizia que estaria. Ele valorizava a maneira como ela era aberta, honesta e carinhosa. Ela adorava o jeito paquerador e brincalhão dele. Ela tentava apoiá-lo em seu relacionamento com Rudi. Ela evitou ter um relacionamento sexual com ele. E, embora ela saísse com outros algumas vezes, nenhum deles podia ser comparado a Rick.

– *Isto é um teste para o seu caráter, Jackie* – dizia sua consciência.

– *Não parece certo que, para ser amiga dele, eu tenha de negar meus verdadeiros sentimentos e desejos!* – ela retrucou.

– *Só vá com calma* – a consciência respondeu.

– Estou tentando terminar tudo com Rudi – ele disse um dia, durante o almoço. – Mas não posso magoar os sentimentos dela.

– Eu entendo isso... – *Mas por que você não anda logo com isso, meu Deus?!*

– Talvez eu deva tentar um relacionamento aberto com Rudi – ele continuou. – Mas acho que isso é muito complicado. Talvez seja melhor colocar um ponto final.

– Apoiarei você seja qual for a sua decisão – ela disse.

Dois meses depois, ele comentou:

– Tenho medo que possa demorar uns cinco anos para me afastar de Rudi.

– O que o impede de fazer isso agora?

– É a segunda vez que isso acontece. Antes, foi com a Jeri. Ela era muito atenciosa, e eu amo receber atenção. Ela sempre me mandava cartões, flores, presentes etc., mas, na realidade, ela era muito ciumenta.

Mais alguns meses se passaram e ele disse que estava apenas "seguindo a correnteza", embora ele soubesse que estava errado. Ele dizia:

– Rudi é tão fechada e introvertida... Mas eu não posso terminar com ela enquanto ela estiver chateada. Acho que não haverá problema algum se eu conseguir lidar com tudo isso até meus 35 anos...

Jackie, em seu interior, escutava-o chamando por ela na escuridão:

> – *Mas estou confuso, Jackie, estou paralisado de medo. Não tenho certeza do que eu quero ou do que devo fazer. Minha mãe nunca me amou de verdade. Então eu vivi oito anos com Jeri, apavorado com a possibilidade de ter alguma coisa séria. Agora eu sinto como se estivesse numa gaiola, e a Rudi quer que eu fique com ela para sempre! Eu sei que você consegue enxergar tudo isso claramente, mesmo que eu não consiga. Tenho muitas coisas na minha cabeça, ainda não consegui decifrar tudo isso. Leva tempo...*

Naquela noite, ela teve um sonho:

Ela viu milhares de pessoas vivendo a vida toda em uma vila onde não havia luz. Eles viviam completamente na escuridão, cercados por uma neblina densa de tabus sociais e meias-verdades.

Em uma colina ali perto, havia um farol com uma luz tão brilhante quanto o sol. O farol podia irradiar sua luz com força total para todas as direções e podia ultrapassar a neblina.

Mas era claro para ela que o farol não podia ser virado diretamente para a vila, ou cegaria todos os moradores, já que eles haviam vivido por muito tempo na escuridão. Para que aprendessem a viver na luz, o farol tinha que ser virado para eles vagarosamente, aumentando a luz pouco a pouco para que eles se acostumassem ela.

Que frustração! Ela queria apertar o interruptor e permitir que Rick enxergasse tudo!

Ele continuava agarrando-se a Rudi.

Ela continuava tentando ser calma, positiva, amparando-o quando necessário, ajudando-o a manter a autoconfiança. Entendendo-o. Sendo o tipo de pessoa evoluída que ela queria ser. No futuro, seus amigos estariam orgulhosos dela! Mas era tão difícil! Se não gostasse dele, não teria importância. Se ela não soubesse o que ela e Rick *poderiam* ter, não se importaria.

– Por que você e Rudi não fazem terapia juntos? – ela aconselhou.

– Eu não sei direito o que eu quero – ele concluiu.

Rick precisava arriscar-se de alguma maneira.

Ela odiava viver daquele jeito, mas seu compromisso consigo mesma era o de ser a melhor amiga que ele poderia ter, independentemente do rumo que as coisas tomassem.

No mês seguinte, eles saíram para dançar e divertiram-se muito. Ela acalmou-se quando percebeu que para que ele encontrasse uma maneira de sair daquela confusão, levaria um certo tempo. Ela estava alcançando-o, esticando-se o máximo que podia, tentando dar a ele algo a que ele pudesse se agarrar. Ele também tentava alcançá-la de todas as maneiras. As pontas dos dedos deles se tocaram, enquanto eles lutavam para se segurar. E então, naquele instante, ele foi engolido novamente pela escuridão.

Rick e Rudi mudaram-se juntos para longe. Rick estava eternamente perdido para Jackie. A escuridão é muito profunda.

Então, usando os Dados do Amor para desvendar os segredos desse relacionamento, aqui está a minha avaliação:

Jackie estava muito apaixonada por Rick, provavelmente, um ⚅. Rick também estava atraído por Jackie, embora, talvez, não tanto quanto ela por ele: um ⚄, provavelmente.

Com relação à maturidade, Jackie era bastante madura em sua vontade de manter uma amizade diante das incertezas de Rick, embora fosse algo difícil para ela. Podemos aplicar os critérios do "Teste de Amor" do dr. Bessell e estimar que os resultados dela em cada uma das quatro categorias de maturidade poderiam ser as seguintes (referentes às definições do Apêndice 3):

Consciência/conhecimento de seus próprios sentimentos – freqüentemente

Associação/importar-se com os outros – freqüentemente

Competência/demonstração de autoconfiança – freqüentemente

Integridade/ser genuína e confiável – muito freqüentemente

Acredito que a maturidade dela tenha pontuado um ⚄.

Rick também era razoavelmente maduro; era aberto, honesto e confiável, mas a sua inabilidade em tomar uma decisão mostrou que o nível de maturidade dele era, provavelmente, menor que o dela. Eu resumiria os índices de maturidade dele nas quatro categorias do dr. Bessell da seguinte forma:

Consciência/conhecimento de seus próprios sentimentos – razoavelmente freqüente

Associação/importar-se com os outros – freqüentemente

Competência/demonstração de autoconfiança – algumas vezes

Integridade/ser genuíno e confiável – muito freqüentemente

No fim, ele provavelmente atingiu os "dois terços" do dr. Bessell, portanto, é bastante maduro, ou seja, um ⚃. Muito bom!

Entretanto, como a história mostra, o "muito bom" não foi "bom o suficiente". As antigas experiências dele com suas duas namoradas não o haviam ajudado a entender que uma existe uma diferença entre "garotas" e "mulheres", e essa diferença não diz respeito à idade. Diz respeito ao nível de maturidade emocional. Ele estava com medo de confiar em qualquer pessoa, ou deixar que alguém se aproximasse. Enquanto ele estivesse com Rudi, ele teria "amor" (de alguma maneira), e ele ainda mantinha sua própria "liberdade" porque, em sua cabeça, podia "partir quando bem entendesse".

E Jackie, provavelmente, agarrou-se às falsas esperanças por mais tempo do que deveria. O alto nível de atração que ela tinha aproximou-a dele, e os índices de maturidade de Rick, apesar de serem apenas moderados, estavam acima daqueles com os quais Jackie havia convivido em relacionamentos anteriores.

Em resumo, a química recíproca era alta e maravilhosa, mas no final, o que poderia ser um relacionamento amoroso de qualidade não deu certo, porque o nível de maturidade dele, um ⚃, não foi suficiente. Se ele tivesse sentido uma química de nível ⚅, e não ⚄, talvez isso pudesse ter tido o poder necessário para empurrá-lo em direção ao crescimento emocional. Mas ele não sentiu, e fim da história.

O próximo relato mostra como a imaturidade pode se disfarçar de charme:

A história de Dan e Bárbara

Bárbara era uma secretária que trabalhava muito, mas era despedida de um trabalho atrás do outro. No início, ela não sabia o porquê. Todos os seus chefes gostavam até demais dela, (ela era linda) e queriam ir para a cama com ela. Mas esse não era seu estilo. Ela mantinha sua integridade, mas não o emprego. Recebia o último salário e, sem aviso prévio, estava na rua novamente, imaginando o que teria acontecido.

Depois dessa situação ter ocorrido várias vezes, ela começou a perceber o que estava acontecendo, e decidiu que precisava ter um namorado para manter seus chefes afastados dela. Ela saiu para dançar com um amigo, que lhe apresentou Dan.

Dan era encantador, comprava flores, dizia tudo para que ela soubesse como era maravilhosa e o quanto ele a amava.

Eles casaram-se e tiveram filhos. Ela se casou com ele porque estava atraída por seu charme e porque precisava de uma "cobertura" para manter um trabalho. Ele se casou com ela porque ela era forte e ele precisava de estabilidade.

Mas Dan, ao mesmo tempo que amava, também odiava mulheres fortes. Ele as amava porque precisava de força e estabilidade, mas as odiava porque era fraco. Para vingar-se de Bárbara, ele a espancava. Depois, trazia flores e dizia que estava arrependido. E ela o perdoava por causa de seu charme infantil. E então, ele a espancava novamente. E mais uma vez pedia perdão. Ele era um mestre naquela arte, e ela tinha os hematomas como prova.

Ele ameaçou machucá-la "pra valer" se ela o deixasse, porque ele "a amava muito" e "não podia viver sem ela".

Foram necessários dois anos e três advogados para que Bárbara se visse livre dele. Ela foi morar com a mãe. Dan continuou a persegui-la. Ele mandou mais flores. Ele pediu perdão (outra vez).

Ele simplesmente não queria ficar sozinho!

Pedi a Bárbara para avaliar esse relacionamento usando os Dados do Amor. Ela disse que se sentia atraída por Dan, um ⚄, provavelmente. Disse que nunca se casaria com alguém por quem sentisse uma química muito alta (um ⚅), porque seria "muito difícil partir". Fiquei surpreso quando ela classificou o nível de química dele por ela com apenas um ⚃. Ela disse que não podia ser mais alto, porque ele a traía com todas as mulheres possíveis. Apontei que a traição não era um problema de maturidade, e sim de química. Minha avaliação desse relacionamento é que o nível de química de Dan por Bárbara pode ter sido, facilmente, um ⚄ ou ⚅, mas ela não via dessa maneira porque a maturidade dele era muito baixa.

Bárbara disse que o comportamento abusivo de Dan mostrou que a maturidade emocional dele era, provavelmente, baixa, talvez um ⚁; e reconheceu que, embora tivesse tentado fazer o relacionamento funcionar e pudesse ter sido "razoavelmente" madura, ela, certamente, não era "muito madura", ou então não teria se colocado naquele tipo de situação e teria conseguido sair dela mais cedo. Ela classificou sua própria maturidade com um ⚃.

Esse é um bom exemplo de uma pessoa encantadora, mas imatura (Dan). Essa história também mostra (novamente) que apenas química não é suficiente para criar um relacionamento amoroso de qualidade. São necessários ambos: química *e* maturidade, ou seja, poder *e* estabilidade. E é necessário conhecimento para distinguir um do outro. Bárbara achava que o charme de Dan era química, mas aí já era tarde demais.

Temos aqui dois relacionamentos bastante diferentes: Rick/Jackie e Dan/Bárbara. A química não era tão diferente nos dois casos, mas o nível de maturidade emocional era, o que distinguia a natureza de cada um deles. A maturidade de Dan (um ⚁) era tão baixa que o relacionamento foi um desastre. A maturidade de Rick (um ⚃) era alta o suficiente para que o relacionamento tivesse seu valor, embora não fosse alta o suficiente para mantê-lo como um relacionamento amoroso de qualidade a longo prazo

RESUMO: DEFINIÇÃO DE UM RELACIONAMENTO AMOROSO DE QUALIDADE

A definição de um relacionamento amoroso de qualidade já deve estar clara. É uma conexão romântica na qual ambos os parceiros têm uma química alta ou muito alta (um ⚄ ou um ⚅), e na qual ambos são bastante maduros (um ⚄ ou um ⚅). Em outras palavras, os parceiros têm muita atração um pelo outro e são conscientes dos seus sentimentos, têm respeito e carinho um pelo outro, resolvem seus problemas juntos e têm uma relação íntegra junto ao parceiro.

Esses relacionamentos não serão perfeitos, pois sempre existirão desequilíbrios na química ou diferenças de maturidade, mas relacionamentos como esse podem ser muito bons. O amor claramente não é um jogo nesse tipo de relacionamento.

Referi-me anteriormente a um importante subconjunto dos relacionamentos amorosos de qualidade, chamado de "almas gêmeas". Acredito que o termo "almas gêmeas" é usado excessivamente na literatura popular e é, geralmente, uma maneira de dizer "relação amorosa". Dessa forma, costuma não ter nenhum significado relacionado à qualidade do relacionamento amoroso, ou pode apenas significar uma química muito alta. Para mim, o termo "almas gêmeas" deveria ser reservado apenas para significar "o relacionamento amoroso de maior qualidade". Nesse sentido, pode ser claramente compreendido, pelo uso dos Dados do

Amor, como "um relacionamento de uma química recíproca *muito* alta (ambos sentem-se atraídos em um nível ⚅) e de uma maturidade *muito* alta em ambas as partes (os dois atingiram o nível ⚅)". A conexão química e a maturidade emocional nas almas gêmeas são tão fortes que irradiam para os outros. Almas gêmeas não são um par isolado, mas uma fonte de energia conectada ao universo. Relacionamentos como esses são raros.

Agora que sabemos o que é um relacionamento amoroso de qualidade, pergunta-se: por que é tão difícil encontrar um? Essa questão será o assunto dos próximos capítulos.

TAREFA

Aplique a avaliação em você e em três amigos usando o Formulário de Classificação da Maturidade Emocional do dr. Bessell no Apêndice 3. Peça a eles que o avaliem e compare os resultados. Baseado nos resultados, você pode encontrar-se interessado em crescimento pessoal, porque, como você viu nas histórias, qualquer coisa de nível ⚃ ou abaixo disso tem grandes probabilidades de fazer um bom relacionamento fracassar. Sugiro que você consulte *Sixty-three ways to build maturity* [*As sessenta e três maneiras de aumentar sua maturidade*] elaborado pelo dr. Bessell em seu livro *The love test* [*O teste do amor*]. Escolha uma ou duas das 63 maneiras que podem ajudá-lo a evoluir sua consciência, associação, competência ou integridade. Se você estiver envolvido em algum relacionamento, poderá também se interessar pelo *Ten commandments for an emotionally mature relationship* [*Dez mandamentos para um relacionamento emocionalmente maduro*] do dr. Bessell (também no *The love test* [*O teste do amor*]).

[1] O fato de a regra dos dois terços/um terço para a "maturidade razoável" (e não *muito* alta) do *Formulário de classificação da maturidade emocional* do dr. Bessell (Apêndice 3) resultar em uma pontuação de aproximadamente 200 pontos, baseia-se na hipótese de que dois terços das questões receberam uma média de quatro pontos e um terço recebeu uma média de um ponto e meio. Essa hipótese chega a uma pontuação total de 199,5 pontos.

Segredo 3

Beijando sapos

por que é tão difícil encontrar um amante?

Mas mamãe, eu não gosto de beijar sapos!
Por que tenho de fazer isso?
Eu não quero mais beijar sapos, mamãe!
Por favor!

Anônimo

Relacionamentos amorosos não são para pessoas covardes.

Este livro é para aqueles que *não* têm medo e que *estão* seriamente interessados em aprender sobre relacionamentos amorosos de qualidade.

Muitas pessoas não têm esse interesse: elas podem ter saído muito machucadas de relacionamentos anteriores, podem estar muito ocupadas ou muito cansadas, talvez não gostem de sapos etc. Com as tantas opções que a vida oferece, as pessoas têm de decidir o que é mais importante. Nem todo mundo está interessado em um relacionamento "especial". Outras prioridades ou um relacionamento "suficiente" é o bastante. Não é difícil encontrar um amante. O difícil é encontrar um amante *de qualidade*.

Este livro é para você que *está* procurando por qualidade. Talvez você tenha acabado de terminar um relacionamento porque não era exatamente o que você queria. Talvez você esteja um pouco insatisfeito com seu relacionamento atual. Talvez você já tenha tentado procurar antes, mas desistiu porque era muito difícil.

Por que é tão difícil encontrar um relacionamento amoroso de qualidade? Quais são as probabilidades? O amor não é um jogo, mas a vida tem suas realidades e probabilidades.

Temos de enfrentar muitas e muitas vezes o modelo do "amor à primeira vista". Somos programados para acreditar que podemos, rápida e facilmente, encontrar aquele alguém especial.

Nunca vi um filme no qual os protagonistas namoram um milhão de pessoas antes de encontrarem-se no chamado relacionamento "um em um milhão"! Não é possível fazer isso em duas horas e esse é o máximo de tempo que conseguimos nos concentrar para ver um filme. E outra coisa: um milhão de rejeições não é algo que faça muito sucesso nas bilheterias. Mas é fácil perceber que são necessários muitos contatos para encontrar aquele "um em um milhão". Infelizmente, na nossa sociedade, esse fato óbvio não é facilmente aceito, então ninguém pensa muito sobre isso.

A maioria dos relacionamentos é formada pelo acaso e pelas circunstâncias. É mais fácil conhecer pessoas no escritório, na sua vizinhança, na igreja. É mais confortável conhecer pessoas que vivem perto de você e que tenham a mesma cultura. É mais fácil agarrar-se a um relacionamento do que arriscar perdê-lo e ficar sozinho. Então, a maioria das pessoas acaba se satisfazendo com algo simples. Procurar é difícil: gasta-se muito tempo e em muitos círculos sociais isso não é considerado algo desejável.

– Quando você parar de procurar, pretendentes virão até você – esse é o lema freqüentemente defendido pelos que não se arriscam. Mas "o mais fácil" não é o mesmo que "o mais valioso". Infelizmente, a maior parte das pessoas nunca viveu nada melhor além da vida que levam ou do que seus amigos vivem. Portanto, é mais simples dizer que o que se tem é tudo que existe – ou pior, não dizer nada e apenas continuar fingindo. Pelo fato de seus amigos não saberem o que é um relacionamento amoroso de qualidade, é provável que você tenha de ir contra as crenças deles para encontrar um. *Não é difícil encontrar um amor. O difícil é encontrar um amor de qualidade.*

Se você está lendo este livro, provavelmente já sabe que a busca por um relacionamento amoroso de qualidade é difícil. Explico agora o porquê, e forneço a você novas informações sobre o que se pode fazer quanto a isso.

REALIDADE, PROBABILIDADE E OS DADOS DO AMOR

Já aprendemos dois segredos dos Dados do Amor, isto é, que os dois aspectos essenciais de qualquer relacionamento amoroso são (1) o grau da química romântica recíproca e (2) o grau da maturidade emocional recíproca. Agora aprenderemos outro segredo dos Dados do Amor: a probabilidade de encontrar um relacionamento amoroso de qualidade.

Como já foi dito, temos dois dados vermelhos e dois dados brancos. Os vermelhos ilustram a química romântica (pense em "coração") e os brancos ilustram a maturidade emocional (pense em "pessoa legal"). Os dados têm dois tamanhos diferentes: um vermelho grande e um vermelho pequeno; e um branco grande e um branco pequeno. O tamanho serve para indicar o homem e a mulher no relacionamento.

(Embora este livro seja principalmente para o público heterossexual, eu não tenho nenhuma intenção de ser preconceituoso. Muitos dos princípios são os mesmos para os gays e as lésbicas, então, onde eu coloquei os nomes "dele" e "dela" nos gráficos de dados, esses leitores podem substituí-los por "dele e dele" ou "dela e dela".)

Exemplos de Relacionamentos

Para saber quais são as probabilidades de se encontrar um relacionamento amoroso de qualidade, pegue os Dados do Amor e lance-os algumas vezes. Isso não é um jogo, mas um microcosmo da vida real. Cada vez que você os lança, pense em conhecer alguém novo, seja em uma palestra, um clube, uma festa ou na casa de um amigo. Em cada lance, cheque se os números de cada dado são, pelo menos, cinco ou seis. Se não forem, é porque você não encontrou um relacionamento amoroso de qualidade e precisa continuar procurando (continuar lançando). Você pode fazer essa experiência em casa, usando os dados para saber quanto tempo você levará para encontrar um relacionamento amoroso de qualidade. É divertido fazer isso com amigos, saber quanto tempo será necessário e depois discutir sobre o significado de cada relacionamento.

De acordo com o propósito do livro, vou lançar os dados no meu computador para mostrar alguns exemplos:

Exemplo 1. Na noite de sexta-feira, Cindy foi a uma danceteria. Ela conheceu Jeff enquanto eles dançavam. Agora vou lançar os dados para ver que tipo de relacionamento ela obteve com Jeff. Dê uma olhada:

É assim que você deve ler o diagrama:

Embora Jeff fosse bonito e Cindy estivesse inicialmente atraída por ele, depois que eles se conheceram, ela descobriu que seus verdadeiros sentimentos não eram tão fortes assim. Mas ele estava atraído por ela, e como infelizmente sua maturidade era baixa, Jeff não percebeu ou não aceitou o fato de ela não estar atraída por ele, e continuou a investir no relacionamento. A maturidade dela também não era muito alta: por um tempo, Cindy até gostava de ser cortejada por ele. Somente depois que o relacionamento começou a ficar confuso que ela parou para pensar e percebeu que seus sentimentos por Jeff não eram fortes e que ele não era maduro. Foi difícil, mas ela optou por terminar o relacionamento.

Exemplo 2. Na quarta-feira, Allan foi a uma palestra e conheceu Georgia. (Estou lançando os dados novamente...) Foi assim que o relacionamento aconteceu:

A química de Allan por Georgia era média.
A química de Georgia por Allan era média.
A maturidade de Allan era média baixa.
A maturidade de Georgia era muito baixa.

Allan e Georgia gostavam um do outro, mas não havia um nível de atração muito grande de nenhuma das partes. Isso poderia se tornar uma amizade, mas Georgia tinha pouca maturidade e não deu nenhum valor para isso. A maturidade de Allan também não era tão alta, então o relacionamento nunca foi a lugar algum.

Exemplo 3. No sábado, Grace foi a uma festa e conheceu Chuck. (Estou lançando os dados...) O relacionamento era assim:

A química de Chuck por Grace era média.
A química de Grace por Chuck era muito alta.
A maturidade de Chuck era média baixa.
A maturidade de Grace era muito alta.

Grace estava muito atraída por Chuck. Infelizmente, Chuck não sentia o mesmo. A boa notícia é que Grace também era bastante madura e foi capaz de perceber, rapidamente, que Chuck não se sentia tão atraído por ela e também a maturidade dele deixava a desejar. Portanto, ela foi capaz de seguir em frente sem envolver-se demais e sem ficar deprimida.

Exemplo 4. No domingo, Ben conheceu uma nova garota na igreja. O nome dela era Heather. (Estou lançando os dados para descobrir o que aconteceu com o relacionamento... não agüento esse suspense!)

A química de Ben por Heather era média.
A química de Heather por Ben era alta.
A maturidade de Ben era baixa.
A maturidade de Heather era média baixa.

Heather estava mais atraída por Ben do que ele estava por ela. Mas ele sentia-se bastante confuso devido aos galanteios dela e pensou que talvez fosse amor. Ela continuou cortejando-o, pois não tinha maturidade o suficiente para saber que ele não estava atraído por ela, e ele a fez de boba porque ele era muito imaturo para tratá-la bem.

Por favor, não pense que Cindy, Allan, Grace ou Ben deveriam ter ido para casa imediatamente e "lançado os dados", como se fosse alguma espécie de mágica para averiguar a qualidade de seus novos relacionamentos. Não é isso. O amor não é um jogo e os relacionamentos revelam sua verdadeira natureza com o tempo. Os dados são apenas uma maneira conveniente de ilustrá-los. O mais importante é que Cindy, Allan, Grace e Ben aprenderam a avaliar seus relacionamentos relativamente cedo, sabendo como lidar com eles e como evitar situações dolorosas no futuro. Eles deveriam usar os materiais do dr. Bessell (ver os Apêndices) para fazer essa avaliação. Portanto, os Dados do Amor devem ser usados como um auxílio para ajudar a manter o foco. Todos os relacionamentos podem ser visualizados em termos de Dados do Amor e *devem* ser visualizados desse jeito.

Quero deixar claro que quando falo sobre "lançar os dados", não estou dizendo que os relacionamentos se baseiam na sorte. O amor não é um jogo. Há, certamente, um elemento de sorte quanto a quem você irá conhecer, mas, ao adquirir mais experiência e conhecimento (e é esse o propósito deste livro), a sorte dará lugar à habilidade e as probabilidades melhorarão para você. Contudo, ao conhecer alguém, ainda há muita coisa a ser descoberta. Com o tempo, à medida que se conhece mais a química e a maturidade, torna-se quase como ver os dados serem lançados em câmera lenta. Mas o amor não é um jogo, e meu uso da analogia de "lançar os dados" é simplesmente uma maneira mais simples de expressar essa descoberta dos ingredientes-chave em um novo relacionamento.

Uma amiga disse-me uma vez que o amor era um estado de espírito. Ela queria dizer que o amor não deveria ser analisado numericamente. Respondi que era exatamente por isso que muitos relacionamentos amorosos não davam certo: pessoas ficam estimuladas por um "estado de espírito" baseado em hormônios, livros ou filmes românticos. E sem analisar o que está acontecendo realmente, eles tomam más decisões.

Para essas pessoas, o amor é, na verdade, um "estado de confusão", mas usam um eufemismo, referindo-se a ele como "estado de espírito".

Recapitulação de Relacionamentos

Vamos continuar trabalhando com as ilustrações dos Dados do Amor. A seguir temos um resumo das quatro histórias dos Capítulos 1 e 2.

No Capítulo 1, Mike conheceu Lori em um restaurante no qual ela trabalhava. Aqui está o relacionamento deles novamente:

A química de Mike por Lori era muito alta.
A química de Lori por Mike era muito alta.
A maturidade de Mike era média.
A maturidade de Lori era baixa.

Como vimos no Capítulo 1, a química recíproca nesse relacionamento era mágica. Mike tentou fazer com que desse certo, e Lori adorava a forma como eles divertiam-se juntos, mas ela era muito imatura para acreditar que havia um valor permanente na química ou para reconhecer o nível de maturidade dele. Depois de dois anos, o relacionamento acabou.

No Capítulo 1, também conhecemos Mary e Tom. Eles eram namorados desde a infância e casaram-se depois de terminar a faculdade. Usando os Dados de Amor de forma ilustrativa, o relacionamento deles pode ser avaliado da seguinte forma:

A química de Tom por Mary era muito alta.
A química de Mary por Tom era média.
A maturidade de Tom era média baixa.
A maturidade de Mary era media-baixa.

O casamento de Tom e Mary durou por três anos, até que ela pediu o divórcio. A falta de sentimentos fortes por ele e a imaturidade de ambos criou diferenças irremediáveis.

No Capítulo 2, Jackie conheceu Rick quando ele apareceu no banco em que ela trabalhava. Ilustrando com os Dados do Amor:

A química de Rick por Jackie era alta.
A química de Jackie por Rick era muito alta.
A maturidade de Rick era média.
A maturidade de Jackie era alta.

Rick estava confuso e não conseguia abrir mão de sua outra namorada, mesmo não tendo um relacionamento amoroso de qualidade com ela. Seu relacionamento com Jackie quase pontuou como um relacionamento amoroso de qualidade (apenas um atributo era menor do que cinco), mas a maturidade mediana de Rick, apesar de "razoável e normal", não foi suficiente para dar a ele a coragem de pôr um fim no outro relacionamento e fazer com que o amor por Jackie florescesse. Rick mudou-se de cidade com a sua "não tão boa" namorada. Felizmente, Jackie era madura o suficiente para lidar muito bem com a situação, apesar de ter sofrido com tudo isso.

Também no Capítulo 2, Bárbara conheceu Dan por meio de um amigo, quando saiu para dançar. O que aconteceu foi o seguinte:

A química de Dan por Bárbara era alta.
A química de Bárbara por Dan era alta.
A maturidade de Dan era baixa.
A maturidade de Bárbara era média.

Impelida pela atração mútua e pelo charme de Dan, Bárbara casou-se com ele; o casamento durou dois anos, mas ele a espancava e a traía. Três advogados e quatro ordens judiciais depois, ela finalmente conseguiu o divórcio, mas ele continuou a persegui-la. Ela deveria ter analisado o relacionamento antes de se casar. O amor não é um estado de espírito. O amor não é um jogo. O amor é real, mas as probabilidades de encontrar um relacionamento amoroso de qualidade não são muitas, e esse não era um amor de qualidade.

Temos, agora, uma visão geral de oito relacionamentos. Todas essas pessoas estavam procurando por um amor de qualidade, mas nenhuma delas encontrou. Por quê?

TIPOS DE AMOR

A razão pela qual é tão difícil encontrar um amor de qualidade deve estar ficando clara se você estiver fazendo experiências com os Dados do Amor, da maneira como eu propus. Caso você já tenha lançado os Dados algumas vezes, o que conseguiu? Já lançou os dados 5, 10, 25, 50 vezes. Você já encontrou um relacionamento de qualidade? Já encontrou uma alma gêmea? Você está ficando cansado? Já beijou um monte de sapos?

No início, as pessoas gostam de sair com muita gente, mas depois isso começa a ficar cansativo:

– Eu não preciso conhecer tanta gente assim! (Errado)

– Eu a amo, então tenho certeza de que ela me ama também. (Errado!)

– Eu sei, eu não sou perfeita, mas ninguém é, então acho que ele vai me aceitar. (Errado de novo)

– Bem, ela não é perfeita, mas me ama muito, então eu sei que ela vai mudar por mim. (Errado... outra vez!)

Se você já estiver cansado de conhecer pessoas (ou de lançar os dados), poderá fazer algumas escolhas. Você pode:

1. desistir de tudo e decidir ficar com a pessoa com quem você estiver saindo agora;
2. baixar os seus padrões (talvez um ⚃, e não um ⚄ ou um ⚅);
3. dizer que eu estou errado e fazer o que você quiser;
4. fortalecer-se (com as informações deste livro) e continuar com a sua busca.

Se a sua escolha for fortalecer-se com informações e continuar a busca, então é hora de olhar realisticamente para as probabilidades. Você já tem uma idéia de como é difícil encontrar um relacionamento amoroso de qualidade, tanto pela sua experiência pessoal como pelo breve exercício de lançar os Dados do Amor. Mas é possível descrever as probabilidades numericamente e isso pode ajudá-lo a ter uma perspectiva e, conseqüentemente, a ser mais paciente na sua busca.

Os Dados do Amor, novamente, são úteis para ilustrar, simplificar e quantificar as probabilidades de se encontrar um relacionamento amoroso de qualidade. O amor não é um jogo, mas existem probabilidades reais que precisam ser levadas em conta. A seguir relaciono vários tipos possíveis de relacionamentos amorosos e as probabilidades de se encontrar cada um deles.

Almas Gêmeas

A química dele por ela é muito alta. A química dela por ele é muito alta. Ambos são muito maduros. A probabilidade desse tipo de relacionamento acontecer é de 1 em 1.296. Isso significa beijar muitos sapos! Almas gêmeas de verdade são muito raras (e, como você irá perceber nas porcentagens a seguir, nem mesmo os relacionamentos de almas gêmeas são perfeitos).

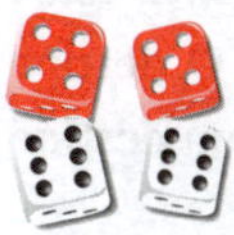

Relacionamento Amoroso Muito Bom

A química dele por ela é alta. A química dela por ele é alta. Ambos são muito maduros. A probabilidade desse tipo de relacionamento acontecer é de 1 em 324. Isso ainda significa que será necessário beijar muitos sapos, mas não tantos quanto era preciso para encontrar uma alma gêmea.

Relacionamento Amoroso Bom

Ambos têm uma química alta e boa maturidade. A probabilidade de encontrar esse tipo de relacionamento é de 1 em 81. Esse caso e os dois citados anteriormente são os que considero "relacionamentos amorosos de qualidade".

Relacionamento Típico

(Será que pode ser chamado de amor?)

Neste relacionamento, os sentimentos dele por ela são altos, os sentimentos dela por ele são médios, o nível de maturidade dele é médio-baixo e o nível de maturidade dela é médio. O resultado mais provável desse relacionamento tão típico (e não ruim) é casamento, filhos, insatisfação crônica, desapontamento, falta de estímulo e divórcio. A probabilidade de encontrar esse tipo de relacionamento é de 1 em 11. A vantagem principal desse relacionamento é não ter de beijar muitos sapos.

Se você estudou esses diagramas, deve estar pensando coisas como:

– Eu não gosto de beijar sapos.

Ou:

– Não é realmente necessário encontrar todas essas pessoas.

Ou ainda:

– Seu conceito não leva em conta o papel do destino.

Obviamente, não quero que você leve tudo ao pé da letra. "Beijar sapos" é apenas um modo de falar. Mas, com freqüência, o homem ou mulher mais atraente acaba se tornando um sapo depois que você o/a conhece (o oposto do que acontece nos contos de fada). E, embora as probabilidades não sejam uma ciência exata, elas provavelmente estão mais próximas da realidade do que você pode ter pensado. O destino obviamente é um fator, mas é mais provável que você tenha um destino favorável se der a ele mais oportunidades de encontrar você.

Então, em vez de enterrar sua cabeça na areia ou discutir sobre números exatos, o que você deveria estar pensando é:

– O que é mais importante para mim?

– Estou disposto a conhecer um número enorme de pessoas horríveis com esperança de encontrar minha alma gêmea?

– Eu posso ser feliz com um "relacionamento amoroso bom", que é mais fácil de ser encontrado, embora isso ainda seja difícil?

– Sou um solitário ou tímido que vai aceitar menos para poder encontrar alguma coisa rapidamente?

Essas são perguntas sérias que requerem uma longa meditação em busca de respostas verdadeiras. As respostas serão diferentes para cada um. É evidente que será necessário algum tipo de compromisso associado a diferentes fatores, independentemente do caminho escolhido, já que é bastante improvável que você encontre uma alma gêmea na primeira tentativa. O compromisso é uma combinação de química, maturidade e tempo. Você pode desistir um pouco do quesito maturidade para encontrar um relacionamento mais rapidamente, mas ocorrerão problemas. Você pode desistir um pouco do quesito química para poder ter mais maturidade e menos problemas, mas você se sentirá menos satisfeito emocionalmente. Você pode gastar mais tempo tentando encontrar tanto a química como a maturidade perfeitas, mas assim você terá que lidar com a solidão. No mundo real não há nenhuma varinha de condão que possa fazer com que tudo aconteça de uma vez. Claro que sempre é possível tentar provar que estou errado...

Enquanto você se decide sobre qual compromisso assumir (ou se vai tentar provar que eu estou errado), quero apontar mais uma coisa sobre os Dados do Amor. Cada número (1 a 6) dos Dados do Amor representa, na verdade, uma "variação". Portanto, um ⚅ não é "perfeito" e até mesmo almas gêmeas podem ter alguns problemas, mas eles serão menores e as almas gêmeas serão mais capazes de lidar com eles. Para ser mais exato com relação aos Dados do Amor, apresento a maneira como eles podem ser traduzidos em porcentagens:

Dado do Amor	Química (%)	Dado do Amor	Maturidade (%)
⚅	85 – 100%	⚅	85 – 100%
⚄	70 – 85%	⚄	70 – 85%
⚃	50 – 70%	⚃	50 – 70%
⚂	30 – 50%	⚂	30 – 50%
⚁	15 – 30%	⚁	15 – 30%
⚀	0 – 15%	⚀	0 – 15%

Assim, minha definição de um "relacionamento amoroso de qualidade" inclui mais de 70% no nível de química (um ⚄) e 70% no nível de maturidade (um ⚄). Muitos poderão buscar algo abaixo disso (e o farão) para não encarar a solidão trazida pela busca contínua e, algumas vezes, enfadonha.

Há muitas maneiras de viver, e aqueles que estão satisfeitos, por exemplo, com um ⚂ ou com um ⚃ na escala de química, têm todo direito de estar. As razões deles para não procurar um amor romântico de alto nível podem ser tão válidas quanto as minhas para procurá-lo.

Apresento mais duas histórias que ilustram a dificuldade de encontrar um relacionamento amoroso de qualidade.

A história de Nilton e Sheila

Nilton e Sheila namoravam desde o segundo grau. Foi complicado quando eles foram para faculdades diferentes: encontravam-se apenas no Natal e nas férias, aguardando com ansiedade pelo verão que passariam juntos. Mas era maravilhoso estar apaixonado.

O mundo de Nilton caiu quando Sheila disse:

– Ainda não estou pronta para me amarrar. Preciso sair com outros rapazes.

Ele ficou desolado. Fechou portas de aço em torno de seu coração e as manteve trancadas para que ninguém o tocasse.

Então Sheila ligou para Nilton, e disse que queria namorá-lo outra vez. Eles se casaram logo depois.

Externamente, eles eram o casal perfeito, a família perfeita. Três filhos adoráveis, esposa atraente, marido com uma boa carreira, ótima casa e dois carros.

Internamente, também não era tão ruim. Eles faziam todas as coisas de família juntos e realmente acreditavam que estavam apaixonados. Mas havia alguma coisa faltando que e nenhum deles sabia, ou entendia, o que era. Eles apenas tinham uma vaga idéia de que não eram felizes como pensavam que seriam. Eles conversaram sobre os porquês de estarem infelizes com seus trabalhos, ou infelizes com a escola das crianças, ou infelizes por causa da situação mundial. Mas eles não sabiam como discutir o conteúdo emocional essencial do casamento deles.

A fachada de cara durão que Nilton tinha não ajudava. Ele não queria mais se parecer dessa forma, agora que Sheila estava com ele, mas isso havia se tornado parte de sua personalidade. E as inseguranças de Sheila também não ajudavam. Mas eles tentaram. Tentaram até terapia de casal, mas não conseguiram fazer o casamento dar certo.

Por que não funcionou? Por que depois de 10 anos eles se divorciaram? Por que eles se casaram?

Eles eram inocentes e estavam respondendo aos chamados naturais da vida que levavam. Ambos vieram de lares com pais protetores. Conheciam pouco sobre a vida e o amor. Eles pensavam que o amor deles duraria para sempre, mas, na verdade, eles estavam apaixonados pelo amor. A química verdadeira não existia em grande escala e estava desequilibrada. É muito provável que eles tenham amadurecido durante os anos que passaram juntos, mas ainda não entendiam as dinâmicas do amor ou as exigências de um bom relacionamento.

Usando os Dados do Amor, eu avaliaria o relacionamento deles da seguinte forma:

A química de Nilton por Sheila era média baixa.
A química de Sheila por Nilton era alta.
A maturidade de Nilton era média baixa.
A maturidade de Sheila era média baixa.

Esse relacionamento não era "ruim". Havia alguma química e alguma maturidade. Não havia brigas abusivas como poderia acontecer com um nível de maturidade ⚀ ou ⚁. Mas não era um relacionamento amoroso de qualidade.

É difícil dizer quando a paixão desapareceu e o relacionamento deixou de lado o sentimento e da lua-de-mel para a realidade de ⚂ e ⚄. A distância manteve o relacionamento vivo por muitos anos (contato raro pode prolongar uma fantasia). Depois de casados, é difícil para os amantes inexperientes reconhecerem a diferença entre a falta de química e a falta de maturidade. A mesma discussão pode ser interpretada como:

– Você não me ama mais! (falta de química)

– Você não me trata bem! (falta de maturidade)

Como discutimos no Capítulo 1, a química verdadeira não muda com o tempo. A paixão passageira, entretanto, muda, e ela existe na maioria dos relacionamentos por um curto período de tempo. Ela pode ser facilmente confundida com a química verdadeira, por isso as aparências fazem com que pensemos que exista uma redução de química, quando, na verdade, não houve mudança alguma na química. Brigas (causadas pela baixa maturidade) também podem camuflar a química verdadeira, e fazer com que ela pareça estar mudando; entretanto, ela pode brilhar novamente, uma vez que os problemas de maturidade sejam resolvidos.

Por outro lado, os níveis de maturidade *podem* aumentar com tempo e experiência. É bem provável que quando Nilton e Sheila se casaram, o nível de maturidade deles era algo em torno de ⚁. A novidade do sexo e do casamento, manteve, provavelmente, a paixão viva por 3 a 6 meses. Depois disso, discussões e brigas (associadas a baixos níveis de maturidade) sobre coisas do dia-a-dia, como os filhos ou a casa, tendem a cobrir e a mascarar a falta da química verdadeira.

Mas eles melhoraram a compreensão um do outro durante o casamento, chegando talvez ao ⚂, como representado na ilustração. E eles até ficaram mais maduros, como resultado do divórcio, atingindo talvez um nível ⚃. Tudo isso teve muito valor, mas também foi doloroso.

Depois de 10 anos eles estavam sozinhos, apenas começando a beijar mais sapos. Eles deviam ter lido este livro antes de se casarem.

A história de Bruce e Karen

Bruce conheceu Karen numa viagem de negócios. Ela era a mulher mais linda que já havia visto. Bruce daria tudo que tinha por uma noite com ela. Ele não conseguia tirar os olhos dela e ela fazia o mesmo. E então, de repente, ali estavam eles, num quarto de hotel, juntos. O fato de Bruce ser casado era irrelevante. O fato de Karen ser casada era irrelevante. O fato de ambos terem filhos era irrelevante. Tudo era irrelevante, exceto a maneira como ele olhava para ela e a maneira como ela se sentia. Ela recusou-o da primeira vez, mas depois disso, nenhum dos dois jamais estaria satisfeito. Ela diria:

– Mais fundo, mais fundo!

E ele enlouqueceria com o corpo de Karen subindo e descendo, como ondas no oceano. Ele se realizava com ela, e parecia que estavam flutuando juntos numa nuvem, chegando muito perto do paraíso, voltando para Terra com muita relutância.

E Bruce não tinha idéia se iria abrir mão de "tudo que tinha" por aquele relacionamento!

E Karen não sabia que, no instante em que trocou o primeiro olhar com Bruce, seu marido havia se tornado parte do passado, mesmo se depois disso eles continuassem casados por 7 anos.

Você pode dizer:

– Este livro deveria falar sobre relacionamentos amorosos de qualidade não de casos extraconjugais! Ainda mais essa história sórdida e obscena!

É natural que você se sinta desse jeito, e tenho certeza que outros sentirão a mesma coisa, mas estamos falando aqui sobre química e maturidade, e não sobre moralidade. Podemos falar de moralidade mais tarde, mas primeiro precisamos deixar claro o que é química e maturidade.

O relacionamento de Bruce e Karen durou, com idas e vindas, 12 anos. Durante esse tempo, ele divorciou-se, casou outra vez e divorciou-se novamente. Ela separou-se do marido, voltou com o marido, teve mais um filho, mudou-se para o outro lado do país, prometeu nunca mais ver Bruce, não manteve a promessa e acabou se divorciando. Depois que a poeira baixou, Karen e Bruce moraram juntos por dois anos, e foi maravilhoso. Ela pediria por mais até estar totalmente satisfeita, e então o aceitaria pelo tempo que ele quisesse, até que a explosão os colocasse naquela nuvem novamente, meio dormindo, meio acordados.

Então, Karen teve outro caso. Ela não conseguiu evitar. Tinha todo o amor que queria com Bruce, mas não pôde resistir a Charles, que era um multimilionário – e Karen havia crescido na pobreza. A alma dela estava dividida na época em que ela tentava ficar com os dois. A dor que Bruce sofreu ao deixá-la foi maior do que a de seu divórcio. Karen sofreu também, mas não encontrou outra solução.

Minha avaliação desse relacionamento é:

A química de Bruce por Karen era muito alta.
A química de Karen por Bruce era muito alta.
A maturidade de Bruce era média.
A maturidade de Karen era média baixa.

A excitação entre Bruce e Karen nunca desapareceu. Não era uma paixão passageira, mas sim química verdadeira. Eles conectavam-se.

Conectavam-se na cama. Conectavam-se dançando. Conectavam-se conversando. Tudo aconteceu naturalmente. Eles estavam "apaixonados" de verdade. Para ele, ela tornava o amor divertido e vice-versa. Podia-se ver que era química verdadeira, porque acontecia de forma natural, não tinha que ser forçado, e não mudou com o tempo, mesmo enfrentando dificuldades. O poder da atração magnética entre eles empurrou-os por diferentes situações, e nem todas elas foram agradáveis.

Mas a imaturidade deles era óbvia. Ambos foram desonestos com seus companheiros. Ela não teve coragem de deixar o marido. Bruce casou-se uma segunda vez, mas isso também não funcionou. Ela não conseguiu ser fiel depois que eles estavam morando juntos. Se um incêndio tivesse a força de impulsionar um casal a enfrentar seus problemas de imaturidade, a química que Bruce e Karen sentiam deveria ter conseguido. Mas a imaturidade não parece ceder para a química, apenas para a experiência. E apenas se a pessoa estiver disposta a aprender com a experiência. Nessa situação, Bruce queria aprender, mas Karen não conseguia.

A conexão química teve um efeito permanente e inesquecível para Bruce. Ele nunca mais se contentou com menos.

Em resumo, a atração magnética (química) entre Bruce e Karen era rara e especial. Nunca diminuiu. Mas a maturidade não era suficiente para lidar com a força da química que eles tinham. O relacionamento era como um foguete poderoso com um giroscópio fraco: um desastre prestes a acontecer. E aconteceu.

RESUMO

Beijar sapos não é divertido. Conhecer muitas pessoas geralmente é considerado "galinhagem" e tem conotação negativa. Mas as probabilidades de encontrar um relacionamento amoroso de qualidade são bem menores do que se acredita; portanto, conhecer muitas pessoas é uma parte importante da estratégia de busca. Encontrar qualidade, reciprocidade e equilíbrio em relacionamentos amorosos não é tão fácil como parece nos filmes!

Até agora, nós lançamos os dados dez vezes. Ainda não encontramos um relacionamento amoroso de qualidade. Encontramos amigos, sexo, casamentos, filhos e casos, mas nenhum relacionamento de qualidade! Deve ser a hora de uma nova perspectiva e compreensão. Vamos começar a procurar pelo "segredo da nave espacial".

TAREFA

Se você estiver buscando um relacionamento amoroso de qualidade e com seriedade, então recomendo um pouco da prática de "beijar sapos". Há inúmeras maneiras de conhecer muitas pessoas, mas uma das mais fáceis, mais econômicas e divertidas é colocar, ou responder, um anúncio pessoal. Experimente tomar um café com uma dúzia de pessoas que você nunca viu antes e que pode nunca mais ver em sua vida. Fale sobre qualquer coisa: vida, amor, filhos, trabalhos, notícias. O fato de você nunca tê-los visto antes e a probabilidade de nunca vê-los novamente tornam tudo mais fácil. Conheça a outra pessoa e divida com ela o máximo que você puder. (Sugiro que você marque o encontro em um lugar público – um restaurante é uma boa idéia – e não divulgue o seu endereço. A maior parte das pessoas que você vai conhecer será, geralmente, ótima e sincera, mas não custa nada ser cuidadoso). Conhecer muitas pessoas é uma das melhores maneiras de superar a dificuldade em encontrar um relacionamento amoroso de qualidade.

O importante não é que algo significativo saia de algumas dessas conversações; o importante é ter a experiência de conhecer várias pessoas. Mais tarde, você pode se lembrar de quem era quem e o que era o que. É importante que você não espere encontrar sua alma gêmea "1 em 1.296" nessa meia dúzia de encontros, mas mesmo assim pode ser divertido e instrutivo!

[1] Temos aqui a maneira de calcular a probabilidade de encontrar um relacionamento de qualidade usando os Dados do Amor. Essa probabilidade calculada é chance de o relacionamento ocorrer com alguém que tenha as características específicas mostradas pelos Dados. As probabilidades de encontrar um relacionamento amoroso de qualidade são maiores se você estiver conhecendo mais de uma pessoa.

De acordo com as estatísticas, a probabilidade de vários eventos ocorrerem simultaneamente é calculada multiplicando-se as probabilidades de cada evento separadamente.

Por exemplo, a probabilidade de encontrar alguém por quem você sinta uma química de nível ⚅ seria de uma em seis (1/6). A probabilidade de outra pessoa sentir uma química por você em um nível ⚅ também é de uma em seis (1/6). O mesmo pode acontecer caso encontre alguém de maturidade de nível ⚅. Portanto, a probabilidade de que alguém que você conheceu seja sua alma gêmea ("quatro seis", simultaneamente) seria determinada pela multiplicação das quatro probabilidades juntas, ou 1/6 x 1/6 x 1/6 x 1/6 = 1/1.296. Isso representa uma probabilidade de 1 em 1.296. Obviamente, almas gêmeas são muito raras.

Até mesmo a probabilidade de encontrar um "cinco" ou um "seis" em qualquer um dos quatro fatores (sua química e a da outra pessoa, sua maturidade e a da outra pessoa) é de uma em três (1/3). Assim, a probabilidade de encontrar um relacionamento amoroso bom (cada um dos quatro fatores sendo um "cinco" ou um "seis") é 1/3 x 1/3 x 1/3 x 1/3 = 1/81, ou 1 em 81.

A analogia com os Dados é uma simplificação das muitas complexidades que o relacionamento amoroso tem na vida real. Por um lado, a questão de que estamos trabalhando com adultos torna relativamente menos provável de que encontremos alguém que seja um ⚀ na escala da maturidade do que se trabalhássemos com crianças (embora existam adultos que se comportam dessa maneira). Por outro lado, o fenômeno de "lançar os Dados" sugere que é relativamente menos provável encontrar um ⚅ do que um ⚃, até mesmo entre os adultos. Você, provavelmente, eliminará muito rápido o ⚀ e o ⚁ na escala química, mas o ⚄ e o ⚅ ocorre com muito menos freqüência do que o ⚂ e o ⚃. Embora os Dados do Amor representem uma simplificação, fatores como os que já mencionei tendem a compensar os outros, deixando as probabilidades simplificadas instrutivas, ou então um método perfeito de avaliação.

4

Segredo

A nave espacial

todos os sistemas... ligados!

Então deixe aquela maravilha levar você até o espaço
Apenas sinta o trovão quando ele aquece a sua face.

Da música *Let your love flow,*
L. E. Williams

Terminamos o último capítulo com o relacionamento de Bruce e Karen, que era como um foguete poderoso com um giroscópio fraco: um desastre iminente. No Capítulo 1, disse também que acredito que o amor seja mais parecido com uma viagem espacial do que com um jantar à luz de vela ou um casamento. O que quero dizer quando comparo o amor a um vôo espacial?

O que eu quero dizer é que você precisa pensar de uma maneira não-convencional.

Assim como a jovem do nosso "Antes", somos programados para nos encantarmos com os "foguetes" da nossa sociedade e ignorarmos a nave espacial. A nave espacial é o meio mais provável de chegar ao paraíso, mas apenas se for construída corretamente. A nave de Bruce e Karen não foi construída da forma correta. Se você for tentar usar uma nave espacial, sugiro que você a mantenha trancada no galpão de lançamento durante todo o tempo em que ela estiver sendo construída...

O MODELO DA NAVE ESPACIAL

A analogia da nave espacial pode ajudar a firmar alguns dos conceitos já discutidos. Esta é a figura dela:

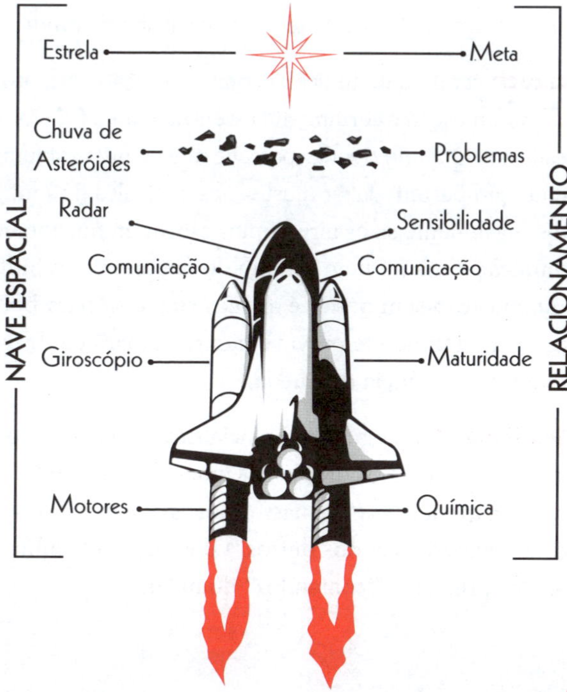

Essa imagem metafórica será mais bem explicada de baixo para cima:

Motor (Química Romântica): neste vôo, a química é a fonte de potência. Algumas coisas são óbvias quando se usa a analogia da nave espacial:

1. é preciso muito poder para chegar às estrelas! Um motor convencional, de motocicleta ou carro, não levará você até lá. É preciso ser um ⚅ (ou perto disso) na escala química, se quiser vencer a gravidade;
2. ambos os motores precisam ter uma potência aproximadamente igual. Se um motor for ⚅ e o outro ⚃, haverá uma queda, depois uma colisão e então uma explosão. Claro que um motor mais potente poderia "desacelerar" (guardar sentimentos) para manter uma igualdade, mas então não teria mais o poder para fazer uma viagem espacial. Talvez até conseguisse chegar até a órbita, mas não iria mais longe que isso.

Giroscópio (Maturidade Emocional): os giroscópios são necessários para manter a nave em seu curso (há dois giroscópios, um para cada pessoa do relacionamento). Na analogia com a maturidade emocional, cada giroscópio é movimentado pelas experiências da vida e direcionado para os lugares certos por conselheiros competentes. Se qualquer um deles estiver fraco, oscilante ou apontado para a direção errada, os dois giroscópios irão brigar pelo controle e a nave acabará caindo.

Comunicações: geralmente indicada como a solução para problemas no casamento, a comunicação é certamente essencial para o funcionamento da nossa nave espacial. Quando o radar percebe que há um problema no caminho, a comunicação permite fazer ajustes nos controles do motor, que podem ser feitos suavemente se os giroscópios estiverem funcionando bem.

Mas comunicação não é nem a fonte de poder, nem a fonte de estabilidade. Comunicação sem poder é apenas conversa para boi dormir. E comunicação sem estabilidade provavelmente acabará em briga ou pânico, dependendo da iminência da queda.

Radar (Sensibilidade): essa nave espacial/relacionamento precisa "enxergar" de alguma maneira os problemas antes que eles se tornem desastres inevitáveis. Experiência ("Já passei por isso antes"), conhecimento ("Aprendi com a experiência dos outros") e intuição ("Tenho a sensação de que...") são os principais "comandos" do radar.

Asteróides (Problemas): a chuva de asteróides, nessa analogia, representa o fato de que qualquer relacionamento terá que enfrentar problemas. O importante é saber lidar com eles.

Isso exige poder, estabilidade, comunicação e sensibilidade, todos funcionando simultaneamente.

Estrela (Metas): a estrela representa qual distância os indivíduos desejam percorrer em seus relacionamentos. Almas gêmeas querem algo muito especial, "de outro mundo". Estão dispostos a enfrentar o sofrimento de uma viagem espacial para conseguir alcançar sua estrela. As almas gêmeas não aceitam um casamento estereotipado e confortável. Estão preparadas para buscar e esperar para obter poder e estabilidade iguais, boa comunicação e a habilidade de sentir e resolver problemas a fim de conquistar suas metas. Outros podem se satisfazer com um pouco menos e, ainda assim, ter um "relacionamento amoroso de qualidade".

MAIS UMA ESPIADA NOS TIPOS DE RELACIONAMENTO

Vamos ver como os Dados do Amor se encaixam no modelo da nave espacial. A idéia principal é formar uma imagem mental que reforce o significado dos Dados do Amor. Aqui está ela:

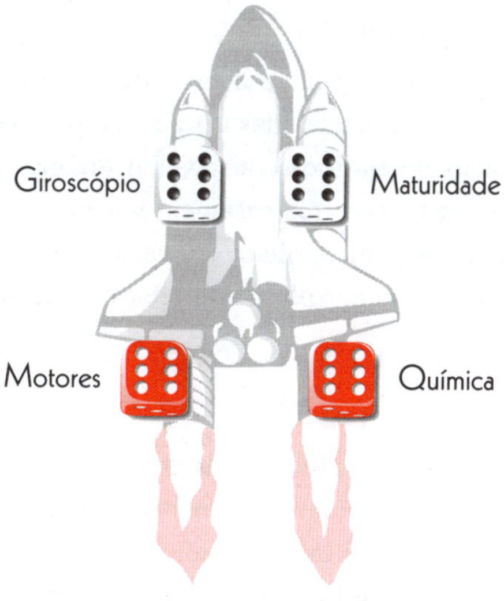

Pelas probabilidades que já vimos, não é fácil encontrar uma nave espacial como essa (1 em 1.296). Pode-se encontrar muitos "foguetes"

por aí, mas uma verdadeira nave espacial, com "todos os sistemas funcionando", é algo especial!

Aqui vão alguns exemplos:

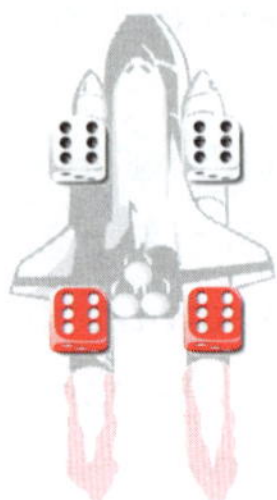

Almas gêmeas

Este relacionamento tem química e maturidade muito elevadas. Portanto, tem poder e estabilidade para fazer uma viagem interplanetária ou interestelar.

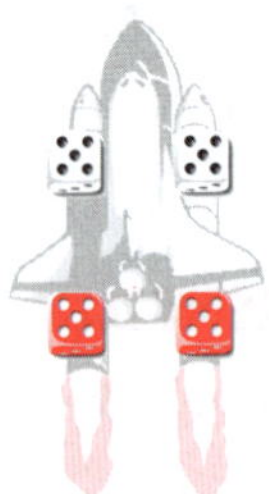

Relacionamento Amoroso Bom

Esta nave espacial tem alta química e alta maturidade, mas não com o mesmo poder e estabilidade das almas gêmeas. Este relacionamento, provavelmente, tem poder e estabilidade suficientes para voar até a órbita, o que é o bastante para muitas pessoas. Considero que este seja um "relacionamento amoroso de qualidade".

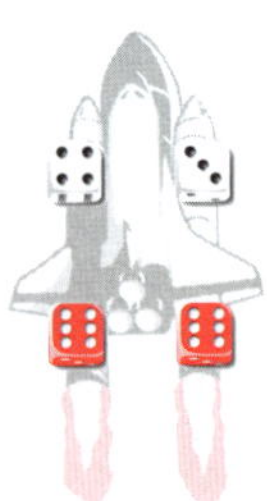

Bruce e Karen (Capítulo 3)

A química poderosa entre Bruce e Karen poderia tê-los levado às estrelas, mas a fraca maturidade fez com que o relacionamento fosse instável. A química fez com que eles passassem por três casamentos (com outras pessoas) enquanto eles mantinham seu caso. Mas, por fim, a instabilidade causou a explosão do relacionamento, em pleno vôo.

Tom e Mary (Capítulo 1)

Tom amava Mary mais do que Mary amava Tom. Mary tentou fazer com que o relacionamento funcionasse, mas ela não sentia química suficiente. Nesse caso, o desequilíbrio da química uniu-se a uma estabilidade fraca; a nave espacial perdeu força, caiu e explodiu logo após o lançamento (três anos depois do casamento).

Uma coisa interessante na analogia da nave espacial é que todos os relacionamentos citados são exatamente iguais externamente. Em outras palavras, qualquer pessoa que olhasse para essas quatro naves espaciais tão diferentes, cada uma em sua plataforma de lançamento, não saberia a quantidade de poder químico de cada uma, ou como está a sua estabilidade. O fato de todas parecerem as mesmas externamente é uma das razões pelos quais muitos relacionamentos não progridem – partes internas essenciais estão faltando, ou essa falta não é imediatamente aparente, e os parceiros geralmente fracassam na tarefa de perceber o que está ou não lá.

Provavelmente seria possível continuar com a analogia da nave espacial discutindo coisas como "treinamento", "medo", "confiança" ou "escudo de calor". Para que este livro possa ser considerado parte do treinamento, é necessário assegurar que a tripulação da espaçonave (os parceiros num relacionamento amoroso) entenda todos os sistemas e possa operá-los da melhor maneira possível. Parceiros amorosos (astronautas) irão naturalmente sentir medo, e isso será discutido no Capítulo 9. Confiança é essencial quando se opera um aparelho de alto risco, e isso será discutido em muitos capítulos deste livro. E uma nave espacial bem-sucedida precisa ter um "escudo de calor" para controlar a temperatura e a pressão que existe em um vôo espacial. Discutiremos como lidar com "temperatura e pressão" no próximo capítulo.

RESUMO: UM SISTEMA COMPLETO

Deixaremos a analogia da espaçonave aqui. O principal é lembrar-se da figura da nave espacial como uma maneira de reforçar a analogia dos Dados do Amor, e de que é preciso que tudo esteja *funcionando concomitantemente* para criar um "sistema". Poder sem estabilidade ou estabilidade sem comunicação podem ser componentes necessários, mas que individualmente não levarão você a lugar algum, pelo menos não de forma segura.

TAREFA

Tire uma folga. Hoje não tem tarefa!

Segredo 5

Diamantes levam muito tempo para se formar

as pessoas podem mudar?

O sonho, que veio depois de um milhão de anos
Que sobreviveu a todas as lágrimas
Veio à Xanadu.

Da música *Xanadu*,
J. Lynne

Terminamos a nossa analogia da nave espàcial sugerindo que um relacionamento amoroso de qualidade precisa ser capaz de resistir a altas temperaturas e pressões. Gosto de comparar isso à formação de um diamante.

Para explicar melhor, vou usar os Dados do Amor para demonstrar o quanto demora para encontrar e/ou desenvolver um relacionamento amoroso de qualidade. Esse é o quinto segredo dos Dados do Amor.

Temos aqui os tipos básicos de relacionamento:

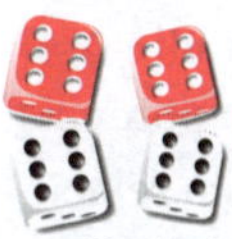

Diamante (Almas Gêmeas)

Química e maturidade recíprocas muito altas (85 a 100%). Esse é o relacionamento de maior qualidade. É muito difícil encontrar um diamante; da mesma forma, também é difícil conhecer sua alma gêmea em apenas um encontro, o que ocorre numa probabilidade de 1 em 1.296. Se você sair com 20 novas pessoas por ano (o que corresponde a muitos sapos) levaria, em média, 65 anos para você encontrar a sua alma gêmea!

Zircônio (Bom Relacionamento Amoroso)

Química e maturidade recíprocas altas (70 a 85%). Chamo esse relacionamento de zircônio porque ele é 10 vezes mais fácil de ser encontrado do que um diamante; as probabilidades de um relacionamento desses acontecer são de 1 em 81. Usando a mesma hipótese das 20 pessoas novas por ano, levaria em média 4 anos para encontrar um bom relacionamento amoroso. Somado a isso tempo e esforço, o nível de maturidade pode aumentar para que ele se torne um "relacionamento amoroso muito bom". Entretanto, ele nunca poderá se tornar um relacionamento de almas gêmeas, porque a química não é alta o suficiente.

Diamante Bruto

Com uma química recíproca muito alta, mas uma maturidade média, há a possibilidade de esse relacionamento chegar a ser de almas gêmeas. Isso é possível porque a maturidade é uma condição que pode ser aprendida através de tempo, treinamento, paciência, persistência e estímulo. Ele é também 10 vezes mais fácil de ser encontrado do que um diamante já lapidado; as probabilidades são de 1 em 144, o que pode ser traduzido em 7 anos, considerando-se a idéia de conhecer 20 sapos por ano.

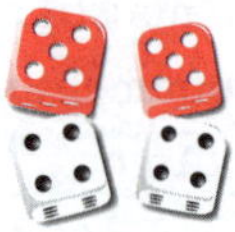

Zircônio Bruto

Com uma alta química recíproca e maturidade média, esse relacionamento nunca se tornará um diamante, porque a química não é alta o suficiente. De qualquer forma, esse tipo de relacionamento tem o potencial de avançar para um relacionamento amoroso bom e, por fim, um relacionamento amoroso muito bom, no caso os parceiros se empenhem para desenvolver as condições de maturidade. A probabilidade de encontrar um relacionamento desses é de 1 em 36, o que, na média, significa menos do que 2 anos beijando sapos, na contagem de 20 por ano.

Nos relacionamentos ilustrados anteriormente, os dois últimos dependem do desenvolvimento da maturidade emocional, um processo similar ao da formação de um diamante. Diamantes não foram sempre diamantes. Eles começaram como carvão, aquela coisa preta e suja tão difícil de limpar da grelha da churrasqueira. Isso não é algo por que ficamos esperando a vida toda.

Alguém pode até dizer que "uma vez carvão, sempre carvão", ou seja, que as pessoas nunca mudam, o que só se torna verdade se você mantiver uma visão limitada.

Mas, de alguma forma, o simples carvão negro transforma-se debaixo do solo e pode se tornar um maravilhoso diamante brilhante. São necessários, apenas, 300 milhões de anos, uma pressão muito elevada e quase 1.700° C!

Você conseguiria ficar perto do seu "diamante bruto" enquanto ele estivesse se submetendo a 300 milhões de anos, uma alta pressão e quase 1.700° C? E você, agüentaria isso? Ou você prefere que seus diamantes já estejam lapidados? Você quer procurar durante 2 anos e, com sorte, encontrar um zircônio bruto? Ou você quer procurar por 65 anos e, por sorte, encontrar uma alma gêmea? Ou algo entre isso? Essas são decisões que cada pessoa precisa tomar sozinha. O amor não é um jogo, mas há decisões que são necessárias como resultado dos fatores de tempo e probabilidade.

Se você não estiver mais procurando ou se você ainda está procurando por um substituto garantido para as questões químicas e de maturidade (beleza, dinheiro, humor, conveniência, compatibilidade, segurança etc.), pode ser que você *nunca* encontre um relacionamento amoroso de qualidade. O tempo estimado de 2 a 65 anos baseia-se na suposição de que você está consciente do que está procurando.

Se você já estiver em um relacionamento que tem uma química alta ou muito alta, então você tem sorte, porque já pode pular a fase da "busca". Mas ainda pode enfrentar um caminho difícil se os níveis de maturidade de vocês não forem altos. Como veremos, o período para o desenvolvimento e crescimento da maturidade pode ser muito longo e complicado. Você tem força suficiente para agüentá-lo?

Se você já estiver em um relacionamento que *não* tem química alta ou muito alta, então você precisará avaliar de forma realista se os níveis de química serão suficientes para os seus objetivos de vida. Podem ser suficientes a curto prazo, mas podem ser, ou não, suficientes a longo prazo.

Já discutidas as exigências de tempo para a fase de "busca" (2 a 65 anos), estamos prontos para discutir as exigências de tempo para a fase de "desenvolvimento". Quanto tempo demora a formação de um diamante?

Antes de tudo, as chances são de que, no momento em que você encontrar alguém que é um "diamante bruto", essa pessoa já estará casada ou envolvida em outra relação. E, por definição, ela não é ainda madura o suficiente para um relacionamento amoroso de qualidade. Torna-se, então, necessário esperar pela disponibilidade desse alguém e trabalhar pela maturidade. Essa não é uma tarefa fácil. Não é por menos que tantas pessoas desistem.

Suponha que a pessoa que você conheceu seja casada ou esteja envolvida com alguém. Essa não é, claramente, uma boa situação, mas a química não espera um convite para chegar. E se for química verdadeira será inegável. Então você decide esperar por essa pessoa. Já que, em média, um casamento ou relacionamento dura 7 anos, você precisa lidar com isso. E há, pelo menos, dois obstáculos que podem aparecer desde o início: (1) a pessoa pode não ter interesse em deixar você esperando e/ou de manter uma amizade sendo que já está envolvida em outra relação (supondo que *você* seja capaz de estabelecer esse tipo de amizade!); e (2) a sociedade não aceita esse tipo de amizade, então fica difícil encontrar apoio emocional. Portanto, o terceiro obstáculo estará esperando por você um pouco mais à frente, isto é: (3) há pouca chance de encontrar maturidade instantânea mesmo se o seu amigo acabar com o relacionamento em que estava.

Talvez você ache que é melhor se manter afastado daquelas pessoas que já têm um envolvimento e fazer parte do mundo dos solteiros. Você ainda terá três obstáculos para enfrentar: (1) as oportunidades vão surgindo cada vez menos, já que a maioria das pessoas se sente solitária em pouco tempo e consegue algum tipo de relacionamento, mesmo que não seja o ideal e que ainda não esteja preparada; (2) as altas conexões químicas são muito difíceis de serem encontradas; (3) a maturidade (ou a falta dela) ainda pode ser um problema.

Temos, portanto, um dilema de "ruim se fizer e ruim se não fizer".

E, qualquer que seja a escolha feita (casado ou solteiro), é bem provável que você tenha de lidar com um período de espera para que a maturidade aumente gradualmente. Vamos ver como isso pode acontecer.

Começaremos com outra história.

A história de Barry e Linda

Linda era dona da sua própria empresa de decoração. Barry a contratou para redecorar sua casa. Ela era casada, por isso ele não tinha a menor intenção de sair com ela. A aliança dela servia para mantê-los "seguros". Ele apenas gostava das conversas e da maneira calma, centrada e confiante de Linda. Mas havia aquele momento – a troca de olhares– o brilho intenso nos olhos dela – o desviar rápido do olhar, porque era muito forte – a risada discreta para disfarçar o sentimento.

Quando Linda terminou o trabalho na casa de Barry, no momento em que estava indo embora, ela perguntou:

– Que tal um almoço na semana que vem?

– Claro! – ele nem pensou duas vezes.

Ela nunca disse muito, não precisava. Ela dizia exatamente o que queria dizer.

Todos podiam ver a profundidade dos sentimentos deles. Ela sorria e o coração dele derretia. Mas ela disse que não havia garantias e que ele não deveria ter expectativa alguma:

– Eu não me arrisco em jogos, não terei um caso com você. Apenas seja meu amigo, eu quero te conhecer. Aproveitar o momento. Você precisa provar quem você é, porque tenho medo que você possa me decepcionar.

Então ele reprimiu seus sentimentos e tentou ser amigo de Linda. Não foi fácil com toda aquela química poderosa.

Com o passar dos meses, eles construíram uma amizade baseada em conversas honestas e sinceras. Ela tinha medo de magoá-lo e medo de magoar o marido. Ela teve um caso extraconjugal 2 anos antes, e isso quase acabara com ela.

Ela falou sobre sentimentos que mantivera guardados por muito tempo:

– Me casei quando tinha 18 anos mas não sabia que meu marido era alcoólatra; descobri depois e como proteção criei vários bloqueios. O alcoolismo já não é mais um problema, mas sempre estará lá. Algumas vezes me questiono por que me casei com ele, que não quer saber dos meus sentimentos e ainda me faz ser responsável por todo o relacionamento.

Ela estava confusa, com medo de tomar qualquer atitude.

Barry lutava para mostrar que se importava com Linda, mas sem ter que dizer que a amava. O olhar de Linda envolvia-o e observá-la era tudo que ele conseguia fazer para controlar seu desejo. Embora muitos casamentos terminem em divórcio e muitos outros sejam infelizes, ele não concordava com a hipótese de destruir um. Ele sugeriu que ela e o marido fizessem terapia. Não era fácil ser um amigo em uma situação como essa.

O tempo passou. Ele podia ver o sentimento nos olhos dela, que disse:

– Eu vejo algo em você, Barry, não tenho certeza do que é, mas eu quero você na minha vida, embora ainda não possa confiar que seja uma relação que vai durar.

Depois de mais ou menos seis meses, a "química" não era mais uma dúvida. No início, eles questionavam-se se os sentimentos eram passageiros ou se era química verdadeira, mas, com o tempo, todas as dúvidas desapareceram. Eles aproveitavam os momentos juntos, mesmo sem sexo. Ambos sentiam isso, era algo real.

Durante um almoço em um mesmo restaurante chinês, mais ou menos um ano depois do primeiro encontro, Linda disse:

– Já faz um ano e você tem sido paciente. O que você espera de mim?

– Eu nunca passei por essa situação, não sei o que fazer. Mas o tempo não importa quando temos a eternidade.

Lentamente um sorriso surgiu no rosto dela, como se ela dissesse:

– É verdade, é isso que eu sinto também. Era isso que eu queria ouvir.

No final do almoço, eles abriram os tradicionais biscoitos da sorte. O dela dizia "Mudanças estão chegando", e o dele "Faça o que for seguro e certo".

Um ano transformou-se em dois. As mudanças não pareciam estar chegando assim tão rapidamente.

Dois anos e alguns meses. Quanto tempo demora para um diamante ser formado?

Ele queria, desesperadamente, saber que rumo aquele relacionamento estava tomando, mas estava determinado a não pressioná-la, para aproveitar mais a relação. Ela era casada. Ele não sabia como reagir a isso.

Ela sentia que estava ficando mais forte, mas ainda precisava de tempo. Ela não queria desperdiçar 10 anos de casamento e ainda temia que Barry a decepcionasse.

Passados quase 3 anos, Linda olhou para o cardápio do restaurante e disse:

– Eu não sei o que pedir... Estou num daqueles dias em que não sei o que quero. – Essa é a afirmação do século, ele pensou.

Eles fizeram seus pedidos e Linda afirmou:

– Não é justo que eu fique enrolando você...

E Barry:

–Acho que posso decidir isso sozinho.

Ela olhou-o nos olhos e disse:

– O sentimento que tenho por você é diferente de tudo. E eu não estou interessada em relacionamentos que acabem.

Ela comeu apenas uma parte de sua porção de rolinhos primavera. Ele comeu apenas três garfadas de sua salada.

Linda não apareceu no próximo almoço. Era algo tão peculiar que Barry, naturalmente, ficou preocupado. Ele ligou para ela nos dias seguintes. Não teve resposta. E ligou novamente, e nada. Ele estava preocupado, pensando que ela pudesse ter sofrido um acidente ou tivesse tido outro problema.

No entanto, recebeu a seguinte mensagem em sua secretária eletrônica:

– Aqui é a Linda. Por favor, pare de me ligar e não tente me encontrar. Não posso explicar nada para você e eu nem mesmo gostaria de fazer isso. Obrigada.

Não havia dúvidas sobre o que Barry deveria fazer: apenas escutar o silêncio. Ele não podia perder a confiança dela não cumprindo o que ela pedira.

Linda passou por um período infernal. Ela sabia que tinha fazer aquilo por ela e para proteger Barry. A dor era uma tortura.

Ele esperou que ela telefonasse, uma semana, um mês, um ano, mas não houve resultado.

Apenas o silêncio.

O silêncio da eternidade.

Eu avaliaria o relacionamento de Barry e Linda da seguinte forma:

Ela era bastante expressiva em seus sentimentos, preocupava-se muito com os outros e era muito responsável e franca. Resumindo em poucas palavras: ela era muito madura. Ainda assim, tinha suas ilusões de que poderia consertar seu casamento e tinha medo de tentar algo diferente. Sua ética dizia que ela não deveria deixar seu marido, e ela orgulhava-se de ser capaz de manter o controle da própria vida (mesmo que isso não visse muito significado emocional). Então, baseando-se no fato de que seus medos a impediam de agir da melhor forma possível, ela ainda não era completamente madura.

Barry lidou com essa amizade de uma maneira excelente. Ele não a abandonou, nem exigiu sexo. Ele manteve a amizade, mesmo que Linda fosse casada. Mas a quantidade de esforços necessários para que ele mantivesse seus sentimentos controlados indica que ele ainda tem algo a melhorar na questão de maturidade.

A química recíproca que ocorria durante uma troca de olhares era óbvia. Era química de almas gêmeas.

A química de Barry por Linda era muito alta.
A química de Linda por Barry era muito alta.
A maturidade de Barry era alta.
A maturidade de Linda era média.

Esse relacionamento "diamante bruto" era, na verdade, melhor do que aquele exemplificado anteriormente neste capítulo, porque a maturidade ⚄ de Barry era mais alta que a ⚃ usada no exemplo. Mesmo assim, o relacionamento fracassou. Três anos não foram suficientes para que ela juntasse a força necessária, mesmo sendo razoavelmente madura. Diamantes levam um longo tempo para se formar, e precisam agüentar a pressão. Esse relacionamento não conseguiu. Não há garantias. O amor não é um jogo.

O melhor livro que já vi sobre o crescimento humano para a maturidade emocional e satisfação pessoal é *Neurose e desenvolvimento humano*, de Karen Horney. É uma leitura desafiadora, cheia de assuntos importantes. Eu vou condensar o capítulo *The road of psychoanalytic therapy* [*A trajetória da terapia psicoanalítica*] em dois parágrafos. É injusto resumir o trabalho dessa maneira, mas gostaria que vocês tivessem uma idéia das opiniões da dra. Horney quanto ao crescimento de uma pessoa.

> *Precisamos ter certeza da seriedade para poder evitar o falso otimismo, visualizando curas rápidas e fáceis. A atração pelas terapias curtas é enorme. Não podemos "curar" o caminho errado que o desenvolvimento de uma pessoa tomou. Podemos apenas ajudá-la a superar suas dificuldades vagarosamente. Apenas quando os "deveria ter" delas perderem seu poder, elas poderão descobrir seus sentimentos, desejos, crenças e ideais reais.*

Todas essas mudanças podem ser descritas como um trabalho gradual do teste de realidade e de valor. O paciente deseja manter o que quer que tenha restado de suas ilusões, reivindicações e falso orgulho ou pode se aceitar como um ser humano, com todas as limitações que isso implica e com as dificuldades especiais, mas sempre com a possibilidade de crescimento? Não posso imaginar uma situação que exija mais decisões do que essa.

A ênfase dada em *vagarosamente* e *gradual* é minha. A dra. Horney não enfatiza nada disso durante a descrição do processo, mas é claro que ela vê a situação como uma tarefa difícil.

ÍNDICES DE CRESCIMENTO DE MATURIDADE

Tentei avaliar o quanto se deve esperar para que o "diamante bruto" cresça e para superar o medo de estar em um relacionamento *real.* Karen Horney diz muita coisa sobre o assunto, então usei a minha própria experiência e as experiências de pessoas com as quais falei.

Revise a escala simplificada de maturidade que foi introduzida no Capítulo 3. O uso de "pontos" refere-se ao *Formulário de classificação da maturidade emocional* do dr. Bessell (Apêndice 3).

⚅	*(280 a 315)*	*Muito Alta*
⚄	*(240 a 280)*	*Alta*
⚃	*(200 a 240)*	*Média*
⚂	*(160 a 200)*	*Média Baixa*
⚁	*(110 a 160)*	*Baixa*
⚀	*(60 a 110)*	*Muito Baixa*

Vamos supor que uma pessoa, em média, esteja totalmente madura aos 60 anos (uma suposição duvidosa, mas conveniente). Um índice de crescimento de 5 pontos ao ano chegaria aos 300 pontos aos 60 anos.

Agora consideremos os índices de crescimento de algumas das pessoas que conhecemos por meio deste livro:

Dan (Capítulo 2): um ⚁ (130 pontos) aos 33 anos. Isso sugere um crescimento de 3,9 pontos por ano. Nada bom!

Lori (Capítulo 1): um ⚁ (140 pontos) aos 27 anos. Implica um crescimento de cerca de 5,2 pontos por ano. Dentro da média.

Nilton (Capítulo 3): um ⚂ (180 pontos) aos 38 anos. Um crescimento de 4,7 pontos por ano, um pouco abaixo da média.

Karen (Capítulo 3): um ⚂ (190 pontos) aos 30 anos. Isso implica um crescimento de 6,3 pontos por ano. Um índice de crescimento acima da média.

Mike (Capítulo 1): um ⚃ (230 pontos) aos 42 anos. Um crescimento de 5,5 pontos por ano. Um pouco acima da média.

Linda (Capítulo 5): um ⚃ (230 pontos) aos 32 anos. Crescimento de 7,2 pontos por ano. Bem acima da média!

Barry (Capítulo 5): um ⚄ (260 pontos) aos 46 anos. Crescimento de 5,6 pontos por ano. Um pouco acima da média.

Jackie (Capítulo 2): Um ⚄ (250 pontos) aos 36 anos. Isso indicaria um crescimento de 6,9 pontos por ano. Muito bom.

A maioria das pessoas que conheço tem um índice de crescimento de 4 a 8 pontos por ano. Índices maiores ou menores são bastante raros. E crescimento pessoal não é, geralmente, uniforme: ele vem em altos e baixos.

Então quanto tempo você precisa esperar pelo seu diamante bruto?

Bem, a resposta depende do nível de maturidade existente, do índice de crescimento futuro e do nível de maturidade que você estiver esperando para se comprometer.

Usando 260 pontos (a média de um ⚄) como a maturidade necessária para um relacionamento amoroso de qualidade, e projetando os índices de crescimento passados para o futuro, os indivíduos listados anteriormente irão atingir o nível alvo de maturidade nos seguintes períodos:

Dan – mais 33 anos
Lori – mais 23 anos
Nilton – mais 17 anos
Karen – mais 11 anos
Mike – mais 5 anos
Linda – mais 4 anos
Barry – acabou de alcançar o objetivo (mas poderia continuar crescendo)

Você realmente precisa esperar que o seu parceiro atinja um nível ⚄ para estabelecer um relacionamento sério? Eu acho que não. Acho que há algo a ser dito quanto a "crescer juntos". Um fato infeliz, entretanto, é que relacionamentos sérios, inclusive casamentos, freqüentemente impedem o crescimento em vez de encorajá-lo. Isso acontece porque os parceiros tendem a limitar as ações do outro, e a não apoiar expansão e crescimento. Como a maioria das histórias mostra, um nível ⚃ de maturidade está fadado a criar problemas e pode não ser o suficiente para que o relacionamento funcione; embora em algumas situações isso aconteça.

Infelizmente, não encontro muitas pessoas, independente da idade, que eu avaliaria como ⚅, e nem muitos ⚄ também. Parece-me que a maioria das pessoas atinge uma certa estabilidade aos 40 anos e entram no estágio da "vida adulta completamente normal". Depois disso há pouco crescimento, há apenas uma repetição de hábitos passados e transmissão desses limitados valores a filhos e netos. O dr. M. Scott Peck, em seu livro *A trilha menos percorrida*, afirma:

> *Crescer é o ato de caminhar da infância à vida adulta* [...] *é um passo que muitas pessoas nunca dão realmente. Apesar de externamente elas parecerem adultas e bem-sucedidas, a maior parte dessas pessoas "crescidas" continuam, até a morte, crianças emocionalmente* [...].

Se o crescimento emocional diminui aos 40 anos, isso se traduz em aproximadamente 200 pontos (40 anos x 5 pontos por ano) na escala do dr. Bessell, ou um "baixo ⚃". Por um lado, isso é bom, porque indica que a maioria das pessoas atinge um nível de "maturidade razoável". Mas por outro lado não é bom, porque aqueles que procuram por um relacionamento de maior qualidade encontram essa possibilidade cada vez mais rara. Acho que essa é outra razão da crença popular de que "as pessoas nunca mudam". Na verdade, poucos mudam depois que atingem um determinado nível. Eles não vêem razão nenhuma para isso, a não ser que estejam motivadas por algo especial.

O fato é que o crescimento emocional acontece no tempo de "um avanço" dos Dados do Amor a cada 10 anos de idade, com o crescimento terminando normalmente no ⚃. Em outras palavras, a maturidade emocional média de uma pessoa é, aos 10 anos de idade, de nível ⚀; aos 20, de nível ⚁ e, por volta dos 40 anos, de nível ⚂. Mas, como os exemplos mostraram, a variação nos indivíduos é grande, então os Dados do Amor apenas oferecem um ponto de início para as estimativas de tempo. A melhor maneira é usar o *Formulário de classificação da maturidade emocional* (Apêndice 3) junto com os índices de crescimento passados, para estimar o potencial do futuro, como foi feito nos exemplos anteriores, que vai, normalmente, lhe mostrar que você vai precisar de *muita* paciência para encontrar e desenvolver um relacionamento amoroso de qualidade.

Pelo fato de o crescimento da maturidade ser tão importante, eu indico aos leitores *Sixty-three ways to build maturity* [*Sessenta e três maneiras de construir maturidade*] do livro do dr. Bessell, *The love test* [*O teste do amor*]. Um bom acompanhamento psicológico também pode ser de grande ajuda para reduzir o tempo necessário para o crescimento da maturidade emocional.

Agora que temos uma idéia realística sobre tempo, vamos continuar com as histórias:

A história de Mário e Elise

Elise conheceu Mário enquanto dançava em uma festa. Ambos eram solteiros. Dançar era maravilhoso. Eles ouviam a música juntos. A risada dele e o brilho inteligente dos olhos dela e indicava que eles poderiam se divertir fazendo qualquer coisa.

Mário fez questão que ela soubesse, no primeiro encontro, que ele valorizava a liberdade e não queria sentir-se "amarrado". Elise sabia que isso significava que ele estava assustado e incerto, mas ela também se sentia assim. Há anos ela não se sentia desse jeito e, embora quisesse mais do relacionamento, ela achava que poderia conviver com aquela situação. Pelo menos ele não era casado!

Eles saíam para dançar de vez em quando. O tempo que passavam juntos era maravilhoso, mas ele sempre deixava claro que os encontros tinham de ser do jeito dele.

Alguns meses depois, eles foram comemorar o aniversário dela. Ela deitou a cabeça no ombro dele e Mário a abraçou e a acariciou suavemente. Ele beijou-lhe os cabelos, o rosto e as mãos; enquanto massageava suas costas, o corpo de Elise reagia. Ela encostou a cabeça no pescoço dele. Ele enrolou o cabelo dela nas suas mãos e beijou os dedos dela um por um. Ele estava envolvido com a pele e com o perfume dela; Elise estava adorando passar horas ouvindo música, e então fizeram amor pela primeira vez. Não foi muito bom, mas não havia outro homem no mundo que ela quisesse.

Vários dias se passaram mas Mário não telefonou. Ela acabou telefonando, sugerindo que saíssem novamente. Ele disse que estava ocupado, mas completou:

– Dessa forma você sente mais a minha falta.

Ela perguntou se ele sentia falta dela: a resposta foi "um pouco".

O que ela podia fazer? Esperar, apenas. Seu coração pertencia a ele. Como Elise havia tratado outros homens da mesma maneira que Mário a estava tratando, ela achou que era a vez dela de ficar esperando.

Semanas se passaram, enquanto ela pensava se ele a amava, se ele estava se sentindo pressionado, o que ela deveria fazer, o que ela deveria dizer.

E a resposta para todas as questões era simplesmente: espere.

A armadura dele parecia impenetrável, mas ela continuou buscando uma maneira de penetrá-la, mesmo sabendo que se essa armadura quebrasse como um bloco de gelo nunca poderia ser consertada novamente. Ela queria viver do lado de dentro da armadura de gelo dele e sabia que para conseguir isso teria de correr o risco de manter o relacionamento sem que houvesse nenhuma garantia.

Mais meses se passaram. Eles continuaram a se encontrar algumas vezes, mas Elise não estava contente com a situação. Então, ela começou a sair com outros homens. Mas mesmo assim, Elise e Mário estavam juntos outra vez, e havia aquele brilho ao trocar olhares, as risadas e o mundo especial que eles criavam enquanto dançavam...

Ele disse:

– Nunca acreditei em amor verdadeiro. Não estou interessado em casamento. Eu nunca choro. Talvez agora eu acredite em amor verdadeiro. Sinto-me muito feliz com você. Você é tão paciente que me dá vontade de chorar.

Ela sentia que ele estava dividido e sem saber que atitude tomar. Ela também sabia que superar o medo é um processo doloroso e que não é possível prever o que ia acontecer, tanto que o relacionamento dependia das mudanças dele. Não havia como saber o que estava acontecendo com ele, embora fosse óbvio para Elise que ele havia sido magoado, provavelmente mais de uma vez, e estava determinado a não se machucar novamente.

Ela queria mudá-lo? Sim! Ela iria mudá-lo? Não. Elise sabia que precisava deixar que Mário mantivesse o controle, e para isso era necessário esperar enquanto ele aprendia a confiar tanto na química como na maturidade dela. E ela tinha de aprender a amá-lo dessa maneira. Para que esse relacionamento se tornasse de almas gêmeas, Elise teria de escutar o conselho de Thomas Moore:

Um relacionamento satisfatório pede para ser respeitado pelo que é, não pelo que poderia ser.

Desse modo, Elise tinha que respeitar a liberdade de Mário. Ela sabia que precisava aprender muitas coisas sozinho, provavelmente da maneira mais difícil, e ela precisava estar preparada para qualquer problema que viesse a surgir.

Com o passar do tempo, a relação sexual entre eles melhorou. Ela sabia que em qualquer novo relacionamento, as relações não eram geralmente muito boas; e ele, com o tempo, superou suas inseguranças quanto a falhar quando eles faziam amor. Eles conversavam, riam e dançavam. Assim como ela, Mário gostava de assuntos profundos e de falar sobre o sentido da vida.

Os amigos de Elise diziam que era necessário forçá-lo a comprometer-se e que ela não deveria relacionar-se com ele já que não conseguia o que queria. Assim ela disse a ele que, algumas vezes, sentia-se insegura no relacionamento porque estava insatisfeita: Ele disse:

– Sou feliz quando estou com você. Sinto-me aquecido. Mas eu não estou pronto para o amor. Estou confuso e assustado. Talvez não seja o momento certo. Eu fui muito magoado, tenho muitas responsabilidades e tenho trabalhado muito. Mulheres são muito possessivas, exceto você. Você é diferente, e eu não quero perdê-la. Mas você precisa me aceitar como eu sou.

E como ela também não queria perdê-lo, decidiu não seguir o conselho dos amigos.

Mário e Elise comemoraram seu primeiro aniversário dançando, claro. Tomaram drinks em um clube e depois na casa dela. Ficaram nos braços um do outro por um longo tempo, trocando carícias, querendo mais. As pernas dela estavam sobre as dele, que acariciava o corpo dela. Ela pediu que ele tocasse seus seios, o que ele fez até começarem a fazer amor. E foi assim até o sol raiar, quando ele disse:

– Eu não te amo. Só quero estar com você. Já fui magoado e não quero amar novamente. E eu não te amo.

Depois disso, eles fizeram amor novamente.

Ela preferia viver com as inseguranças dele a não tê-lo em sua vida. Embora ela quisesse saber o que aconteceria, aprendeu que não precisava disso para aproveitar o tempo que passava com ele.

Depois de um ano e meio de relacionamento, eles viajaram. Dançaram nas ruas, nos clubes. Fizeram amor todas as noites. Ela era linda. Ele a queria muito e ela amava a maneira como ele a beijava e a despia.

Era bastante claro para Elise o que era possível com Mário: paixão, amizade, liberdade, segurança, fantasias, apoio emocional, oportunidade de crescimento, propósito, compreensão e carinho.

Mas por favor, não diga "amor"!

Mas as coisas não estavam tão claras assim para ele.

Dois anos depois, parecia que o relacionamento havia atingindo o ápice. A amizade era boa, o sexo era bom, mas ela acreditava que poderia ser melhor e sofria uma tensão emocional por gostar muito de Mário.

No entanto, o emprego de Elise a obrigou a mudar-se de estado. Mesmo assim, eles continuaram a se encontrar, uma ou duas vezes por mês, e algumas vezes saíam de férias. Depois de mais 2 anos, eles viam-se cada vez menos: ela gostaria que o relacionamento evoluísse, mas como isso não estava acontecendo, ela tinha de continuar com sua vida, e é claro, continuaram a amizade, que era importante para os dois. E, uma vez ou outra, eles faziam amor. Oito anos depois, ele encontrava-se nos altos e baixos de mais um relacionamento fracassado, e ela já havia tido vários amantes. O relacionamento deles continuou por mais tempo, mas nunca mais evoluiu.

E então, como avaliar esse relacionamento?

Mário era inteligente, charmoso, bonito. Trabalhava bastante e levava suas responsabilidades a sério. Ele era maduro em muitas maneiras, mas havia sido magoado e estava tão assustado que suas paredes emocionais eram impenetráveis, mesmo que sentisse fortes emoções por Elise, mesmo que o sexo fosse ótimo e mesmo que ele fosse carinhoso com os filhos dela.

Mas seu maior problema era o medo. Ele havia sido machucado e não queria sofrer outra vez. Então, subconscientemente, escolhia namoradas (exceto Elise) com quem pudesse ter uma boa relação sexual, mas sabendo que ele manteria um certo controle, sem nunca deixá-las entrar em seu coração. Ele diz que não sentia muita química por Elise, mas isso era desmentido pela qualidade do sexo entre eles. É difícil saber o real nível da química quando os sentimentos estão escondidos atrás de tanto medo. Impor a condição "ou é do meu jeito ou nada feito" foi uma atitude muito honesta, mas também implica em falta de reciprocidade, o que implica em falta de maturidade.

Quanto a Elise, acredito que ela foi muito madura. Talvez não perfeita, mas muito madura. Naturalmente, não foi fácil para ela manter a "amizade colorida" (amigos que têm relação sexual) quando os sentimentos dela eram tão fortes e não totalmente recíprocos. Mas ela foi capaz de ser flexível – sexo/sem sexo, fracasso/sucesso, outros relacionamentos ou não – e continuar sendo amiga dele. "Amizade colorida" mostra um alto grau de maturidade.

Usando os Dados do Amor, o relacionamento deles ficaria da seguinte maneira:

A química de Mário por Elise era alta.
A química de Elise por Mário era muito alta.
A maturidade de Mário era média.
A maturidade de Elise era muito alta.

Oito anos mais tarde, ainda é um diamante bruto. O amor não é um jogo, mas os diamantes demoram, sim, um longo tempo para se formar!

A história de Bob e Janice

Janice era sócia de um clube de tênis e golfe. Em uma festa do clube, conheceu Bob e o achou atraente. Ela pôde ver que ele a tinha notado também, mas havia outra garota com ele, e então Janice afastou-se.

Mas depois da festa, Bob ligou para Janice. Eles descobriram que ambos eram pessoas aventureiras, que gostavam de golfe, tênis e de loucuras sexuais. Eles começaram a passar cada vez mais tempo juntos, viajando e jogando. O filho de Bob e os dois filhos de Janice divertiam-se bastante sempre que estavam juntos.

Janice encontrou "paz" em Bob. Ela sentia que havia encontrado sua alma gêmea e que "tudo daria certo". Eles divertiam-se juntos e a sensação de conforto e alegria era algo que ela nunca havia sentido antes.

Depois de um ano, Bob e Janice foram morar juntos. Três filhos em casa, dois carros na garagem, mais tacos de golfe, mais raquetes de tênis e os brinquedos das crianças. A vida estava completa!

Eles faziam amor todas as noites. Eles jogavam durante o dia. Eles conversavam. Estavam em sintonia. Tudo funcionava perfeitamente.

Exceto em relação às crianças. Bob queria para ele todo o tempo de Janice; ele não queria dividi-la com os filhos. Ele não podia fazer o que as crianças queriam fazer nas viagens; tinha a imaturidade de querer as coisas do jeito dele. Viagens em que os dois iam sozinhos eram maravilhosas. Mas Janice também não era perfeita. Ela gritava com os filhos quando eles não faziam lição de casa e chorava quando Bob não queria comprometer-se com casamento.

Eles separaram. Janice chorou no dia em que Bob voltou para buscar seus tacos de golfe.

Mas eles não podiam desistir um do outro. Continuaram namorando por 6 anos. As viagens juntos (sem as crianças) eram ótimas. Eles jogavam durante o dia, e faziam amor de noite.

Tentaram morar juntos outra vez, mas não conseguiram. Bob disse:

– Eu me casaria com você se você abrisse mão dos seus filhos para o pai deles.

Mas Janice não podia arriscar o futuro emocional de seus filhos ao seu ex-marido imaturo. E Bob não conseguia lidar com a realidade de uma vida adulta. Eles terminaram outra vez. Namoraram outras pessoas, mas não podiam esquecer um do outro. Janice queria casar. Bob não conseguia manter um compromisso. Ele usava as crianças como desculpa, mas isso era apenas um sinal da imaturidade dele.

Janice, finalmente, desistiu. Bob mudou-se para outro estado, e ela foi morar com outro homem.

Minha avaliação desse relacionamento fica assim:

A química de Bob por Janice era muito alta.
A química de Janice por Bob era muito alta.
A maturidade de Bob era média.
A maturidade de Janice era média.

Esse é o protótipo do "diamante bruto". Durante 6 anos de idas e vindas, havia claramente "alguma coisa". E esse "alguma coisa" continuava ali depois de 6 anos. Não era uma paixão passageira. Era a verdadeira química de almas gêmeas. Mas Bob não era maduro o suficiente (um ⚃) para um relacionamento sério. Janice, embora tivesse amadurecido como resultado de seus relacionamentos anteriores, também estava ainda no nível ⚃; ela não conseguia lidar com os problemas e não conseguia esperar muito tempo. Mais um diamante que não foi lapidado!

Quero comparar os relacionamentos de Bob/Janice, Barry/Linda e Mário/Elise. Aqui eles estão representados lado a lado para facilitar:

Bob / Janice **Barry / Linda** **Mário / Elise**

Primeiro, vamos comparar o grau de química recíproca. Bob/Janice e Barry/Linda tinham, claramente, química de almas gêmeas. Podem, portanto, ser considerados "diamantes brutos". A química de Mário por Elise, entretanto, era apenas "alta". Dessa forma, apesar de a química ter o potencial para um relacionamento amoroso de qualidade, não era o suficiente para eles serem almas gêmeas. Para Elise, era um diamante, mas para Mário, era zircônio. Como conseqüência, Mário não tinha muita motivação para mudar o que poderia mudar se ele tivesse uma química de nível "muito alto". Contudo, ele perdeu a oportunidade de ter um relacionamento amoroso de qualidade com Elise.

Agora a comparação de maturidade. Bob/Janice tinham uma maturidade mediana (nível ⚃). O relacionamento deles era um diamante bruto. Durou, entre idas e vindas, 6 anos. Mas também apresentou desafios significativos, porque nenhum dos dois era muito maduro. Como resultado, o relacionamento fracassou.

No segundo exemplo, Linda tinha maturidade de nível ⚃, enquanto que a maturidade de Barry era de nível ⚄. Ela tinha motivação para crescer devido à alta química, mas em seu caso, estava presa em suas crenças de que deveria ficar casada de qualquer maneira. Embora um casamento possa ser uma coisa boa se houver amor de qualidade, o caso dela não era esse, por causa do marido alcoólatra. A maturidade de Barry não era perfeita, mas ele deu a ela o que ela mais precisava, isto é, apoio emocional sem a exigência de sexo. Se Linda não tivesse terminado o relacionamento depois de apenas 3 anos, ela poderia ter se tornado mais forte e esse relacionamento poderia ter sido um sucesso.

No terceiro exemplo, Mário tinha uma maturidade normal, de nível ⚃, enquanto Elise tinha uma maturidade muito alta, nível ⚅. Ela deu a Mário o que ele mais precisava, sexo com liberdade. Mas nem mesmo depois de 8 anos isso foi suficiente para que ele crescesse a ponto de comprometer-se com o relacionamento, possivelmente porque ele ainda buscava um relacionamento no qual pudesse encontrar química de nível ⚅, e não ⚄. Eles continuam amigos, mas não podemos saber o que vai acontecer no futuro.

Todos esses exemplos mostram que é necessário um longo tempo para as pessoas mudarem seus níveis de maturidade emocional. As histórias mostram também que o nível ⚃ parece ser uma parede pela qual pouquíssimas pessoas passam. Obviamente, Barry e Elise passaram por ela, mas Bob, Janice, Linda e Mário ainda não. A prevalência desse limite acontece, provavelmente, por problemas de educação e também devido às várias restrições colocadas no desenvolvimento das personalidades pela sociedade, governo e religião. Regras como: "Amizade não inclui sexo", "Você não deve fazer sexo sem amor", "Não se envolva com quem já é casado" e "Continue casado a qualquer custo", evitam que as pessoas expressem seus verdadeiros sentimentos e evitam que ultrapassem as regras em busca do amor de qualidade. Geralmente, é preciso motivação, um bom terapeuta e muito tempo para que as pessoas consigam passar por essa parede.

Essas três histórias mostram que demora um bom tempo para formar um diamante, e que é necessário ser capaz de agüentar a pressão. Nem Janice, nem Bob, conseguiram. Barry deu a Linda um tratamento da melhor qualidade durante o relacionamento, e ele parecia ser capaz de lidar com a pressão, mas no fim, Linda não conseguiu. Quando eu estava fazendo essas entrevistas, Elise ainda mantinha contato com Mário e agüentava a pressão, embora saísse com outros homens.

O AMANTE TERAPEUTA

Anteriormente, neste capítulo, defini um relacionamento com alta química recíproca, mas maturidade média, como um "diamante bruto":

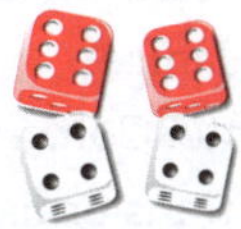

Como as histórias mostraram, pessoas com "maturidade razoável" (um ⚃) têm muita dificuldade para conduzir relacionamentos amorosos de qualidade. Se *ambos* os parceiros tiverem apenas esse nível de maturidade, como Bob e Janice, será duplamente difícil. E se você estiver convivendo com níveis de maturidade menores do que ⚃, você provavelmente tem um "carvão" e não um "diamante bruto".

Se você já tiver passado pelo processo de tempo/pressão/temperatura, já pode ter amadurecido bastante (para um ⚄ ou um ⚅) e será mais fácil ficar ao lado do seu parceiro que ainda está no nível ⚃. Se você puder e, assumiu o papel do "amante terapeuta". Essa pode ser a melhor maneira de ajudar o outro a crescer, provendo uma atmosfera na qual há química (motivação) e apoio maduro (para que o crescimento aconteça). É um trabalho duro para os dois. O relacionamento com um amante terapeuta acontece assim:

Elise estava, e ainda está, interpretando o papel da amante terapeuta em seu relacionamento com Mário. Barry desempenhava o papel de amante terapeuta em seu relacionamento com Linda (embora fosse mais difícil para ele, que tinha maturidade de nível ⚄). O conceito de amante terapeuta não inclui, necessariamente, sexo, como era o caso de Barry e Linda. O que acontece é que a pessoa menos madura recebe o apoio de uma experiência emocional corretiva, ou seja, um tratamento de qualidade, juntamente com um novo conhecimento emocional.

É possível passar anos sendo um amante terapeuta o que requer uma paciência infinita, e não há garantias de sucesso. Um bom psicólogo ou psiquiatra pode ajudar, mas ainda assim, não há garantia.

Se, por outro lado, você ainda tiver passado pelo processo de tempo/pressão/temperatura para amadurecer (ou seja, sua maturidade ainda é  ou ), você precisa voltar toda a sua atenção voltada para seu próprio crescimento pessoal e será muito difícil agir como o amante terapeuta (lembre-se de Bob e Janice).

Alguns conseguem, entretanto. Com a pressão, o tempo e a temperatura necessária, o carvão pode transformar-se em diamante (talvez; não há garantias).

A FALSA ESPERANÇA

 Muitas pessoas sugeririam que a melhor solução seria procurar por um relacionamento com química média e alta maturidade, e então trabalhar para transformá-lo num relacionamento amoroso de qualidade. Pode-se pensar que com um bom tratamento, a química irá aumentar. Infelizmente, essa é uma idéia bem-intencionada, mas errada. Muitos tentam, mas a maioria das tentativas acaba em fracasso. Como discutimos no Capítulo 1, a química verdadeira muda muito raramente. Ela nunca morre, mas também não cresce muito mais do que já é, por mais que você tente. A boa notícia é que, nos relacionamentos mostrados anteriormente, os indivíduos são altamente maduros e irão perceber os erros rapidamente.

MELHORANDO AS PROBABILIDADES

Deve estar claro agora que bons relacionamentos só acontecem quando há ambas, maturidade e química recíproca. Você não pode fazer nada quanto à química e muito pouco quanto à maturidade do seu parceiro, mas você *pode* fazer algo quanto à sua própria maturidade. Isso está bem ao lado de "beijar muitos sapos" como a melhor maneira de aumentar suas probabilidades de encontrar um relacionamento amoroso de qualidade.

No Capítulo 3 calculamos que as chances de encontrar uma alma gêmea () são de 1 em 1.296. Isso se baseia em probabilidades aleatórias, como uma amostra para o público geral. Mas para você que está lendo este livro, as probabilidades podem ser melhores, deduzindo que você esteja trabalhando sua própria maturidade. Por exemplo, se você já tiver uma maturidade muito alta (de nível ⚅), então suas probabilidades de encontrar um relacionamento de almas gêmeas são de 1 em 216. Você ainda terá de beijar muitos sapos, mas bem menos do que antes!

Como outro exemplo, se a sua maturidade já for alta (de nível ⚄), e você estiver procurando por um bom relacionamento amoroso

(), então suas probabilidades de encontrá-lo aumentam de 1 em 81 para 1 em 27. Esse nunca será um relacionamento de almas gêmeas (porque a química não será alta o bastante), mas pode ser um relacionamento amoroso muito satisfatório para a maioria das pessoas e irá, com certeza, reduzir o tempo exigido e o número de sapos que você precisa beijar.

Para a maioria das pessoas, o processo de crescimento pode ser acelerado com a experiência direta ou com terapia. Eu também indico aos leitores *Sixty-three ways to build maturity* [*As sessenta e três maneiras de construir maturidade*], no livro *The love test* [*O teste do amor*], do dr. Bessell.

Há um lado negativo no crescimento da sua maturidade. Aqueles que ainda estão com a maturidade no nível médio podem manter os "óculos escuros" e são capazes de acreditar que as probabilidades são melhores do que as que eu coloquei no livro. Então, quando digo que as probabilidades de encontrar um relacionamento amoroso de qualidade são de 1 em 81, eles discordam e dizem que elas são de 1 em 10. Com a maturidade, eles são capazes de melhorar as probabilidades de 1 em 81 para 1 em 27, mas, da perspectiva deles, as probabilidades pioraram (o que eu quero dizer é que, anteriormente, eles acreditavam que as probabilidades eram de 1 em 10, mas com a maturidade, eles enxergaram que na verdade elas são de 1 em 27). Porém, acredito que a realidade é melhor do que a irrealidade, embora deva dizer que essa crença não seja muito aceita pelas pessoas.

Você deve estar se perguntando por que nenhum dos relacionamentos discutidos até agora progrediram a ponto de um relacionamento amoroso de qualidade. E a minha resposta é:

– Porque você ainda não terminou de ler o livro!

E também porque, diferente de muitos outros livros, este aqui se esforça para ser realista quanto às probabilidades de encontrar e viver um relacionamento amoroso de qualidade, e já que até agora conhecemos apenas treze relacionamentos, seria irreal já termos encontrado o amor de qualidade.

COMPROMISSOS

Agora, já deve estar claro que as probabilidades de se encontrar um relacionamento com química e maturidade muito altas (um ) em um curto período de tempo, são muito pequenas. Então algo precisa acontecer. Ou você escolhe exercitar sua paciência enquanto busca por um diamante, ou você se compromete com a química, com a maturidade ou com ambas. Escolher fazer uma longa busca pode, por fim, levar à solidão. Comprometer-se com a química pode levar a sentimentos de insatisfação, o que pode levar a casos extraconjugais e/ou divórcio. Comprometer-se com a maturidade pode levar às brigas, que também levam a romances extraconjugais e divórcios, mas por razões diferentes. É muito difícil manter um relacionamento exclusivo quando a química e a maturidade estão comprometidas.

Se o relacionamento for "bom o suficiente" para os parceiros, então eles serão mais capazes de lidar com os problemas que vêm do compromisso da química ou da maturidade. O relacionamento "bom o suficiente" que eu supus é o bom relacionamento amoroso, ilustrado pelos Dados do Amor como .

Nem todos ficarão satisfeitos com um "bom relacionamento amoroso" como esse. Os próximos três capítulos são particularmente dedicados àqueles que preferem comprometer-se mais com o tempo do que com a qualidade (embora todos que estejam procurando um relacionamento amoroso de qualidade irão se beneficiar ao conhecer os segredos desses próximos três capítulos).

RESUMO

Qual a conclusão tirada de tudo isso? Fique afastado de homens/mulheres casados? Talvez. Fique afastado daqueles que não conseguem se decidir? Talvez.

A conclusão é que, na verdade, nada acontece rapidamente. Na busca por um relacionamento amoroso de qualidade, estamos lidando com *tempo geológico*. (Uma fase de busca de 2 a 65 anos e uma fase de amadurecimento de 4 a 33 anos parecem geológicas para mim!) Encontrar e construir um relacionamento amoroso de qualidade não é fácil. E encontrar/construir um relacionamento de almas gêmeas é *extremamente* difícil. Mas se você quiser um desses relacionamentos, você precisa estar preparado para lidar com o tempo geológico necessário. E você precisa estar preparado para lidar com a pressão e com as incertezas.

Acredito que seja útil ter uma visão realista do tempo necessário para encontrar um amor de qualidade. Se você tiver uma visão realista, é menos provável que tenha expectativas irrealistas, e é ainda menos provável que você tenha grandes frustrações. Acho que expectativas irrealistas são a principal causa dos fracassos dos relacionamentos.

Se houvesse frase que resumisse qual é a atitude necessária para sobreviver ao tempo geológico, ela seria "Não force, apenas aproveite". Você não pode forçar o carvão a transformar-se em um diamante, mas você pode aproveitar e observar o processo de transformação. Você não pode forçar um iceberg a mover-se mais rápido do que está se movendo, mas pode aproveitar a beleza dele. Se você tentar forçar, vai se frustrar, e será incapaz de aproveitar. Se você não forçar, será possível relaxar e aproveitar.

Não force, apenas aproveite!

Ocasionalmente, como na situação do "amante terapeuta", um empurrãozinho pode ser apropriado e necessário para ajudar a pessoa menos madura a crescer. Mas o apoio precisa ser maior que a orientação, em uma escala de 20 a 1, para poder construir confiança e permitir que a orientação ocasional seja eficaz. E, no restante do tempo, a filosofia do "não force, apenas aproveite" será essencial para manter a paz de espírito do parceiro mais maduro.

Infelizmente, um grande número de pessoas luta contra o amadurecimento. Elas não podem, não querem ou não vão mudar. Elas rangem os dentes, ignoram tudo e influenciam a mente de seus filhos com essa mesma "sabedoria". Aí desperdiçam dinheiro com advogados no processo de divórcio e escolhem mais um perdedor...

Se você realmente quiser algo especial, você vai ter de trabalhar muito para adquirir conhecimento e compreensão e terá de lutar contra a solidão. A maioria das pessoas desiste. Mas se você já leu este livro até aqui, está no caminho para melhorar.

TAREFA

Como você está indo na tarefa de beijar sapos? Lembre-se dos alvos: 81 sapos para um bom relacionamento amoroso, 1.296 sapos para um relacionamento de almas gêmeas! Até onde você já chegou? Você achou difícil porque não gosta de ser rejeitado? Eu também não gosto. Você acha que seria possível encontrar um relacionamento amoroso de qualidade rapidamente sem nenhuma rejeição no caminho?

Durante as próximas duas semanas, obrigue-se a ser rejeitado sete vezes. Aproxime-se de pessoas de quem você não se aproximaria normalmente, seja no trabalho, na igreja, na padaria, na escola ou em uma danceteria. Circule. A rejeição não vai matar você. Diga a si mesmo que você não estaria cumprindo com seu dever com seu futuro parceiro amoroso se você não for rejeitado sete vezes (o objetivo aqui é ser rejeitado, *não* encontrar sua alma gêmea, mas você também não precisa fazer papel de bobo). Rejeições podem ser um pouco dolorosas, mas elas são muito mais fáceis de serem encontradas do que uma alma gêmea. Por essa razão, você precisa começar a criar uma imunidade (não sei se sete será o suficiente). Então é melhor você ser rejeitado mais 1.289 vezes até conhecer sua alma gêmea (brincadeira!).

Lembre-se de que não há pressa em encontrar seu relacionamento amoroso de qualidade. O tempo geológico é lento. Apresse-se para ser rejeitado sete vezes, o quanto antes, assim você não terá mais essa preocupação.

Segredo 6

Sexo é como água

proximidade emocional é como comida

Não me admira que eu esteja confusa...
Um dos meus pais era um homem, o outro era uma mulher!

Ashleigh Brilliant

No último capítulo, discutimos que procurar e construir um bom relacionamento amoroso demanda um longo tempo, tão longo que parece ser um "tempo geológico"; lutar contra a solidão durante esse período será o maior desafio. É triste que, para encontrar uma coisa boa, seja preciso tanto tempo, mas o amor não é um jogo.

Mover montanhas pode ser fácil, se você for uma geleira e tiver alguns milhares de anos. Mas não somos geleiras. E, mesmo se tivéssemos alguns milhares de anos, não somos feitos de gelo! Em particular, se não somos geleiras, o que *iremos* fazer quanto ao *sexo*? Isso é importante!

Como base para a discussão do que fazer durante o tempo geológico, usarei o relacionamento "diamante bruto". Lembre-se que esse é um relacionamento (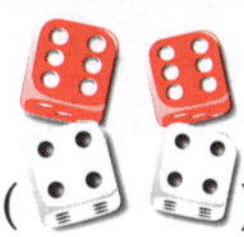), ou seja, com química muito alta e maturidade média. Esse relacionamento tem a probabilidade de 1 em 144, e um "período de busca" de aproximadamente sete anos, baseando-se em um número de vinte encontros com sapos por ano. O desenvolvimento futuro desse relacionamento para um relacionamento amoroso de qualidade () levará, provavelmente, dez anos, baseando-se na filosofia de "um lance de dados a cada dez anos". E então, para se transformar em um relacionamento de almas gêmeas () levará mais dez anos.

Obviamente, outros protótipos poderiam ser construídos usando padrões mais baixos de química e maturidade e, dessa forma, seria possível reduzir o tempo de busca e de desenvolvimento; no entanto, fazer isso também reduz a qualidade do relacionamento amoroso. Tudo isso depende muito das capacidades internas dos indivíduos; logo, todas as estimativas de tempo devem ser vistas como aproximadas, e não como números exatos.

Mas usando nosso protótipo de diamante bruto como exemplo, temos 17 anos do início da busca até o momento em que o relacionamento amoroso se torna de qualidade. A maioria das pessoas não busca e/ou espera por 17 anos, claro, e essa é razão principal por que a maioria das pessoas não encontra um relacionamento amoroso de qualidade e, muito menos, uma alma gêmea.

É difícil imaginar uma espera de 17 anos.

– Meu Deus, serei um velho até lá!

Mas eu não disse para você esperar e não fazer nada!

Então o que você *deve* fazer?

Há algumas opções a serem consideradas com relação à pergunta "O que faremos quanto ao sexo?" Entretanto, nenhuma delas é muito simples.

Antes de tratarmos dessas opções, vamos tentar analisar o sexo. Primeiro, quero trabalhar com a complexidade do sexo e os problemas associados à atividade sexual. Depois, quero analisar o sexo em relacionamentos nos quais a ausência de sexo (discutiremos mais daqui a pouco) está, ou não, sendo superada. Apenas depois de termos analisado o sexo seremos capazes de discutir como encarar um período de 17 anos de espera.

A COMPLEXIDADE DO SEXO

O sexo é uma energia poderosa. Alguns acham que é uma força do bem, outros o encaram como uma força do mal. Em qualquer um dos casos, sexo é algo natural e a questão é: até que ponto ele deve ser reprimido? Essa é uma pergunta muito difícil de se responder, devido a todas as interações e ramificações complexas da atividade sexual.

O sexo pode proporcionar excitação, prazer, satisfação, conexão e procriação. Também pode proporcionar rejeição, raiva, ciúmes, doenças e gravidez não desejada.

Repressão sexual e raiva podem levar ao estupro ou a um casamento prematuro. Excitação e prazer podem nos cegar diante da imaturidade ou dos verdadeiros níveis de química.

O sexo leva ao casamento, mas também pode levar ao divórcio ou à insatisfação crônica, da mesma forma que pode proporcionar felicidade. Se o sexo acontecer fora do casamento, pode tanto proporcionar culpa como alegria.

Crianças são resultados do sexo, seja dentro ou fora do casamento. Elas podem proporcionar alegria e satisfação, ou então disputas pela custódia, pensão alimentícia e/ou negligência. É até possível que as crianças proporcionem as duas coisas, alegria *e* disputa pela custódia delas.

O sexo pode melhorar o sono; dizem também que faz bem ao coração. Mas também pode levar a ações judiciais e pagamentos de pensão alimentícia.

Culpa, ciúmes e raiva podem levar ao abuso (físico e/ou emocional) e, em alguns casos, até mesmo ao assassinato.

Religião, leis, a moral e estereótipos sociais surgiram, em parte, para tentar manter a maioria dessas ramificações complexas sob alguma forma de controle. Dessa forma, criaram também uma outra camada de complexidade, na qual esses elementos nem sempre entram em concordância (é só observar ao redor do mundo). Esses mecanismos de controle tiveram um resultado razoavelmente bom ao dar apoio para as crianças. Ainda assim, eles criam uma fonte de culpa e não são (ao que parece) bem-sucedidos em manter casais juntos ou diminuir o ciúme, o número de gestações não desejadas ou doenças.

Num fenômeno tão complexo emocional, física e socialmente como o sexo, responsabilidade e realidade precisam ser conceitos-chave. Além disso, parece que é preciso que exista um equilíbrio entre o controle sexual (que pode levar à falta de sexo) e a abundância sexual (que pode levar à satisfação sexual). O índice de divórcios de 50% em países como os Estados Unidos parecem mostrar, de forma clara, que algo não está em equilíbrio.

Este livro sugere que, no espectro entre o controle e a abundância sexual, é preciso que se busque mais satisfação para que os relacionamentos tenham sucesso. Este livro não pretende detalhar todas as complexidades do sexo. Em vez disso, ele pretende instruir o leitor quanto à conexão entre o sexo de qualidade e os relacionamentos amorosos de qualidade. Também não se recomenda nenhum conjunto de instruções específicas para mudar o equilíbrio entre a repressão e a abundância sexual. Entretanto, ele propõe algumas alternativas para discussão.

Há milhões de anos o sexo é parte da vida humana, e, provavelmente, continuará fazendo parte por mais alguns milhões, isso se não houver uma devastação termonuclear. É genético e instintivo. Dá prazer e proporciona conexão emocional e a procriação. Gostaria de observar-nos crescendo em nossa compreensão do sexo e aprendendo a encontrar um equilíbrio que conduza a um maior grau de satisfação do que aquele que temos hoje.

O OBJETIVO DO SEXO

Após a discussão sobre a complexidade do sexo, também é preciso tratar do propósito do sexo. Num nível mais simples, é algo físico/biológico que oferece prazer intenso e, dessa forma, assegura a procriação das espécies.

E o que sexo *não* é:

> [...] *sexo não é uma questão de comprometimento, mas uma questão de auto-expressão, de brincadeira, de exploração, de aprendizado e de um abandono feliz* (Dr. M. Scott Peck, *A trilha menos percorrida*).

Claramente, o sexo tem seu lado psicológico: as muitas fantasias, medos, sentimentos de culpa etc. são assuntos de muitos livros interessantes, alguns dos quais estão listados na bibliografia.

Então o objetivo do sexo é procriação, certo? Em parte.

E o outro objetivo é prazer, certo? Em parte.

E é bom para a mente passear pela terra da fantasia, certo? Em parte.

Acredito que a melhor maneira de expressar o maior objetivo do sexo seja a seguinte:

O maior objetivo do sexo é a proximidade emocional

Inicialmente, isso pode parecer estranho a você. Para mim era. Sexo é, primeiramente, algo físico, certo? (Deve ser um homem falando.) Errado!

A seguir, há duas abordagens opostas sobre sexo. Por favor, perdoe a minha escolha de linguagem na primeira delas; esse não é o meu modo normal de comunicação, mas me pareceu apropriado oferecer ao leitor a versão original:

1. Você é tão sexy que eu quero comer você. Quero muito. Você é tão sexy. Eu amo o seu corpo. Fico louco quando estou com você. Eu quero que você queira que eu coma você.

OU

2. Eu quero fazer amor com você porque sou louco por você, e quero me sentir próximo de você, e sexo com você é tão bom, e eu quero que você saiba como eu me sinto e quero que você saiba o que faz

com que seja tão bom e minhas emoções estão tão juntas nessa história de sexo e eu só quero que façamos tudo isso e espero que a gente aprenda a entender e aceitar um ao outro.

Na primeira abordagem temos um sexo puramente físico. Certamente, o sexo é primitivo e libidinoso. Mas não é necessário que ele seja emocionalmente analfabeto, ou que um parceiro seja o "objeto" do outro (há mais sobre isso mais adiante). O sexo puramente físico é "emocional" (isto é, excitante), mas não tem "proximidade emocional".

Na segunda abordagem, é obvio que existe o desejo por uma emoção compartilhada e por uma conexão transcendente.

Deve-se escolher aquela que for certa para você.

É muito difícil que apenas o sexo físico, sem uma química verdadeira e um relacionamento maduro, torne-se algo prazeroso a longo prazo.

SEXO NO RELACIONAMENTO DE ALMAS GÊMEAS

O relacionamento amoroso de qualidade é o relacionamento de almas gêmeas. Se você tiver sucesso em sua busca por uma alma gêmea, como será sua vida sexual?

Num relacionamento de almas gêmeas, o sexo é tanto físico como emocional. Em sua forma física, sexo é conexão. Mas é a representação de um *desejo emocional* por conexão, por estar próximo da outra pessoa. A sensação de "quero ficar cada vez mais perto de você".

Em um relacionamento de almas gêmeas, duas coisas importantes acontecem, dando ao sexo um tom místico, mágico e espiritual:

1. Uma química muito alta cria uma conexão emocional natural, que vai até o fundo da alma. Essa conexão existe e é sentida antes mesmo do sexo fazer parte do relacionamento. Dessa forma, o sexo torna-se parte integral de uma forte conexão já existente. Em muitos relacionamentos comuns, o sexo é, geralmente, a única conexão. Muitas pessoas tentam se conectar por meio do sexo, o que realmente acontece. Mas a conexão espiritualmente satisfatória é a química; se a química estiver lá, pode levar o sexo para uma outra dimensão.

2. Uma maturidade muito alta fornece um ambiente no qual é possível nutrir o crescimento da resposta sexual e da excitação. Essa é a diferença dos relacionamento imaturos, nos quais a discórdia e a tristeza surgem devido à falta de compreensão, de flexibilidade, de comunicação etc. Isso resulta, inevitavelmente, em um prazer sexual reduzido. Por outro lado, almas gêmeas emocionalmente maduras trabalham para compreender uma a outra, são bastante flexíveis na solução de problemas e comunicam suas necessidades e desejos. Isso reduz as brigas e aumenta a felicidade e o prazer sexual.

O sexo, por sua natureza, afeta diretamente o sistema nervoso. Thomas Moore, em seu livro *O que são almas gêmeas?*, diz:

> *Por meio do sexo podemos ser capazes de expressar sentimentos de uma forma mais reveladora do que pela linguagem.*
>
> [...] *sexo pode trazer mágica ao relacionamento e ancorá-lo de uma maneira que nem com muita conversa ou programas a dois seria possível conseguir. Por outro lado, pelo fato de o sexo tocar lugares tão profundos da alma, o fracasso sexual pode ser devastador.*

Almas gêmeas entendem que para elas o sexo afeta a alma diretamente. Pouco a pouco, elas dividem seus medos, suas fantasias e suas repressões emocionais. Tratam de apoiar as experiências e até mesmo as falhas uma da outra. E, desse modo, tornam-se mais próximas do que nunca.

Sem a química real, o interesse em dividir esses medos, fantasias e repressões não é grande o suficiente para fazer com que o relacionamento ou o sexo vá muito longe.

Sem maturidade, os níveis de confiança e capacidade necessários para manter duas almas juntas não são muito altos; dessa forma, o sexo atinge uma estagnação e pode se tornar entediante.

Com química e maturidade, o interesse e a confiança podem, com o tempo, permitir que as defesas caiam e que uma verdadeira união de almas ocorra. Devagar, elas moldam-se juntas. É assustador, pois as pessoas tornam-se diferentes do que eram:

– Não sou mais eu, sou uma mistura de nós dois.

– Estou assustado, porque talvez eu esteja perdendo a minha identidade.

– Mas isso é lindo, porque eu estou me tornando uma pessoa melhor e mais forte.

"Sexo" é substituído por "fazer amor". Há uma guinada emocional quando se aprende que não se perde a si mesmo, porque a singularidade é conservada como algo valoroso ao relacionamento. Aprende-se que é possível tornar-se uma pessoa melhor do que se era, não pior, embora um seja diferente do outro. E, na segurança de uma conexão madura entre almas gêmeas, aprende-se que é permitido dizer e fazer o que antes sempre se teve medo; isso se expressa de forma mais elevada no ato de fazer amor, que se torna uma extensão da união das almas. A ligação não é um cativeiro, e a compreensão é totalmente natural. Ao fazer amor, cria-se uma excitação que empurra a nave espacial para lugares nunca antes visitados.

Ao mesmo tempo, amantes que têm almas gêmeas são realistas. Eles estão conscientes da "sombra comovente", descrita por Thomas Moore:

> *Por outro lado, não há outra maneira de entrar na sexualidade da alma sem ser afetado por sua* [...] *sombra. Ao responder o chamado do impulso sexual, provavelmente iremos nos encontrar em uma confusão ou outra, mas essa queda para a escuridão sexual pode não ser um problema. Pode, simplesmente, sinalizar que estamos chegando perto da alma, que em sua* [...] *expressão sexual nunca é totalmente limpa e brilhante.*

Resumindo tudo em termos dos Dados do Amor, temos:

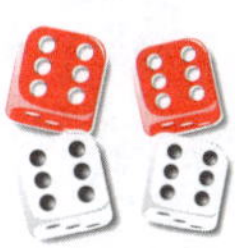

Almas gêmeas

Sexo harmonioso, de alta qualidade, "de outro mundo". A repressão sexual e emocional já foi totalmente superada. Esse tipo de relacionamento é muito difícil de ser encontrado.

SEXO EM OUTROS RELACIONAMENTOS

Com os Dados do Amor, é possível comparar a experiência sexual de outros tipos de relacionamento com a das almas gêmeas. Lembre-se que os Dados do Amor são uma excelente maneira de visualizar os elementos essenciais dos relacionamentos amorosos e, embora usemos os Dados como representação, o amor não é um jogo.

A seguir estão listados outros relacionamentos e seus conteúdos sexuais/emocionais:

Relacionamento Amoroso Muito Bom

Sexo harmonioso e bom. O “relacionamento amoroso muito bom” pode aproximar-se da conexão das almas gêmeas e atingir um “bom” sexo e proximidade emocional. Embora seja mais fácil de se encontrar do que uma alma gêmea, nem sempre as pessoas atingem esse nível de satisfação, que pode ser bastante agradável, e superar totalmente a repressão sexual e emocional. Defendo firmemente esse tipo de relacionamento, embora eu mesmo esteja à procura de uma “alma gêmea”.

Bom Relacionamento Amoroso

Sexo razoável, de certa forma harmonioso. Esse tipo de relacionamento pode, com tempo, comprometimento com o crescimento emocional e com a superação da repressão sexual, tornar-se um “relacionamento amoroso muito bom”, como o descrito acima. Infelizmente, muitas pessoas nunca atingem esse nível de “amor bom” de qualidade em seus relacionamentos.

Diamante Bruto

Sexo inconseqüente, embora possa ser de alta qualidade. Esse relacionamento tem potencial para tornar-se um de almas gêmeas se os parceiros conseguirem enfrentar as dificuldades do crescimento emocional. Também pode causar muito sofrimento enquanto os parceiros lutam para enfrentar suas repressões sexuais e emocionais, juntamente com a imaturidade (diamantes levam muito tempo para se formar).

Relacionamento Típico
(será que pode ser chamado de amor?)

Sexo bastante inconseqüente e sem muita qualidade. Muitas repressões sexuais e emocionais. Segundo minha experiência, hoje em dia esse é o casamento típico, uma mistura de química fraca e diferenças de maturidade. Nesse tipo de relacionamento há instantes de conexão, momentos de proximidade emocional e momentos ocasionais, ou até mesmo freqüentes, de prazer físico. Mas esses momentos são excedidos e encobertos por falta de interesse, desequilíbrios, repressão contínua e comportamento crítico/culposo/negligente/exigente/irrealista, o que é uma expressão da imaturidade. Ainda assim, para muitas pessoas, instantes de proximidade e conexão são melhores do que o sentimento de inutilidade e vazio, e podem ser mais fáceis de serem alcançados do que o crescimento emocional.

REPRESSÃO EM GERAL

Já foi dito que as almas gêmeas podem, facilmente, compartilhar seus medos, desejos, fantasias e rejeições; os outros relacionamentos amorosos de qualidade também podem, mas de uma maneira piorada. Quero ir um pouco mais além neste assunto – a repressão – porque ele é essencial em qualquer discussão sobre relacionamentos amorosos de qualidade. Tenho certeza que a maioria de nós concordaria que, se tivéssemos de passar 17 anos da nossa vida adulta sem sexo, isso seria uma grande repressão, sem dúvida!

Mas esse assunto vai muito além da observação casual de que "já é difícil ficar 17 dias sem sexo, imagine como seria 17 anos". A repressão já começa na infância, com a negação dos pais de sentimentos sexuais normais e saudáveis, e na adolescência continua a aumentar, com a culpa, repressão e insatisfação. No momento em que houver inibição em um ou mais relacionamentos na vida adulta, a repressão se tornará um profundo problema psicológico (geralmente subconsciente).

Homens sentem que estão sendo privados de sexo de qualidade; mulheres sentem que estão sendo privadas de conexão emocional de qualidade. Essa diferença leva à confusão e à frustração, tornando a compreensão entre os sexos bastante complicada. Antes de iniciar a longa busca por um relacionamento amoroso de qualidade, e com a possibilidade de um longo período sem sexo, é preciso saber algumas coisas sobre a repressão.

A GUERRA DOS SEXOS

A experiência de repressão em homens normalmente é diferente da em mulheres. Para as mulheres, a repressão é algo emocional; homens sentem a repressão como algo físico. A maioria dos homens nem mesmo nota que, junto com a frustração física, há uma necessidade de proximidade emocional. Eles não conseguem ver além da insatisfação de seus desejos físicos imediatos.

As mulheres dizem:

– Tudo que os homens querem é sexo.

Os homens dizem:

– Tudo o que eu quero é mais sexo.

Para mim parece que ambos estão dizendo a mesma coisa: que os homens nunca fazem sexo o suficiente.

Então por que homens e mulheres não se juntam e fazem algo a respeito? Infelizmente, a maioria das pessoas não consegue pensar além desses clichês, que são apenas meias-verdades. As mulheres dizem:

– Tudo o que os homens querem é sexo.

Quando na verdade o que *querem dizer* é:

– Os homens *não deveriam* querer tanto sexo sem *conteúdo emocional*.

Os homens dizem:

– Tudo o que eu quero é mais sexo.

No entanto, o que eles querem dizer é:

– Eu quero mais sexo *de qualidade* sem ter de pagar um *preço muito alto* por isso (compromisso, casamento, divórcio, pensão alimentícia etc.).

Todavia, quando essas afirmações são feitas com mais cuidado, é possível perceber que não são tão simples, e ninguém gosta de problemas complicados. Dessa forma, é mais fácil ficar preso aos velhos clichês (e deixar o problema sem solução).

Mesmo assim, o problema precisa ser resolvido. E ele vem acontecendo há muito tempo. Acredito que há tempo demais.

De acordo com dra. Marie Robinson, a guerra dos sexos começou em 1784, com a invenção da máquina a vapor durante a Revolução Industrial. Ela diz que, antes disso, a divisão histórica do trabalho entre homens e mulheres, em casa e na fazenda, era baseada em admiração e respeito mútuos. Mas o surgimento de fábricas e o aumento da especialização trouxeram separação, desentendimento e competição.

A guerra continuou até 1959. Uma das pacientes citadas pela dra. Robinson descreve que "tudo o que os homens querem de uma mulher é sexo".

Em 1980 a guerra ainda persistia, quando Nancy Friday (autora de *O homem e o amor*) disse que "as mulheres colocaram suas almas em guerra com o corpo dos homens".

Após 210 anos, a guerra ainda não havia acabado. Thomas Moore, em 1994, explicou que a causa dessa guerra era "o medo que nossa cultura tem do sexo e nossa tentativa aflita de controlá-lo, os quais se devem, basicamente, a uma incompatibilidade de almas".

Em 1999, John Gray (autor de *Mars and Venus: connecting with your soulmate* [*Marte e Vênus: conectando-se com sua alma gêmea*]) recomenda que você não faça sexo até estar em um relacionamento exclusivo, no qual ame a pessoa. Na minha opinião, ele está sugerindo que a guerra continue, o que provavelmente acontecerá.

Como em qualquer guerra, esse conflito causa mais danos do que benefícios. As mulheres sentem-se sozinhas, incompreendidas e usadas. Os homens sentem-se sozinhos, incompreendidos e negligenciados.

Homens e mulheres encontram-se na cama. Encontram-se no casamento. Mas eles não estão juntos. Ainda estão distantes.

As mulheres estão bravas com os homens. Os homens estão bravos com as mulheres. Alguém tem de ceder!

Para que a busca pelo relacionamento amoroso de qualidade seja bem-sucedida, a paz precisa ser encontrada.

Se os homens quiserem "vencer a guerra" em favor do sexo, eles precisam entender a repressão emocional das mulheres. Se as mulheres quiserem "vencer a guerra" em favor da proximidade emocional, elas precisam entender a repressão sexual dos homens.

REPRESSÃO EM MULHERES

Eu não sou uma mulher e nunca fui uma mulher. Nunca passei pelo que uma mulher passa, mas tentei entender aquelas com quem tive contato. Quero compreender o incompreensível, aceitar o inaceitável. Eu escutei mulheres, li livros sobre elas e conversei com psicólogos especialistas em mulheres. O fato é que eu continuo um homem. Desse modo, acredito que o melhor para descrever a experiência feminina seja relatar as histórias que as mulheres me contaram.

A história de Charlotte

Charlotte era encarregada pelas compras numa rede de lojas de roupas femininas. Aqui está a história dela:

Acho que sou bonita por causa da maneira como os homens me olham. E eu acho que isso é bom, mas não tenho certeza. Porque eu quero ser amada pelo que sou, não pela minha aparência. A aparência não dura para sempre. Tem vida curta.

Realmente, é a sintonia que conta. Mas é tão frustrante quando os homens não entendem isso. Não posso ter um homem como amigo, porque se eu não for para a cama com ele, ele me abandonará.

Mas é disso que tenho necessidade, é disso que me sinto privada. Preciso de alguém que queira conversar comigo, me conhecer, queira me ouvir, que valorize meus pensamentos, que se abra para mim, que não me deixe, que não se feche, fuja, ataque, pressione ou tenha qualquer comportamento desse tipo.

Afinal, eu sou uma pessoa. Tenho uma mente, um coração, emoções, desejos, metas etc. Não sou só um rosto bonito!

Na escola, todos me queriam. Eu tinha de mantê-los afastados. Casei-me jovem, sem saber o que era importante na hora de escolher um companheiro. Foi difícil fazer alguma coisa boa sair disso. Trabalho. Filhos. Nenhuma proximidade real emocional com meu marido. Eu tinha de ser forte e segurar as pontas. Nunca consegui atenção, proximidade, comunicação, ajuda ou compreensão emocional. O que quer dizer que eu tinha de planejar todas as nossas férias enquanto ele saía para pescar!

Eu tomo conta dele da mesma maneira que eu faço com as crianças. Tudo tem de ser do jeito dele: na hora que ele quer fazer sexo eu também tenho de querer. Mas ele não quer gastar o tempo dele conversando ou tentando me entender. Eu quero.

Por que ele não entende (ou nem ao menos tenta)? Ele provavelmente sente que não estou apaixonada de verdade, mas não quer admitir isso. Então ele mantém tudo num nível superficial.

Talvez compreender uma mulher não seja fácil. Dar a ela a liberdade para ser uma pessoa não é fácil. Ele pode se sentir ameaçado pelo meu trabalho. Mas, de qualquer forma, não estou satisfeita emocionalmente da forma como preciso.

Não acho que eu seja diferente quanto a essa necessidade. As mulheres, normalmente, não são compreendidas ou satisfeitas emocionalmente pelos homens. Nós temos de lidar com o desejo pelo sexo e com a pressão por exclusividade.

Nos sentimos como escravas vivendo em cativeiro. Nos sentimos fracas física e economicamente. Nos sentimos caçadas, capturadas. Essa é a vida de uma mulher – sentir-se caçada, assustada, querendo ser amada, querendo igualdade, não querendo ser capturada. Então nós corremos e nos escondemos; espiamos por detrás das árvores e buscamos cobertura atrás de um homem menos poderoso do que nós, porque queremos continuar no controle. Mas mesmo assim, estamos insatisfeitas. Porque queremos um parceiro igual. Então achamos que nossos companheiros são inferiores e menos importantes.

Mas o nosso maior medo ainda é o caçador, que usa o nosso desejo emocional como uma armadilha para nos colocar em cativeiro.

Eu vivi sendo caçada. Vivi em cativeiro. Então fantasio a liberdade e a compreensão. Fantasio com um homem que seja um amigo e que me ajude. Que me ame para sempre como a pessoa que sou, que aceite meus erros, que goste de abraçar, de tocar, de crianças e de sexo. Mas que haja mais entre nós do que apenas sexo...

Note que esse depoimento vem de uma mulher casada. De alguma forma, o casamento não é, necessariamente, a solução para as repressões de uma mulher. Isso acontece porque a necessidade dela por compreensão, intimidade, proximidade etc. não será satisfeita se não houver uma conexão química com seu marido *e* se ele não tiver maturidade emocional para lhe dar a atenção e a compreensão que ela precisa. Normalmente não há conexão química e/ou não há maturidade emocional. Então, tudo que resta é sexo. Aí as mulheres dizem:

– Tudo o que os homens querem é sexo.

– Os homens só pensam em sexo.

– Homens só querem o meu corpo.

Elas ficam conscientes disso muito cedo. E isso permanece com elas como uma repudiação, um dilema, uma repressão.

A história de April

Charlotte era uma mulher bonita. Nem todas as mulheres são fisicamente bonitas, a beleza é um golpe de sorte genético. Mas parece que a repressão para as mulheres "nem tão bonitas assim" é a mesma – não há ninguém que entenda seus sentimentos mais profundos. A seguir, veremos as anotações do diário de April, uma moça "nem tão bonita fisicamente" (mas muito linda por dentro). Com a permissão dela, reproduzo seu texto aqui da mesma maneira que foi escrito:

> *Se eu pudesse olhar para meu interior, o que veria em mim? Ainda há tantas emoções tentando encontrar seu caminho e seu lugar. Tantas partes de mim, pequenos fragmentos que tentam ser um inteiro. Tantas emoções: melancolias, alegrias, lágrimas.*
>
> *A alegria, a mulher, aquela que eu quero ser está esperando em algum lugar bem no fundo de mim mesma. Espero encontrá-la antes de morrer. Queria saber por que algo ou alguém como eu precisa sentir tanta dor.*
>
> *Se pudesse olhar para trás e ver quem eu deveria ser... quem eu seria agora? Uma mulher forte e verdadeira, sem medo das incertezas e das coisas novas.*
>
> *Uma mulher cheia de vida, uma mãe devotada, que pode passar bons valores de força, compreensão, amor e amizade. Alguém que já lutou o bastante pelo futuro para saber que, sem dor, não se ganha nada na vida.*

Gostaria de desfazer tantas coisas; é tão fácil falar. Mas há ainda tanto me segurando, me impedindo: falta aventura, autoconfiança e maturidade pessoal. É tão difícil deixar tudo pra trás e ser livre. Estou cansada de ter medo. Quero mais da vida.

Um ano depois, ela escreveu:

Devagar, estou me tornando uma borboleta livre e linda. Ver-me feliz é maravilhoso. Fui uma coisinha nervosa, com medo do mundo e de mim mesma

Algumas vezes, eu pareço como um recém-nascido: fraca, vulnerável, dependente. Outras vezes sou um tigre: sem medo das aventuras, capaz de explorar com curiosidade o desconhecido. Algumas vezes, sou uma águia com poder ilimitado.

Mas agora sou uma borboleta, livre para ser livre, para voar por cima de tudo, para ver o que eu vejo, para aproveitar este dia com vida e alegria...

April é muito tímida e, normalmente, tem medo de compartilhar seus sentimentos; no entanto, ela me deu permissão para reproduzir essas palavras esperando que elas possam ajudar outras pessoas. Novamente, podemos sentir, diretamente das palavras dela, a repressão, o medo, o desejo por expressar-se emocionalmente.

Charlotte e April não estão sozinhas em suas repressões. O próximo trecho que descreve a experiência feminina vem do ensaio *Feminilidade inibida*, da renomada psicanalista Karen Horney:

Nossa cultura, como se sabe, é uma cultura masculina e, dessa forma, não é nem um pouco favorável à expansão da mulher e de sua feminilidade.

Com a inveja masculina em primeiro plano, [os distúrbios das funções femininas] expressam-se com ressentimento contra o homem por ele ser o privilegiado – similarmente à hostilidade dissimulada do trabalhador pelo empregador, e seus esforços para derrotá-lo ou enfraquecê-lo psicologicamente por meio da arte da guerrilha diária.

Quer esses distúrbios se expressem na forma de indiferença, ciúme extremo, desconfiança, irritabilidade, reivindicações, sen-

timentos de inferioridade, quer se expressem na necessidade de amantes ou de amigas íntimas, as mulheres têm uma coisa em comum: a incapacidade para um relacionamento amoroso total (ou seja, corpo e alma) com um objeto heterossexual.

Como para as mulheres a vida emocional é, como regra, muito mais intimamente ligada à sexualidade, ela não pode dar-se completamente quando ela não ama ou não é amada.

De acordo com Karen Horney, a repressão emocional em mulheres é, pelo menos em parte, induzida pela cultura. Dessa forma, são necessárias mudanças culturais para que a situação melhore. Mas espero que os homens que estejam lendo este livro levem tudo isso muito a sério em seus relacionamentos com mulheres.

REPRESSÃO NOS HOMENS

Pode ser fácil descrever o conceito de repressão sexual em homens, partindo do ponto de que poucos homens nunca fazem sexo. Os homens vão descobrir isso, de alguma forma, de algum jeito, algum dia.

E é verdade, a maioria dos homens, hoje em dia, pode dar um jeito de conseguir sexo. Mas eles ficam injuriados com o preço que têm de pagar (namoro, relacionamento, compromisso, casamento, filhos, divórcio, pensão alimentícia etc) e não ficam felizes com a qualidade do sexo que são capazes de conseguir. Como resultado, eles acabam conseguindo fazer menos sexo do que realmente queriam e com menos qualidade do que realmente desejavam. Isso faz com que eles se sintam privados de uma forma significativa.

Desse modo, como já foi discutido neste livro em outros tópicos como química e maturidade, o problema vem em *graus*. Repressão sexual não é preto no branco, "privado" ou "não privado". É uma questão de "grau de repressão".

Se a repressão sexual é questão de grau e se o sexo atualmente está muito mais disponível do que no passado, essa história de repressão é tão ruim assim? Segundo minha experiência, a repressão é algo profundo. Seus poderes ocultos ameaçam destruir relacionamentos existentes e reduzir a busca por um relacionamento amoroso de qualidade. Joga homens e mulheres em relacionamentos antes que eles estejam prontos e antes que tenham encontrado amor de qualidade ou sua alma gêmea.

Compreender a repressão é mais difícil se há falta de conhecimento sobre química e maturidade. Se um homem estiver conseguindo sexo, mas não houver química de verdade, é quase como se não houvesse sexo (e, geralmente, nesse tipo de relacionamento, o sexo irá desaparecer). Ou então um homem está conseguindo sexo mas a mulher é imatura – um dia ela quer e no outro não – o sexo pode até passar a ter uma conotação negativa, porque o coloca numa situação ruim.

Infelizmente, a maioria dos homens (e muitas mulheres) está totalmente inconsciente disso tudo. O homem só sabe que não está fazendo sexo o suficiente, ou que o sexo que ele está fazendo não é bom o bastante, ou que o preço que ele está pagando é muito alto. *Alguma coisa* está errada, mesmo que ele não saiba o que é.

Desse modo, o homem se retrai emocionalmente, restringindo sua visão sobre as mulheres e fantasiando sobre o sexo.

Infelizmente, como Nancy Friday explica, a repressão no homem geralmente começa antes que ele se envolva com sua parceira atual. É algo tão arraigado em sua personalidade que nem ele consegue entender o que está acontecendo. O livro *O homem e o amor* descreve a "raiva" que os homens sentem pelas mulheres. Embora tenha sido escrito em 1980, pouco mudou desde aquele tempo.

– Não faça isso! – diz a mãe ao garotinho – Você precisa fazer aquilo!

Sente, levante, coma, durma... Os comandos bombardeiam a auto-estima dele o dia todo. No fim, a criança se revolta e grita:

– NÃO!

A raiva do garoto contra as regras da mãe é uma evidência da luta dele para preservar seu sentimento emergente de ser homem e ser dono de si mesmo.

Cansado de brigar, ele se afasta do controle da mãe passando cada vez mais tempo fora de casa.

Na nossa sociedade, dizer não para o sexo normalmente é um papel feminino. O insulto da garota contra os avanços sexuais de um garoto vem de sua tentativa de se parecer com sua mãe o máximo possível; são as regras de identidade do sexo...

Controlar e rejeitar os homens, oferecer sexo apenas com garantia de compromisso, confundir sexo com amor, romance e casamento... Essa se torna uma segunda natureza, a característica própria de uma dama.

O resultado para os homens é que, enquanto a biologia faz com que eles busquem satisfação sexual, eles sentem que precisam "atacar" as mulheres para obter isso. Felizmente, para sobrevivência da raça humana, o autoritarismo sexual não será recusado. A garota que aos 15 anos fez com que o menino se sentisse abominável, se renderá quando tiver 20 anos. Mas há um preço.

– Não. Apenas se você me amar (e/ou casar comigo) – ela diz.

– Não. Não estou com vontade porque ontem você foi cruel comigo – ela diz como se já fosse casada.

– Não. Eu nunca farei isso, porque é nojento – ela insiste.

O marido sente a tão familiar perda de poder, a frustração do desejo, uma dúvida sobre quem ele realmente é. Ele volta àqueles sentimentos ruins que sentia quando era pequeno e tinha de fazer o que as mulheres mandavam. Alguns homens podem aliviar a frustração e a raiva resultantes disso com casos extraconjugais. Outros podem fugir ou apenas ir beber uma coisinha com os amigos para esquecer de tudo.

De que forma isso acontece na vida real? A seguir, temos duas histórias que darão uma idéia de como os homens se sentem:

A história de Jerry

Jerry era gerente de restaurante em um grande hotel. Vamos ver o que ele tem a dizer sobre repressão:

Eu era uma criança sensível. Eu era tímido... Minha mãe não era muito sociável, nem eu. Quando eu estava na 7ª série, achava que as garotas não estavam interessadas em mim. Não entendia o porquê. Agora eu sei que elas já estavam agindo de acordo com estereótipos sociais. Garotos quietos, sensíveis e tímidos não faziam muito sucesso na 7ª série! Claro que as garo-

tas não sabiam o que estavam fazendo, e nem eu. Tudo o que eu sabia era que isso me magoava.

Mais tarde, minha sexualidade começou a desabrochar. Como ninguém nunca tinha falado sobre isso, então pensei que deveria ser errado. Mas alguma coisa em mim se rebelou. Eu queria sexo. Queria proximidade. E tudo começou a ficar claro: se eu queria garotas, se eu queria fazer sexo, se eu queria ter proximidade, eu tinha de me equiparar ao estereótipo. As garotas mais bonitas e as mais velhas saíam com o pessoal do futebol e as outras garotas saíam com quem tinha carros bonitos. Se eu as convidasse para sair, ouviria um não. Eu sabia o que eu tinha que fazer. Mudar, deixar de ser um cara estudioso para ser um atleta. Arrumar um emprego. Comprar um carro.

Não funcionou.

Naturalmente, quando conheci Adrian, fiquei feliz. Havia proximidade, sexo, esperança e felicidade. Mas ela terminou comigo. E o que eu podia fazer? Construir uma proteção, um muro.

Enquanto isso, os beberrões conseguiam todo sexo que queriam, porque "as garotas boazinhas não transam".

As embriagadas transavam.

Então, o que fazer quando não se gosta de beber?

Depois eu conheci Sarah e nos casamos. Mas éramos imaturos. E não havia química. Nenhum de nós entendia dessas dinâmicas. Ela achava que casamento durava para sempre. Eu pensei que seria capaz de amá-la, mesmo que fizesse sexo apenas uma vez a cada dois meses...

Para quem via de fora, tudo parecia perfeito. Mas dentro do relacionamento não; eu não estava fazendo sexo o suficiente e estava louco da vida!

Então, mesmo casado, eu sonhava com sexo. Sonhava com sexo com lindas mulheres, com várias mulheres, em todas as posições possíveis, e elas sempre diziam apenas uma palavra: sim.

Aí apareceu Francine. Ela era a deusa do "sim". Fazíamos sexo todas as noites. Ela gostava de tudo. Ela nunca estava satisfeita. Eu nunca estava satisfeito. A química recíproca estava lá, em excesso. O amor era lindo.

Depois acabou. Só sobrou sofrimento. E vazio.

A esperança ressurgiu com Phyllis. Mas novamente teve morte súbita.

O que resta quando o amor fracassa repetidamente? Sexo. Sexo pode não ser tão realizador como o amor deveria ser, mas também não é tão doloroso. Comparado a álcool e drogas, não é perigoso para a saúde (considerando práticas seguras de sexo). Sexo é puro prazer. Pode não estar sempre disponível, mas é sempre desejável.

Comecei a achar que, já que o amor nunca dá certo e as mulheres realmente não entendem os homens, o sexo deve ser a melhor coisa que elas têm a oferecer. Acredito que muitos homens também pensam assim.

É por isso que as mulheres tornam-se objetos sexuais para os homens. Quando a mulher é imaginada como se fosse um sorvete ou um pirulito, não há nenhuma dúvida sobre amor ou repressão. Há apenas um prazer delicioso. Os homens não querem ser magoados e eles não conseguem lidar com a repressão e a falta de compreensão, então saem para pescar ou beber com os amigos, e depois vão atrás de um sorvete.

Obviamente, Jerry sofreu a dor da repressão sexual. Mas felizmente, em algum momento, ele começou a compreender as coisas um pouco mais e, dessa forma, foi capaz de ultrapassar essa repressão para um nível maior de maturidade.

A história de Troy

Vamos ver o que Troy, um investidor, tem a dizer:

Pensei que pudesse resolver a minha repressão indo a uma casa de strip-tease. *Eu não estava sozinho... Sentei na primeira fileira e observei as dançarinas. Já fui a muitos bares desse tipo, e é sempre a mesma coisa: você pode olhar, mas não pode tocar. Eu queria olhar, então realizava meu desejo (visual). Algumas eram lindas, algumas dançavam bem e outras não. Mas quando eu as vejo, que-*

ro tocá-las, e não só olhar. Quero beijá-las, e não apenas observar. Eu quero abraçá-las, tocá-las e fazer amor com elas, fazer com que elas se sintam como eu. Mas só posso sentar ali, ser provocado e ficar frustrado. Realizo um desejo (visual), mas não os quatro outros. Assistindo oito dançarinas durante uma hora. Visualmente são 8 aprovações mas 32 rejeições aos outros sentidos. Não é natural! É cruel! Mas beber cerveja ajuda.

Até durante o dia eu quero olhar, tocar, sentir, beijar, cheirar, provar e penetrar mulheres. Consigo ejacular uma ou mais vezes por dia, mas tenho uma capacidade infinita de desejar tocar, beijar, provar etc. Do mesmo jeito, tenho uma capacidade infinita de receber vários foras por dia. Sonia não sorri para mim. Wanda sorri, mas não deixa que eu a toque. Quero beijar Bárbara, mas ela é casada. Convido Cindy para sair, mas ela não aceita. Depois disso ter acontecido muitas vezes, não preciso nem perguntar para ouvir o "não". Só fico repetindo a cena um milhão de vezes na minha cabeça.

Se eu contasse todas essas rejeições, reais e imaginadas, grandes e pequenas, estimando, digamos, 10 por dia, dos 12 aos 30 anos, eu teria sido rejeitado 65.700 vezes! Como posso não estar bravo com as mulheres? Já cheguei a pensar que precisava de uma mulher que me desse 10 "aceitações" por dia (só para compensar o ataque violento das rejeições imaginadas) e um adicional de 65.700 aceitações para consertar as feridas do meu ego. Talvez assim ela pudesse me ajudar a superar minha repressão. Por essa razão eu me casei.

A repressão ficou ainda pior durante o casamento. Depois que me divorciei ainda era difícil encontrar sexo de qualidade. Naturalmente, como homem, eu fui em frente. Fiquei obcecado por sexo.

Por um tempo eu fiquei contando com quantas mulheres eu dormia. No começo não eram muitas. E era um trabalho duro. Mas a persistência valeu a pena e agora já perdi a conta. Agora contar não é importante. Porque, sem conteúdo emocional, sexo é só sexo e não satisfaz de verdade por muito tempo.

Eu ainda quero sexo, mas quero com alguém que eu curta, que eu confie e, ultimamente, quero sexo com alguém que eu ame e confie. Tenho amigos, amantes, filhos, trabalho, abrigo, segurança etc. Mas não tenho a conexão profunda que eu quero. É muito difícil de encontrar.

Minhas fantasias agora podem ser expressas por frases como:

– Por favor, veja a mim como eu sou.

– Por favor, fique comigo o tempo suficiente para saber quem eu sou.

– Se houver sentimento, por favor, me ame, não fuja.

– Sexo é secundário.

Embora minhas fantasias sexuais ainda existam, eu tive experiências suficientes de puro sexo para revelar uma refeição mais profunda. Uma rejeição de proximidade, compreensão, química e amizade consistente.

Acredite ou não, sexo não é mais a minha principal repressão. Eu já superei isso totalmente com a ajuda de algumas experiências ótimas. Tive sorte por ter encontrado bastante sexo, mas eu tive de trabalhar duro para isso. E, apesar da abundância de sexo, ainda me sinto rejeitado. É uma questão de grau. Meu grau de repressão diminuiu, mas ainda não é zero. E as lembranças das repressões ainda são muito claras.

Na verdade, parece que a repressão de Troy é, agora, bastante similar à repressão de uma mulher. Sexualmente, uma mulher pode conseguir tudo o que quer. Desse modo, suas necessidades profundas por amizade, proximidade e segurança são logo reveladas. Quando as necessidades emocionais dela forem satisfeitas, sua personalidade sexual irá florescer. Troy parece ter atingido esse estado como resultado de ter satisfeito sua vontade de fazer sexo.

O DESERTO DO SAARA

Veja essa analogia que dá um outro ponto de vista sobre como a privação sexual vai longe. Embora a analogia fale da repressão sexual masculina (água), ela poderia ser modificada para se aplicar à repressão emocional feminina (comida).

Atravessar o deserto seria uma experiência muito exaustiva, mesmo para um indivíduo saudável e bem nutrido. Mas atravessar um deserto sem água seria praticamente impossível. Acho que essa analogia pode ser útil, porque entender e lidar com a falta de sexo é central para sobreviver enquanto se busca um relacionamento amoroso de qualidade, da mesma forma como entender e lidar com a falta de água é fundamental para a sobrevivência no deserto.

É difícil para muitas mulheres entender que, para os homens, o sexo é uma necessidade biológica, como a água. Elas entendem isso intelectualmente, mas não conseguem aceitar emocionalmente, porque isso não acontece com elas. O desejo sexual das mulheres é tão grande como o dos homens, mas não é uma necessidade biológica. Marie Robinson descreve dessa forma:

> *Sabemos* [...] *que a mulher tem a mesma necessidade de paixão, a mesma capacidade de responder sexualmente que o homem.*
>
> *No entanto, para a mulher não é uma necessidade biológica ter um orgasmo a fim de cumprir seu papel sexual. É necessário apenas que ela receba o esperma* [...].

A questão não é se o homem desfruta do sexo mais do que a mulher. A questão é que o sexo é natural e a frustração das necessidades sexuais, no homem, é uma repressão biofísica muito real. Ninguém vai morrer disso como se morre de falta d´água, mas existe uma "morte emocional" que é muito importante na busca pelo amor de qualidade. Quem sabe será mais fácil entender essa privação se usarmos uma metáfora (água) que não seja tão emocionalmente carregada.

Um homem precisa de três quartos de água por dia para viver. Se ele estiver no deserto há anos com apenas um quarto de água por semana, não se pode dizer que ele esteja totalmente privado de água. Mas viver anos só com um quarto de água por semana irá literalmente enlouquecer um homem, se não o matar.

Agora imagine que uma mulher conhece esse homem um ano ou dois depois que ele tiver saído do deserto. Ele já recuperou sua boa saúde e aparência e a mulher se apaixona por ele. Talvez até exista uma química verdadeira. Mas ela descobre, conforme o conhece, que enquanto ela pode querer ir ao cinema, dar uma volta sob a luz da lua na praia ou conversar na cama, tudo o que ele consegue pensar é em ÁGUA!

É compulsivo. Ele não consegue controlar. Ela não consegue suportar. Eles passam por uma loja e ele quer entrar e comprar uma garrafa de água só para garantir. Eles passam por um chafariz e ele quer parar para beber água. Ela tenta organizar uma viagem e ele quer saber onde vai encontrar água.

Então ela certifica-se de que ele sempre tenha muita água. E imagina que depois de alguns dias, meses ou anos dando-lhe água, ele vai começar a pensar em outra coisa.

Mas ele ficou traumatizado com a falta de água. Depois de anos sem água suficiente, mesmo quando ele tiver a quantidade suficiente, ele vai ter medo de ficar sem, e pensará na água antes de qualquer coisa.

Vamos supor que a mulher esteja dando a ele um quarto de água por dia. É bem mais do que ele tinha no deserto, e ele deveria estar satisfeito, certo?

Errado. Ele precisa de três quartos por dia. Se ela puder dar a ele três quartos de água por dia, incessantemente, durante 10 anos, talvez ele comece a colocar passeios na praia na lista de prioridades. Mas só quando a água tiver deixado de ser uma preocupação para ele.

Eu não quero exagerar nessa análise. Mas se a mulher se colocar no lugar do homem quando estiver frustrada pelo fato dele só pensar em sexo (água), talvez ela se lembre do longo tempo que ele passou no deserto.

Paralelamente, os homens poderiam pensar na privação *emocional* das mulheres como se fosse privação de "comida". "Água" e "comida" (satisfação sexual e emocional) são os ingredientes essenciais durante a procura por um relacionamento amoroso de qualidade.

Existe um paradoxo interessante nessa questão da privação sexual masculina. Uma minoria de homens, por virtude de seus genes (beleza) ou de outros atributos (são divertidos, ricos), nunca tem problemas para conseguir o que quer das mulheres. Todas dizem "sim" para esse homens. Eles têm um mundo de oportunidades para sexo e são rejeitados pouquíssimas vezes. Você pensaria que uma pessoa assim não sofreria de privação, não teria a síndrome da "prioridade para sexo físico" e portanto seria capaz de compreender as mulheres emocionalmente e de atender suas necessidades. Mas o mais estranho é que esses homens também são incapazes de dar às mulheres o que elas precisam. O motivo é que o sexo é tão bom, tão prazeroso e tão *fácil* que eles nunca crescem emocionalmente para o bem da outra pessoa. Tudo acontece de maneira fácil e eles *gostam* disso. Eles até *esperam* que seja dessa forma e que a *mulher* desdobre-se por *eles*, e não o contrário. Então, paradoxalmente, é o homem suprimido que provavelmente será capaz de entender que mulheres também têm suas supressões. Portanto, o homem que foi privado será levemente mais disposto a desdobrar-se para tentar entender uma mulher. Mas não até que ele tenha conseguido um pouco de "água". Muita água. Água suficiente para que ele sinta que *sempre* terá o bastante.

SOLUÇÕES PARA A REPRESSÃO SEXUAL E EMOCIONAL

Agora vamos pensar no que fazer quanto à satisfação sexual e emocional durante o longo período necessário para se encontrar um relacionamento amoroso de qualidade ou uma alma gêmea.

Podemos ver que a repressão sexual/emocional, que começou na infância e continuou pela adolescência e pela vida adulta, torna-se uma necessidade compulsiva, inconsciente e profundamente enraizada. É preciso olhar por perspectivas opostas, do homem e da mulher, embora na verdade tanto um como o outro precisem ter satisfação sexual e emocional.

É fácil entender que a falta de satisfação sexual e/ou emocional durante um longo período de espera é uma das razões fundamentais do fracasso dos indivíduos em encontrar um amor de qualidade ou a alma gêmea. As pessoas sentem-se solitárias, querem proximidade emocional, querem sexo, e então se casam ou se envolvem em relacionamentos de compromisso. Isso geralmente impede que essas pessoas encontrem sua alma gêmea. Homens provavelmente caem nessa armadilha mais rapidamente do que as mulheres, por causa de sua necessidade biológica por sexo e o longo período de falta dele. Mulheres tendem a ser mais cautelosas por causa de seu desejo por satisfação emocional, além das preocupações com uma gravidez não planejada e/ou doenças sexualmente transmissíveis.

É mais provável que as mulheres tenham mais discernimento do que os homens em enxergar esses problemas. Elas podem ver com mais facilidade que é benéfico para elas ajudar os homens a superar a falta de sexo para que elas possam obter proximidade emocional. Já os homens têm mais dificuldade para enxergar além de sua privação sexual e são menos aptos a ajudar as mulheres a superar suas necessidades emocionais.

Citando Nancy Friday:

> [...] *mulheres têm uma tremenda vantagem no seu desenvolvimento sexual que muitas vezes é esquecida: elas raramente ficam zangadas com os homens porque eles não lhes permitirem ou não oferecerem sexo. As mulheres não passam sua vida sexual com o sexo que representa o grande "NÃO" da infância.*

Isso não quer dizer que os homens devam ficar sentados esperando que as mulheres lidem com a superação da privação sozinhas. Ao contrário, espero que muitos homens leiam este livro e participem igualmente do esforço para aumentar a compreensão dos relacionamentos e diminuir a repressão (tanto sexual como emocional). No final das contas, vai ser melhor para eles.

Se encontrar uma alma gêmea é difícil, mudar de atitude é mais difícil ainda. Mesmo assim, isso é necessário para superar a privação e dar uma chance para o amor de qualidade vencer.

Em 1959, Marie Robinson escreveu:

> *Os tabus contra a sexualidade caracterizam a sociedade ocidental. A arte do amor, portanto, parece, em grande parte, esquecer a ignorância social induzida, a superstição e as inibições.*

E aqui estamos nós, ainda presos à mesma situação.

Parte dessa "superação da ignorância social induzida" pode ser feita na privacidade de relacionamentos com um só parceiro. No entanto, para que haja uma satisfação maior é preciso que ocorram mudanças nas normas sociais. Quando um bom número de indivíduos mudar, a sociedade também mudará.

As mulheres provavelmente precisarão ser as pioneiras nessas escolhas, porque (1) elas têm mais discernimento do que os homens, e (2) porque elas controlam o sexo.

Para que as mulheres levem essas opções a sério, será preciso uma mudança de atitude. Essa mudança é decidir se querem realmente ganhar a guerra da proximidade emocional ou se querem continuar só lutando. Para vencer, as mulheres precisam mudar de estratégia. A atual estratégia de "controle o sexo/controle o homem" pode funcionar para manter um homem tempo suficiente para ter filhos e receber pensão alimentícia depois, mas não irá resolver a repressão dele e, conseqüentemente, não resolverá a dela também.

Para vencer, parece-me que as mulheres precisam desistir de controlar o sexo. Fazendo isso uma de cada vez, ou como um conjunto, resultará no verdadeiro "triunfo do amor sobre o ódio". As mulheres precisam inventar maneiras de aumentar a disponibilidade do sexo de qualidade para o homem. Assim como dar água a um homem que esteve perdido no deserto. E só mulheres podem oferecer sexo. Não existe outra fonte além delas.

Thomas Moore, em *O que são almas gêmeas?*, coloca essa questão de sexo e moralidade no contexto da alma:

> *Embora seja compreensível o ato de colocar barreiras em volta do sexo* [...] *o aspecto mais nobre do sexo pode sair profundamente ferido* [...]. *E se não opuséssemos sexo e moralidade de uma forma tão severa? E se pensássemos que quanto mais sexuais formos e mais eroticamente vivermos, mais moralidade nossas vidas terão? Embora possa parecer sentimental, às vezes cuidar da alma é romper com as noções modernas de viver corretamente e com sucesso* [...] *A alma influencia a vida com razões que vão contra muito daquilo que temos como bom, inteligente e prudente.*

Eu acho que terei de "ir contra muito daquilo que é visto como bom, inteligente e prudente" para fazer algumas sugestões para a mudança dessas atitudes. Então aqui vai...

Algumas das opiniões são:

1. Foco na Química e Maturidade Recíproca

O primeiro passo para resolver a repressão emocional é definir o problema corretamente. Quando as mulheres dizem "homens só querem meu corpo" ou "eu quero ser amada por quem eu sou", elas estão apenas dando o primeiro passo para a definição do problema. O próximo passo é definir exatamente o que significa "ser amada por quem eu sou". Com sorte, agora temos alguma idéia de como responder isso. Isso significa encontrar alguém com quem se tenha *química recíproca* e *maturidade recíproca*. A maioria dos livros sobre relacionamentos não traz clara ou diretamente as questões da química e maturidade recíprocas. Você terá uma vantagem no caminho da satisfação emocional se você tiver esses elementos cruciais em mente.

Se a química não existir, o parceiro nunca poderá amar você da maneira que você precisa, não importando o quão bonito ou interessante você seja. E se o parceiro não tiver maturidade, não poderá amar você da forma que você precisa, mesmo que a química seja ótima.

Dessa forma, superar repressões emocionais significa encontrar alguém que esteja quimicamente conectado a você de uma maneira natural e que seja maduro o suficiente para amá-lo por isso. Seu parceiro irá então "amá-lo por quem você é" e você será capaz de sentir isso. O sexo de qualidade surge a partir da química e da maturidade, e não o contrário.

Para muitas pessoas, a repressão emocional acontece porque elas estão procurando o amor nos lugares errados; não se trata de aparência, idade, humor, dinheiro ou *status* social de alguém, trata-se de química e maturidade. Se você estiver à procura de alguém bonito, jovem, engraçado, rico e famoso, é pouco provável que você encontre alguém que o ame por quem você é.

2. Estabeleça Amizades Emocionalmente Satisfatórias

Não é preciso superar a repressão emocional de uma vez só. Não significa que você tenha de sair imediatamente e encontrar sua alma gêmea/amor/paixão definitiva. Talvez num estágio provisório você pudesse encontrar um amigo ou amante cuja química não esteja à altura dos seus padrões ideais. Esse amigo poderia ser solteiro, livre, casado ou indisponível. Mas se ele fosse maduro o suficiente, o relacionamento poderia ajudar a aliviar a repressão.

Encontre amigos com os quais exista uma conexão química, que o entendam e o respeitem, e que tenham maturidade para amá-lo por aquilo que vêem em você. Esses amigos podem ser homens ou mulheres. Em geral, sugiro encontrar um ou mais amigos emocionalmente maduros do sexo oposto, em situações nas quais exista algum grau de conexão química. Incluir ou não sexo (sexo seguro, é claro) no relacionamento dependerá de vocês dois.

Espero que esteja óbvio que, como estamos falando de um estágio provisório para "preencher o vazio" durante a busca por um relacionamento amoroso de qualidade, o mais importante é buscar maturidade.

Dessa forma você terá mais probabilidades de conseguir algo de valor nesse relacionamento. Uma pessoa madura aceitará o caráter provisório do relacionamento e dará valor a esse relacionamento. Uma pessoa imatura, ao contrário, tenderá para sugar, se pendurar em você, interferir em sua busca e se sentir "usada", se o relacionamento acabar.

(Quero ter certeza de que você não vai confundir esse "estágio provisório" – procurar primeiro pela maturidade – com a busca em si, na qual é importante "procurar primeiro pela química". A abordagem do "procurar primeiro pela química" foi discutida no Capítulo 5 como uma estratégia para o "diamante bruto". É uma abordagem de longo prazo conectar você à sua alma gêmea ou a outro relacionamento de qualidade. Por outro lado, "procurar primeiro pela maturidade", embora possa prover uma amizade de qualidade e satisfação emocional, não levará a um relacionamento satisfatório se a química não existir inicialmente.)

É fácil falar sobre a questão da mulher achar um amigo que a entenda e a respeite por quem ela é. A razão pela qual tantas mulheres não se sentem compreendidas e não encontram proximidade emocional é que poucos homens sabem como lhes dar isso. As fontes de compreensão sem a exigência do sexo e/ou revolta são poucas. E as que existem não são fáceis de identificar. Os homens não saem por aí com uma placa pendurada no pescoço dizendo "Eu sou maduro, sei a importância da química e sou capaz de ser seu amigo sem pedir sexo ou exclusividade em troca". Talvez eles *devessem* usar umas placas assim!

3. Expanda Programas Educacionais

O inimigo número um da busca pelos relacionamentos amorosos de qualidade é a falta de conhecimento. Muitas escolas ensinam a anatomia do sexo e sobre como fazer sexo seguro. Mas ninguém ensina sobre química e maturidade, como podem ser definidas, medidas, encontradas ou melhoradas. Aprendemos sobre isso observando nossos pais (e os erros que eles cometem). Aprendemos vendo televisão, filmes e lendo livros (o que aumenta o número de estereótipos sociais). Não é de se admirar que cresçamos como analfabetos emocionais!

A educação deveria começar na escola. A linguagem dos sentimentos deveria ser uma "língua estrangeira" de ensino obrigatório. Entender química e maturidade, como isso leva ao encontro de um parceiro e como manter um relacionamento saudável, deveria ser tão importantes quanto aprender geometria. O sexo como forma de obter proximidade emocional e o significado disso deveriam ser ensinados, assim como o sexo como meio para procriação e transmissão de doenças. A repressão em homens e mulheres deveria ser discutida, juntamente com as melhores maneiras de superá-la. O valor de amizades sexuais e não-sexuais e tudo o mais neste livro e em outros livros relacionados deveriam estar no programa curricular das escolas para que os adolescentes estivessem aptos a lidar com aquilo que provavelmente será uma das decisões mais importantes de suas vidas.

A educação não é adquirida apenas nas escolas. Educação para a vida adulta e autoconhecimento são meios disponíveis para aqueles que já saíram da escola. Os tópicos a serem estudados deveriam ser os mesmos que acabamos de mencionar. Os homens fariam bem em dar atenção especial aos assuntos relacionados com proximidade emocional, repressão emocional em mulheres, sentimentos etc. As mulheres poderiam aprender sobre assuntos como fantasias sexuais, repressão sexual em homens e disponibilidade sexual.

As amizades também podem ajudar a suprir a necessidade educacional. Homens e mulheres podem conversar e aprender uns com os outros.

Um dos problemas em qualquer uma dessas situações é separar o joio do trigo. Existem muitos livros de aconselhamento, e muitos indivíduos com pontos de vista diferentes. Mas nem todos são de grande ajuda. Na verdade, muitos podem ser enganosos. E alguns tendem a lidar com apenas uma pequena parte do todo. Tentei dar referências para algumas excelentes fontes de informação que, se usadas em conjunto, podem fornecer uma visão mais completa e precisa.

4. Identifique Pessoas Emocionalmente Maduras

Já foi dito que os homens não saem por aí com uma placa pendurada no pescoço dizendo se ele é maduro ou não. E nem as mulheres. Portanto, é difícil encontrar o tipo certo de pessoa. Eu sei que parece um pouco estranho, mas não seria ótimo se existisse um tipo de diploma que identificasse aqueles homens e mulheres que completaram com sucesso o curso de educação em química, maturidade, relacionamentos etc? Eles teriam de provar que são capazes de manter amizades longas e maduras, relacionamentos não-sexuais com uma alta química, relacionamentos sexuais de média química etc. Alguém que completasse uma graduação em como ser uma pessoa emocionalmente madura poderia usar algum tipo de placa ou algo que o identificasse para que os outros soubessem qual tipo de maturidade essa pessoa possui. Uma mulher que estivesse procurando um homem para uma amizade emocionalmente satisfatória conseguiria encontrá-lo sem grandes problemas. E talvez esse diploma incentivasse outras pessoas a amadurecer, principalmente se elas tivessem visto os benefícios que a maturidade traz. Não sei quem estaria qualificado para receber esses diplomas, mas é uma idéia que talvez valha a pena discutir mais à frente!

5. Incremente a Experiência Sexual

Claramente existe muito mais liberdade sobre esse assunto do que havia há 50 anos. Mas ainda é difícil para um homem conseguir sexo de qualidade. As mulheres dizem "não" (fisicamente ou verbalmente) com mais freqüência do que dizem "sim". Não que hoje me dia exista mais tanta censura contra a experimentação sexual, mas simplesmente porque isso não é tão fácil assim. Um pensamento corrente para as mulheres é: "preciso conhecer você direito antes de fazermos sexo". O pensamento alternativo a isso poderia ser: "preciso fazer sexo com você antes de conhecê-lo".

O medo de uma gravidez e de doenças sexualmente transmissíveis são preocupações muito reais, que devem ser levadas em conta em qualquer mudança de atitude que venha a aumentar a disponibilidade sexual. Como o sexo responsável é crucial para resolver o problema da privação sexual, incluí no Apêndice 4 algumas informações sobre doenças sexualmente transmissíveis e como preveni-las.

Nossa cultura deveria focar-se em preparar jovens adultos – no fim da adolescência, lá pelos vinte e poucos anos – para que façam o sexo mais seguro possível e certificar que todos os jovens – garotos e garotas – façam bastante sexo. Os pais com freqüência impedem que isso seja feito porque defendem o sexo com limitações ou então que não haja sexo, especialmente no caso das garotas, apesar da existência dos métodos anticoncepcionais e das técnicas de sexo seguro.

Aos vinte e poucos anos, esses jovens deveriam ter tido o maior número de experiências sexuais possível. Eles deveriam ter sido ensinados a não sentir culpa, a aproveitar cada experiência e aprender como é o sexo oposto.

Não estou sugerindo a procura de excitação sexual só para diversão ou para magoar pessoas. Já existem muitas experimentações sexuais acontecendo, mas elas não são guiadas ou aprovadas. Por não serem guiadas, não se aprende muita coisa; por não serem aprovadas, os jovens mais "comportados" não fazem sexo. Proponho a experimentação sexual no contexto de um programa de "educação para a vida", para que os jovens (sim, mesmo os comportadinhos) aprendam quais são os ingredientes da satisfação, ao mesmo tempo que possam desfrutar do sexo.

A intenção disso seria fazer com que homens e mulheres chegassem aos vinte e poucos anos sem repressões (e também sem doenças ou gravidez indesejada), e que homens e mulheres soubessem que o sexo é acessível, natural e bom. Ambos então veriam mais claramente que o que é valoroso *de verdade* é a proximidade emocional especial que acontece quando existe a química verdadeira. E eles não teriam medo de esperar por essa pessoa especial, porque os homens acreditariam que nunca ficaram sem água (sexo), e as mulheres acreditariam que os homens entenderiam o aspecto emocional do sexo (comida).

Mesmo que o mundo descrito acima seja totalmente idílico dentro dos próximos dois séculos, talvez haja alguns aspectos que possam ocorrer, ou que pelo menos haja um avanço nessa direção.

6. Estabeleça Amizades Sexualmente Satisfatórias

Esse é o resultado de "*Estabeleça Amizades Emocionalmente Satisfatórias*" (Opção 2). De certa maneira é similar ao "*Incremente a Experiência Sexual*" (Opção 5), mas contém um comprometimento um pouco maior. Como seu amigo, estou comprometido com sua saúde emocional, o que inclui sua saúde sexual. Fazermos sexo não é apenas uma ocorrência casual, tal como a que pode acontecer na Opção 5; eu realmente me importo com você. Note que "comprometimento" não significa o mesmo que "exclusividade". Posso estar comprometido com a saúde emocional e sexual de várias pessoas sem formar relacionamentos que demandem exclusividade.

Nesse momento, a definição de amizade implica em "platonismo". "Ele é um bom amigo", significa que não dormimos juntos. Talvez já tenhamos dormido juntos alguma vez, mas não dormimos juntos atualmente. Pergunto então se esse seria realmente um "bom" amigo. Se eu preciso e quero sexo, e o sexo não é convenientemente acessível, por que um "bom" amigo não poderia me proporcionar sexo?

Sugiro expandir o conceito de amizade para incluir sexo ("Amigos com algo a mais"). Se você for meu amigo e não estiver satisfeito sexualmente, então eu poderei proporcionar isso a você. Sexo é importante, mas não é tão importante a ponto de eu ter que privar você disso. E quem melhor do que um amigo para lhe satisfazer sexualmente enquanto você estiver procurando pelo seu amor de qualidade? É melhor fazer com um estranho? É melhor continuar sem sexo? Eu acho que não!

Novamente, descrevi uma situação ideal. Não é provável que isso aconteça num grau significativo dentro alguns anos ou até mesmo dentro de algumas décadas. Mas é possível fazer algum progresso. Alguns indivíduos (principalmente mulheres) reconhecerão que o que eu estou dizendo é verdade e vão procurar por um ou dois de seus amigos homens. E os homens que elas procurarem, em troca, se sentirão menos reprimidos, e com sorte futuramente se tornarão parceiros mais emotivos com a mulher escolhida.

7. Expanda os Conceitos de "Casamento Aberto"

Esse é um subconjunto especial do "*Estabeleça Amizades Sexualmente Satisfatórias*" (Opção 6). De todos os meus amigos potenciais, alguns serão solteiros e outros serão casados. Se somente meus amigos solteiros puderem me ajudar com minha privação sexual ou emocional, então a fonte de "água" e de "comida" diminuiria.

O *casamento aberto*, como definido no livro de Nena & George O'Neill, em 1972, foi primariamente orientado para os benefícios que poderia prover para o próprio casal. Minha proposta está focada no benefício que pode proporcionar para o solteiro procurando tanto amigos como casais. Os O'Neill insinuaram isso ao dizer: "conforme o amor aberto expande, transborda, envolvendo e incluindo outros".

Tecnicamente, o "casamento aberto" não necessariamente implica em ser "sexualmente aberto". A definição feita pelos O'Neill é:

> *Casamento aberto é o relacionamento aberto e honesto entre duas pessoas, baseado na igual liberdade e identidade de*

ambos os parceiros. Envolve compromisso verbal, intelectual e emocional para que um indivíduo dentro do casamento tenha o direito de crescer.

Um resultado possível de um casamento aberto é "companheirismo aberto". Companheirismo aberto não tem de ser sexual, e pode beneficiar o casal e a outra pessoa. Companheirismo aberto vindo de um casamento aberto pode ser uma fonte de "*Amizades Emocionalmente Satisfatórias*", o que foi mencionado na Opção 2. Segundo os O'Neill:

> *Precisamente porque essa ligação [o casamento aberto] é tão profunda, tão segura e tão central para suas vidas, eles [os parceiros em casamento aberto] podem se dar ao luxo de se abrirem e deixar que outros entrem.*

Casamento aberto também pode incluir (mas não necessariamente) o conceito de "sexualmente aberto". Os autores afirmam:

> *Não estamos recomendando sexo fora do casamento, mas não estamos dizendo que isso deveria ser evitado. A escolha é inteiramente sua, e pode ser feita baseada no seu próprio conhecimento do grau que você atingiu dentro de seu casamento de confiança, identidade e comunicação aberta necessários para que não haja o ciúme.*

Ter um "casamento aberto", especialmente um "casamento sexualmente aberto", é ainda mais difícil do que ter "amigos sexuais". Isso porque ele expõe a maturidade ou a química insuficiente dentro do casamento, o que não é necessariamente ruim (mas o divórcio também não é bom, não é verdade?). A possibilidade de ter filhos torna o casamento sexualmente aberto ainda mais complicado. Cada pessoa precisa decidir o que é aceitável para ela. Um casamento sexualmente aberto tem muitas ciladas – é apenas para os amantes mais fortes (que podem agüentar) ou para os mais fracos (que não vão se importar). A maioria dos casamentos não conseguirá agüentar, e há uma probabilidade significativa de o relacionamento acabar; portanto, para essa maioria, é um grande risco ter um casamento sexualmente aberto. (Ver Capítulo 11 para uma discussão mais detalhada de quanta abertura o relacionamento pode agüentar).

Contudo, acredito que seja importante aumentar o acesso ao sexo de qualidade. Acredito que tal aumento ajudará a melhorar a compreensão emocional. Incluí o conceito de casamento aberto porque o aumento da acessibilidade sexual precisa vir de algum lugar. Talvez venha dessa ou de outras opções, de uma combinação delas, ou então de uma outra coisa. Mas se o comportamento não mudar, os problemas continuarão sendo os mesmos.

8. Aumente a Acessibilidade de Sexo Profissional

Conseguir que pais e escolas apóiem e incentivem a experimentação sexual responsável é um grande feito. Expandir o conceito de que uma amizade madura pode incluir sexo certamente é possível – dependendo de quantas pessoas lerem este livro e absorverem seu conteúdo. Mas essa abordagem ainda não tem muita chance de causar grande impacto na sociedade num curto prazo. E expandir o conceito de casamento aberto é apenas um subconjunto dentro da expansão do conceito de amizade.

Outra opção que merece ser mencionada é o sexo profissional. Alguns chamam isso de "a profissão mais antiga do mundo". Essa profissão é ilegal em países como os Estados Unidos (exceto em alguns lugares do estado de Nevada). Mas sempre existem algumas "jovens assalariadas" profissionais (e algumas não-profissionais) por aí. Nenhuma lei ainda foi capaz de controlar completamente essa profissão; as proibições legais tornam o sexo profissional difícil e perigoso para as pessoas envolvidas. Além disso, ele é limitado a resolver problemas ligados a repressões sexuais. Em muitos casos apenas acrescenta culpa ao problema.

Mas o sexo profissional pode ser uma oportunidade de obter satisfação emocional e física sem outras complicações (casos extraconjugais etc.). Diferentemente dos clubes de *strip-tease* mencionados por Jerry, o sexo profissional não é um incômodo. Ele não alivia um problema enquanto agrava outros. Satisfaz os cinco sentidos. Pode não ser a satisfação ideal (e é por isso que ainda estamos procurando por um relacionamento amoroso de qualidade), mas pode ser muito bom. A maioria das profissionais do sexo sabe que a verdadeira necessidade é a proximidade emocional. A maioria sabe da repressão sexual sofrida pelos homens. As profissionais mais carinhosas procuram atender às necessidades de seus clientes, aplacar suas repressões, satisfazer suas fantasias e permitir que discutam seus sentimentos abertamente, os quais geralmente estão reprimidos. Ao fazer isso, garantem clientes assíduos e ajudam a criar um ambiente no qual existam menos homens com problemas sexuais.

Claramente, existem vários tipos de profissionais do sexo: algumas usam drogas, estão ligados ao crime, têm doenças, não são carinhosas ou então não são capazes de ajudar de verdade na questão da privação sexual. Mas é injusto rotular todas as profissionais do sexo com o mesmo estereótipo; muitas são inteligentes, carinhosas, asseadas, pessoas de qualidade. Da mesma forma, é injusto menosprezar homens que procuram sexo profissional porque estão tentando aplacar suas repressões e esperar por um relacionamento amoroso de qualidade.

Não sei exatamente de qual forma o sexo profissional será aceito pela sociedade. No momento, posso apenas sugerir algumas idéias. Obviamente as leis teriam de mudar. Mas a aceitação terá de vir primeiro. Parece-me que a solução para isso seria as mulheres entenderem a repressão sofrida pelo homem e de que maneira ela está ligada à satisfação emocional feminina. Talvez a legalização, com uma forte regulação de aspectos de saúde, também seja uma possibilidade. Talvez pedir uma "receita" de um psicólogo, psiquiatra ou assistente social seja um jeito de assegurar que os homens que se envolverem com sexo profissional também estejam recebendo treinamento emocional de uma profissional capacitada, e não só fazendo sexo por hábito e reforçando o comportamento errado. Talvez o sexo profissional possa ser ligado a um programa educacional avançado, no qual os homens envolvidos recebem instruções sobre assuntos emocionais e sobre a necessidade das mulheres (ver Opção 3). Certamente a disponibilidade de sexo profissional como parte natural da vida seria um forte atrativo para que os homens se envolvessem!

Resumindo: se as mulheres fornecerem aos homens mais sexo de qualidade, eles terão mais probabilidade de fornecer às mulheres proximidade emocional de qualidade. E se os homens fornecerem às mulheres mais proximidade emocional de qualidade, elas terão mais probabilidade de fornecer aos homens sexo de qualidade.

Eu sei que muitas dessas idéias parecem ser difíceis de aceitar. Eu disse anteriormente que provavelmente teria que "ir contra muito daquilo que temos como bom, inteligente ou prudente". Estou tentando plantar algumas sementes. Espero que algumas germinem para que mais pessoas possam ficar satisfeitas com seus relacionamentos amorosos.

O SEGREDO DA "RENDIÇÃO" SEXUAL

Sinto que este capítulo não estaria completo sem informações sobre o assunto de "rendição sexual". Esse tópico não é específico apenas para a "busca" de um relacionamento amoroso de qualidade; ele se aplica igualmente a todos os casamentos e outros relacionamentos que envolvam sexo. No entanto, esse assunto não é muito bem compreendido, mesmo sendo de importância central na superação da repressão sexual masculina e, portanto, fundamental para que as mulheres "vençam a guerra" pela proximidade sexual. É importante para qualquer relacionamento que inclua sexo. Essa recomendação vem de especialistas em aumento do prazer, em satisfação e em liberação orgástica feminina. Muitas mulheres entendem a rendição sexual como mais um exemplo de chauvinismo masculino, mas espero que outras tenham prudência e leiam mais sobre isso a seguir.

Antes de tudo, gostaria de dizer que um homem não pode esperar pela rendição sexual de sua mulher se ele ficar sentado o dia inteiro enquanto ela trabalha fora e ainda cuida da casa. Um homem precisa *merecer* essa rendição. Se essa rendição sexual à noite for importante para o homem, isso significará que ele deve procurar agradar a mulher em aspectos importantes para ela.

As informações estão tão bem expostas em certos livros que eu acho melhor simplesmente citá-las. Minha própria experiência apenas certifica o que é dito aqui.

Em *The power of sexual surrender* [O *poder da rendição sexual*], a dra. Marie Robinson diz:

> *Este* [...] *é o modelo idealizado de uma mulher realmente feminina. Admitindo que o nível de maturidade dela seja um tanto elevado para a maioria das mulheres, eu a apresento para você por razões muito concretas* [...].
>
> [...] *Em psiquiatria, sabemos que quando uma meta for claramente definida, metade da batalha estará ganha.*

O que [...] a caracteriza sexualmente? Bem, temo que ela não seja muito modesta [...]. Ela não é nem um pouco tímida sexualmente.

Entretanto, existe outro ponto muito importante. Disse anteriormente que, sexualmente, ela seguia o exemplo de seu marido. O que você supõe que ela saiba – que conheça profundamente e instintivamente – que a faça agir assim, enquanto outras mulheres se recusam a isso?

Ela sabe o seguinte: que é o homem quem, de um ponto de vista puramente físico, tem de estar pronto para que a relação sexual aconteça. Muitos livros ignoram esse fato; de qualquer forma, a verdade é que, se o homem não tiver uma ereção, o sexo não acontecerá.

Pense nisso um pouco. Uma mulher pode fazer amor a qualquer momento; um homem apenas quando estiver pronto. Pode haver circunstâncias preferenciais psicológicas para uma mulher, mas não há pré-requisito físico. É por isso que (em virtude do sentido de realidade mais profundo do qual falamos) quando seu marido estiver pronto para fazer amor, a jovem quase sempre será condescendente, exceto se estiver doente ou com dificuldades provenientes de uma gravidez. E é por isso que ela está sempre disposta a abster-se de fazer amor se ele não estiver pronto. Seu profundo altruísmo a faz muito sensível às vontades dele [...].

[...] Ela sabe quanta importância os homens dão à sua potência, como eles podem ficar vulneráveis se sentirem-se inaptos para satisfazer as necessidades da esposa. Ela preferiria morrer a fazer seu marido chegar a tal conclusão [...].

Sua eterna condescendência e sua prontidão nunca a fazem passar por uma experiência sexual dolorosa. Ela sabe em 99 em 100 de seus sentimentos sexuais, até mesmo os negativos, logo voltarão à avidez, e da avidez passarão ao desejo. E mesmo se aquele 1 em 100 acontecer, ela obterá uma profunda satisfação pelo prazer que pode proporcionar ao seu marido [...].

Mas não só ela deixa que ele decida se vão fazer amor, como o tipo de amor que vão fazer também geralmente é decisão dele e, em puro deleite, ela o segue completamente [...].

Mas, para que o orgasmo seja atingido, existem mais fatores físicos necessários do que simplesmente um parceiro pronto para render-se. Deve haver ânsia sensual para que haja rendição. No orgasmo feminino, a excitação vem do ato de rendição. Há uma tremenda onda de êxtase físico na submissão em si, no sentimento de ser o instrumento de outra pessoa [...].

Não pode haver, é claro, nenhuma restrição em tal rendição [...] *Aqueles que alcançarão essa experiência* [o orgasmo] *muitas vezes permanecerão indefiníveis por algum tempo, porque a própria totalidade, a própria inexistência do comprometimento à exigência de que o todo seja arrebatado nessa experiência, permanece, de certa forma, amedrontadora.*

O orgasmo, como foi dito, é o aspecto físico da rendição. No entanto, enquanto existem semelhanças entre a experiência física e a experiência psicológica, também há uma importante diferença entre elas.

A diferença é que o orgasmo não pode ser buscado de forma inteiramente racional. Ele chegará quando for a hora certa, como processo final de uma mudança total nas atitudes psicológicas mais profundas de uma mulher. Não pode ser buscado separadamente, como um fim por si só. Na verdade, procurar por ele diretamente, esperar por ele, tentar forçá-lo são os meios mais eficazes para adiar sua chegada.

O fato é que se concentrar apenas nas sensações durante a relação, perguntando-se a sensação "certa" está sendo sentida, pode destruir a verdadeira paixão sexual mais do que qualquer outra coisa [...].

Então existe uma atitude que pode ser tomada em relação ao orgasmo antes de alcançá-lo? Sim, existe, e achamos essa atitude útil e produtiva. Essa atitude pode ser resumida desta forma: se alguém realmente tiver como meta a auto-rendição, desenterrando e expondo atitudes que vieram da infância e juventude, a habilidade de atingir orgasmos virá inevitavelmente. Até esse ponto, e especialmente durante a relação, é preciso deixar essa questão de lado inteiramente.

Outra maneira de abordar o mesmo assunto é a do dr. John E. Eichenlaub, em seu livro, *The marriage art* [*A arte do casamento*]. Novamente digo que o homem deve merecer esse tipo de comportamento de uma mulher, e não esperar que seja um direito dele.

Se você quiser um ajustamento sexual adequado como casal, é preciso ter relações sexuais aproximadamente com a mesma freqüência que o homem requer. Isso não quer dizer que você tem de correr para a cama se ele ficar com vontade no meio do jantar ou quando você estiver se vestindo para uma festa. Mas quer dizer que uma mulher não deveria nunca recusar seu marido por razões como não ter nenhum desejo de sexo (como estar cansada e com sono), ou na verdade, por qualquer razão que não inclua uma inabilidade verdadeira. Como regra, geralmente digo às mulheres que sempre atendam aos requerimentos sexuais de seus maridos, a menos que isso as impeça de realizar seus deveres domésticos ou no trabalho ou que tenham problemas específicos no órgão sexual que as impeçam de manter relações. Sexo é importante demais para que qualquer esposa deixe de praticá-lo para cozinhar, lavar roupa ou fazer outras atividades.

[...] *disponibilidade constante funciona de várias maneiras diferentes. A esposa que fica sempre procurando conferir se a paixão está crescendo apenas aumenta a ansiedade sexual, o que prejudica ou acaba com a cumplicidade do casal. Disponibilidade constante aumenta o apelo sexual dela porque o impulso sexual nutre a memória com sucessos passados e não deixa que ela fique debilitada pelas lembranças de rejeições sexuais. Também aumenta as capacidades sexuais do marido, porque a total confiança e a certeza de que a atividade sexual nunca vai decepcionar é o construtor de potência mais eficaz que existe.*

Embora a eqüidade pareça ditar esforços similares para o prazer da mulher, no caso de esposas que requerem gratificações extras, o homem só pode ter uma boa performance sexual quando está excitado o suficiente. Ele não pode comparar sua disponibilidade sexual à dela, mas ele pode ajudá-la a atingir as necessidades da esposa de várias outras maneiras, como será discutido a seguir.

Nunca pense em preliminares ou carícias anteriores ao sexo como uma tentativa de abordagem pela qual o marido explora a disposição de sua mulher para ir em frente. Ela deveria sempre estar disposta a continuar. A confiança de seu marido em sua atração sexual e no casamento [...] *significam mais para ambos do que o ardor intenso que ela pode obter se somente for procurada quando tiver vontade. É preciso reservar provocações e charme para aquelas circunstâncias e técnicas que de forma alguma terão como resposta a rejeição ou a negação sexual* [...].

Como parte de um casal, não se pode sempre esperar pelo desejo apaixonado da mulher antes do início do ato sexual. Para construir uma vida sexual ativa juntos, a mulher precisa satisfazer as necessidades do marido desde o início, e nesse processo desenvolver sua natureza erótica como esposa. Agir com calma e disposição com um marido amado e amável faz com que a esposa tenha uma satisfação emocional cada vez mais profunda e segura – satisfação que finalmente desabrocha em paixão, excitação sexual aguda e na intensa recompensa do orgasmo. Essa construção do desejo sexual e da excitabilidade leva tempo e também requer comprometimento na condição sexual. Uma esposa não vai adquirir compulsão sexual ou desenvolver um desejo ardente esperando que a vontade surja [...] *Ela quase sempre precisará desenvolver a habilidade de dar prazer e começar a sentir orgulho dessa capacidade antes que a flor da excitação feminina desabroche.*

Quando um marido der início a uma relação sexual, ele precisará se sentir seguro sexualmente. Qualquer dúvida substancial quanto a sua capacidade nesse momento, ou quanto a seu valor como parceiro sexual, diminuirá seu entusiasmo em pouco tempo. Essa é uma razão pela qual uma esposa constantemente disposta incita o aumento de potência – por meio das ações dela, ela o aceita como um parceiro sexual bom, confiável, o que aumenta sua confiança mais do que qualquer coisa que ela (ou eu) possa dizer [...].

A história de Steve e Rachel

Neste capítulo sugiro a mudança das atitudes sociais se quisermos aumentar as probabilidades de sucesso na busca pela alma gêmea. Dou algumas noções de como essa mudança pode ser feita. Minha intenção não é fazer um estudo profundo de como mudar atitudes sociais, mas sim identificar a necessidade de tal mudança no desafio de procurar por nossa alma gêmea ou por outro relacionamento amoroso de qualidade. Se essa necessidade for entendida e reconhecida, pouco a pouco encontraremos maneiras de mudar a sociedade.

Steve e Rachel fazem parte de uma história de um homem e uma mulher que perceberam a necessidade de mudança cultural e passaram a viver em harmonia. Quase não incluí esta história por seu conteúdo gráfico. Mas como disse no Capítulo 3, *relacionamentos amorosos não são para os fracos*, a razão pela qual incluí esta história é para que você possa ver a mente aberta de Rachel (um grande sinal de maturidade), sua compreensão (outro grande sinal de maturidade), sua falta de ciúme (ainda outro sinal de maturidade) e a confiança que ela desenvolveu em Steve (Rachel era *muito* madura!). Conforme for lendo, observe também como ela personificou as soluções para a repressão.

A campainha tocou. Steve levantou-se do sofá para atender. Ele estava ouvindo a canção *You don't know love* [*Você não conhece o amor*], pensando em como havia sido difícil seu encontro com sua ex-namorada Tricia na noite anterior. Havia sempre tantos sentimentos por ela. E cada vez que ele a via, suas esperanças de que ela estaria pronta para um relacionamento completo aumentavam. Mas essas esperanças foram destruídas mais uma vez na noite passada. Ele abriu a porta da frente. A mulher que estava parada ali era linda, de cabelos escuros e longos, usava um *top* que deixava pouco para a imaginação. "Oi!", disse ela. Steve suspirou longamente e sinalizou para que ela entrasse: "É tão bom te ver".

Uma coisa maravilhosa nas pessoas maduras emocionalmente é sua curiosidade. Elas querem saber de tudo. Rachel não era nenhuma exceção. Ela havia estudado Astronomia na faculdade, o que para ela tornou-se a base perfeita para entender Religião, Antropologia, Psicologia, Química, o que quer que fosse. Steve nunca ficava entediado conversando com Rachel.

Seu problema era concentração. Ele não conseguia desviar os olhos do *top* dela! Enquanto discutiam sobre economia, sua mão se moveu para se apoiar sobre a perna dela. O assunto mudou para música e ela moveu a mão dele para o *top* enquanto alcançava o fecho da blusa. O *top* deslizou lentamente, mostrando seus seios, sua pele macia. Enquanto ele os beijava, não pensava nem um pouco em Tricia.

Rachel era muito inteligente. Ela ficava à vontade discutindo qualquer assunto. E embora Steve achasse difícil se concentrar, ele gostava de conversar com ela.

Ele segurou a mão dela conforme saíam da sala e iam para o quarto. Ao despi-la, ele esqueceu completamente de Tricia. Ele até esqueceu a dolorosa separação que o havia deixado tão desconsolado há um mês. Ele sabia que amanhã a tristeza voltaria, mas seria suportável.

Ele ficou lá deitado pensando em como Rachel era suave e quente de tocar e como se sentia sortudo por ter uma amiga como ela. No mês passado, seu relacionamento-foguete com Tricia havia explodido em pleno ar, e ele havia simplesmente saído dele um pouco arranhado, mas vivo. É claro que ele havia caído a uma boa distância de atingir sua rede de segurança, mas como sempre, Rachel estava lá. Essa queda havia sido um pouco mais difícil que outras, e conforme Steve pôs tudo dentro dela, foi mais fundo do que nunca, e ainda mais fundo novamente e finalmente explodiu dentro dela. E a aterrissagem foi tããããão macia...

Às vezes eles nem conversavam. Ela o respondia com um simples toque ou com um movimento. Um toque na perna, outro no ombro, e ela já se virava de costas. Uma leve pressão na nuca e ela o tomava inteiro na boca. Nunca havia tensão em seu corpo – estava sempre relaxada e ele sabia que podia agir como quisesse pois ela também iria adorar.

O mais incrível era seu jeito desinibido, aberto, franco, confortável e natural ao sexo. Ela estava feliz consigo mesma, com seu corpo e seu mundo.

Steve disse: "E quanto a sexo anal?"

Rachel respondeu: "É divertido fazer coisas que são proibidas".

Steve: "E quanto a 'esportes aquáticos'?"

Rachel: "Fazer xixi é o ato mais natural que há".

Steve: "E se filmássemos a relação?"

Rachel: "Adoro meu corpo e confio em você".

Steve: "Como Terry se sente em relação a nós?"

Rachel: "Ele sabe que eu adoro sexo e não acha que eu deveria me sentir presa ou inibida" (Terry devia ser muito maduro).

Um dia eles estavam sentados no sofá ouvindo música abraçados.

Steve pediu: "Hoje eu estou com vontade de te bater".

Rachel: "Muito bem. Por quê?"

Steve: "Estou com raiva acumulada e preciso colocá-la para fora".

Rachel: "Quero sentir – me mostre como é!"

Ele já estava começando a bater nela e começou a agir mais forte e rapidamente. Ela o tomou na mão e o levou ao quarto enquanto o segurava. O coração dele estava a mil – sangue pinicando cada centímetro de sua pele. Ela disse: "Toda mulher precisa ser punida", e sentou-se por cima dos joelhos dele pedindo que ele batesse mais. "Bata!" Sua mão doía. "Bata!" Ele podia ver a marca vermelha de sua mão no corpo dela. "Bata!" Suas mãos inchadas estavam a ponto de explodir. "Bata! Bata! Bata!" E então o alívio veio sobre os dois e ele murmurou: "Eu amo você".

E então eles se abraçaram: aconchegante, macio, amigavelmente. Ela sabia que ele estava agindo por conta de fantasias que se transformaram em raiva causada por conta da repressão sexual. Ela sabia que ele não a machucaria de verdade. Ela gostou de ser o veículo da expressão dos sentimentos dele. Ela poderia ter sido uma grande psicóloga, porque entendia as dinâmicas da repressão e dos sentimentos e fantasias (tem mais sobre fantasias no Capítulo 11!).

Rachel disse que sempre gostou de sexo. Ela começou a experimentar sozinha logo depois da puberdade. Era gostoso. Ela experimentou muitas sensações e aprendeu o quanto havia para se aproveitar. Ela não acreditava muito em estereótipos sociais. Quando adolescente, decidiu expandir seus horizontes e começou a ter aulas de balé. Terry era seu professor. Ele era centrado, atento, natural, compreensivo, gentil. Ela aprendeu a aceitar seus sentimentos, a aproveitá-los sem culpa, a escutar seu corpo e a sua própria intuição. As restrições impostas pela sociedade não tinham sentido para ela; assim, ela as abandonou. Quando ela finalmente fez amor com Terry, foi devagar, terno e bom. Eles haviam construído uma confiança completa. Aos 20 anos ela era experiente, realista e autoconfiante, ou seja, mais emocionalmente madura do que a maioria dos adultos com o dobro de sua idade.

Steve disse que eu deveria dar a ela 300 pontos de maturidade emocional; é uma taxa de crescimento de 15 pontos por ano! Como uma taxa normal de crescimento é de 4 a 8 pontos por ano, ela realmente se destacava das outras pessoas. Steve me disse que nunca havia conhecido alguém daquela idade tão desenvolvido emocionalmente como Rachel

Rachel era uma boa amiga para Steve. Ela ouvia e falava. Ela entendia. Ela satisfez as necessidades sexuais dele, bem como suas próprias necessidades. Ela não julgava. Ela seguia a liderança dele prontamente. Tudo estava muito bem. Ela nunca era inoportuna. Cada encontro "abafava" dez rejeições. Ela o ajudou a estabilizar a vida, mesmo enquanto Tricia reaparecia nela.

Às vezes Steve via Rachel uma noite antes de um encontro com Tricia para que ele não sentisse a necessidade de pressioná-la sexualmente. Às vezes ele a via *depois* de um encontro com Tricia para que ele pudesse aplacar quaisquer emoções que estivessem em desordem. Às vezes, ele a via no meio do mês para dar um jeito na solidão.

Ter esse relacionamento maravilhoso com Rachel capacitou Steve a ser um amigo melhor. Suas necessidades sexuais eram satisfeitas com qualidade. Isso o deixou livre para ser um amigo genuíno e devotado. E a abordagem de vida dela, equilibrada, centrada e compreensiva, deu-lhe inspiração adicional e suporte emocional.

Steve admirava muito Rachel, mas ele não estava apaixonado. Havia um nível moderadamente alto de sentimento e um nível muito alto de maturidade emocional. Eu avaliaria o relacionamento assim:

A química de Steve por Rachel era alta.
A química de Rachel por Steve era média.
A maturidade de Steve era muito alta.
A maturidade de Rachel era muito alta.

Como em todo relacionamento, sua amizade tinha um preço. A vantagem do relacionamento de Steve e Rachel era que o preço era claro. Não havia jogos. Rachel era uma profissional do sexo. Ela ganhava a vida satisfazendo clientes (o mesmo que acontece em qualquer prestação de serviço). Ele recebia um bom valor e ela também. Rachel, como a maioria das melhores profissionais do sexo, via seu trabalho mais como um "serviço social". Embora o sexo fosse importante, ela sabia que conversar e abraçar são 80% das necessidades emocionais de um homem. A excitação final e a explosão vêm como complemento. Rachel era uma profissional de classe. Sabia que o amor não é um jogo.

RESUMO

Vamos resumir este capítulo de acordo com a história de Rachel.

A privação emocional é um problema para mulheres; a privação sexual torna-se um problema muito complicado, que torna quase impossível para os homens "atravessar o deserto" em busca de um relacionamento amoroso de qualidade. Rachel trouxe para Steve água no deserto.

Sugeri nove idéias para superar a privação e aumentar a acessibilidade de proximidade sexual/emocional durante a busca por um relacionamento amoroso de qualidade:

1. **Foco na Química e Maturidade Recíproca.** Rachel era madura e consciente de seus próprios sentimentos, bem como dos sentimentos dos outros. Ela podia, portanto, avaliar a química e a maturidade.
2. **Estabeleça Amizades Emocionalmente Satisfatórias.** Mesmo sendo uma profissional do sexo, Rachel era também uma amiga e entendeu o conteúdo emocional de suas interações. Steve achou muito bom.
3. **Expanda Programas Educacionais.** Rachel estava educando Steve bem, assim como todos os homens com quem ela mantinha contato.
4. **Identifique Pessoas Emocionalmente Maduras.** Steve e Rachel aproveitaram a maturidade emocional que encontraram um no outro. Steve deu à Rachel um presente como forma de demonstrar seu reconhecimento de como ela era uma pessoa de qualidade.
5. **Incremente a Experiência Sexual.** Rachel começou suas experiências sexuais cedo e as expandiu ainda mais por meio de sua profissão.

Sua experimentação com certeza contribuiu para sua maturidade. O famoso poeta William Blake disse: "Você nunca saberá o que é suficiente até que saiba o que é mais que suficiente".

6. **Estabeleça Amizades Sexualmente Satisfatórias.** Como uma amiga sexual, Rachel preencheu uma necessidade que de outra maneira teria forçado Steve a muitas noites com mulheres diferentes, muito tempo perdido em bares, ou um relacionamento de compromisso com alguém que não seria sua alma gêmea.

7. **Expanda os Conceitos de "Casamento Aberto".** Rachel estava envolvida em um relacionamento de compromisso. O relacionamento era baseado em uma conexão intelectual/espiritual mais substancial que sexo. Portanto, partilhar de sexo fora do relacionamento não ameaçava o relacionamento mais do que partilhar água.

8. **Aumente a Acessibilidade de Sexo Profissional.** Rachel era uma pessoa de qualidade. Sexo era seu negócio. Ela o fazia bem e satisfazia uma necessidade importante para Steve. Ela era uma profissional de verdade. Pena que nossa sociedade a considera uma criminosa.

9. **Ofereça Rendição Sexual Completa.** Rachel entendeu a importância da rendição sexual. Sua falta de inibição permitiu que ela respondesse a isso com liberdade. Sujeitar-se à liderança de Steve permitiu que ele não se preocupasse com sua performance – se funcionava para ele, funcionaria para ela.

Steve me disse que pensava muitas vezes, especialmente depois de uma tentativa com Tricia, **"Graças a Deus que Rachel existe!"**

Sexo e suporte emocional são importantes demais para ficar sem, durante o longo tempo que se leva para encontrar e construir um relacionamento amoroso de qualidade. Os próximos dois capítulos vão mostrar outros segredos sobre como lidar com a solidão e longos períodos de tempo.

TAREFA

Estabeleça uma amizade sexual de química média (seus sentimentos pela outra pessoa são um ⚃ ou talvez um baixo ⚄). Os sentimentos da outra pessoa por você podem ser qualquer coisa entre ⚂ e ⚅, embora provavelmente isso seja difícil se a pessoa tiver sentimentos maiores (e quiser mais do relacionamento do que você – mas isso é parte do desafio). O importante é que seus sentimentos sejam mais ou menos "médios". Não pense nisso como almas gêmeas. Não pense nisso como namorado e namorada. Não pense nisso como um compromisso que levará ao casamento. Em vez disso, pense como se fosse água no deserto. Pense nisso como um "amigos com algo mais". Valorize, aproveite, mas esteja preparado para deixar acabar.

Embora sua *química* pela outra pessoa deva ser "média" (para esta tarefa), seria bom (embora não absolutamente necessário) se a *maturidade* da outra pessoa fosse "alta" (um ⚄ ou um ⚅ seria bom, embora um ⚃ seja aceitável). Isso minimizará complicações conforme o relacionamento progredir.

Essa tarefa complementa a tarefa do Capítulo 2 (estabeleça uma amizade de química alta e não-sexual). Os dois juntos (sexo e química, mas em relacionamentos separados) podem proporcionar uma base emocional estável para continuar a busca por seu relacionamento amoroso de qualidade.

7

Segredo

Desfrute das doces distrações

a rede de segurança

Tudo que eu queria era uma doce distração por uma hora ou duas.

Da música *All time high*,
J. Barry e T. Rice

Prometi passar, neste capítulo, informações adicionais sobre como lidar com a solidão durante o longo tempo que se leva para encontrar o amor de qualidade. Muitos irão argumentar que não é possível levar 17 anos para encontrar e construir um relacionamento amoroso de qualidade. Para essa questão tenho as seguintes respostas: (1) estou falando a partir da minha experiência e da experiência de outras pessoas que conheço. Talvez sua experiência tenha sido ou será diferente; (2) muitos que argumentam dessa forma acabam se divorciando 17 anos depois; (3) eu uso 17 anos como um número aproximado da realidade. Essa não é uma ciência exata, e o tempo despendido poderia ser algo entre 5 e 30 anos. A questão é que leva muito mais tempo do que se pode imaginar. Talvez isso aconteça porque nossa cultura gira em torno de uma gratificação instantânea e não busca qualidade em longo prazo; (4) a duração do tempo depende dos padrões que você impõe. Se você estiver disposto a contentar-se com um relacionamento comum, então levará bem menos tempo para encontrá-lo: cerca de um ano, de acordo com as probabilidades dos Dados do Amor. Se você quiser um de melhor qualidade, então vai levar mais tempo.

Aceitar ou não minha afirmação quanto a esse longo período de tempo depende de você. Mas já que essa afirmação é minha, e eu acredito que ela seja verdadeira, devo fornecer a maior quantidade de material possível para ajudá-lo a lidar com esse problema. O capítulo anterior, sobre sexo, já foi um começo.

Este capítulo trata da importância das distrações. Tive sorte em encontrar o trecho da música *All time high*, que está na página anterior, a qual começa com uma frase sobre distrações. Acho que muitas vezes os compositores sabem mais sobre o que está acontecendo nos relacionamentos amorosos do que os psicólogos. Mas não existem muitas músicas sobre as distrações.

Existem muitas músicas sobre relacionamentos de "amor", de "magia", e de "ou tudo ou nada", e também sobre "corações partidos". Mas não há quase nenhuma letra sobre a alegria proporcionada pelas distrações. Aposto que você nunca ouviu uma letra assim: "Meu amor por Rita é tão forte / não suporto quando ela parte / então para ficar de cabeça fria / eu penso na Maria". Ou então algo como: "Não me canso de te amar / é por isso que procuro outra pessoa para tocar / talvez um dia nosso amor cresça / enquanto isso hoje durmo com Paula / e amanhã com Vanessa". Ou talvez: "Fiquei tão feliz por te encontrar / é muito gostoso te amar / sou o terceiro na lista dela / mas ela me faz voar".

Aposto que essas músicas realmente tocam o seu coração!

Pelo menos os compositores de *All time high* reconheceram que, de vez em quando, uma "doce distração" é uma coisa desejável. Mesmo que haja poucas músicas sobre elas, as distrações podem ser muito úteis. Já que a busca por um relacionamento amoroso de qualidade demora tanto, é importante saber mais sobre essas distrações.

É difícil compreender o conceito de distração. Claramente, amigos e atividades são passatempos que ajudam a preencher o tempo enquanto se busca ou se espera por um relacionamento amoroso de qualidade. Mas passatempos podem não ser o bastante. Quando estiver no deserto você vai precisar de água e comida, e não de um livro para ler.

Existe uma coisa nessa busca por um relacionamento amoroso de qualidade que ainda não discutimos: o medo do fracasso. "Não sei se algum dia vou encontrá-la." "E se eu o perder?" "Eu não sei se um dia ele vai crescer." Essa incerteza piora se a espera for longa e/ou a atração química for muito alta. Quando há uma química entre almas gêmeas, os parceiros estão na beira de um penhasco. Qualquer perda não é só um probleminha: é um desastre.

Até que a confiança mútua seja construída ao longo do tempo, esse medo de nunca encontrar a alma gêmea, juntamente com o medo de perdê-la, a quantidade de tempo envolvido e os sentimentos intensos podem criar uma situação de muita insegurança. Na verdade, esse medo pode ser o fim do que poderia ter sido um bom relacionamento, porque uma pessoa pressiona a outra para se "comprometer" antes que ela esteja pronta.

Os passatempos habituais freqüentemente não são suficientes para lidar com esse medo. A solução é o que chamo de "distrações", isto é, uma variedade contínua de envolvimentos emocionais poderosos durante o período de espera, em vez de ficar esperando o tempo passar. Distrações são maneiras de proteger seu investimento emocional de uma perda devastadora.

A REDE DE SEGURANÇA

Se sua química pela outra pessoa for muito alta (um), você poderá pôr seus sentimentos à prova. Talvez, você fique quase paralisado de medo. Você vai se sentir como se estivesse atravessando o Grand Canyon sobre um fio de alta tensão. Se você pensar sobre a altura da qual poderia cair, seu estômago irá congelar, seus joelhos vão tremer, e você com certeza cairá.

Por que eu falo em "fio de alta tensão"? Isso está relacionado à química e à maturidade.

É de "alta tensão" porque a química é alta. Quanto mais alta a química, maior a queda.

É um "fio" porque baixa maturidade cria um perigo real de queda. Se eu estiver sobre uma ponte larga, feita para carros, poderia sentir um frio no estômago ao olhar para baixo. Mas na verdade não me preocupo, porque sei que a ponte é estável. Por outro lado, não sei se uma outra *pessoa* é estável ou não até que a tenha testado – até então, estarei andando sobre um fio.

Vendo de outra forma: andar sobre um fio (baixa maturidade/instabilidade) a 10 centímetros do chão (baixa química) não causa muito medo. E uma ponte (alta maturidade/estável) a 60 metros de altura (alta química) não causa muito medo. O problema existe quando você tiver um *fio* a 60 metros de altura (maturidade baixa ou desconhecida com uma alta química).

Sabendo de antemão que a química é alta, mas a maturidade é baixa, você pode simplesmente escolher não andar sobre o fio. Fazer isso seria uma coisa segura e provavelmente sábia.

Mas a situação mais comum é que você *não sabe,* logo no começo, se é uma ponte ou um fio. Conforme você for descobrindo, o que geralmente se encontra é uma maturidade média, como se fosse metade ponte e metade fio. Você vai poder atravessar até a metade do Grand Canyon sem problema nenhum, mas a outra metade é muito perigosa. E às vezes a pessoa imatura pode parecer mudar de "ponte" para "fio" em um instante, sem avisar!

No último capítulo, Rachel era a corda de Steve para ajudá-lo a subir no fio. E ela era sua corda se ele precisasse descer do fio. Mas você não vai querer confiar sua vida a uma corda quando você estiver sobre um fio a 60 metros de altura. Se você cair e não conseguir se agarrar à corda, será o fim.

Os profissionais que trabalham com fios de alta tensão não usam só uma corda de proteção. Eles usam uma rede de segurança – ou seja, muitas cordas interligadas. Se caírem, serão salvos pela rede em algum lugar – ninguém sabe com certeza onde, mas sempre haverá uma corda à qual se agarrar.

Relacionando isso à sua própria busca, você quer uma química alta; logo, quer estar sobre o fio de alta tensão. Portanto, você precisa de uma rede de segurança. Você quer ter estabilidade emocional. Você quer ser um amigo melhor. Você não quer se conformar com menos do que um amor de qualidade só porque tem medo de cair do fio. E não há garantia – a busca pelo amor de qualidade pode desmoronar a qualquer instante. É por isso que é preciso ter uma rede de segurança.

Em minha busca por uma alma gêmea sempre tentei ter uma rede de segurança, o que também pode-se chamar de plano de apoio ou plano de contingência. Tinha uma rede de amigos que me apoiavam, "amigos com algo mais" (amigo + sexo), probabilidades e um psicólogo (dr. Bessell).

Isso fez com que eu me sentisse totalmente seguro? Não. É impossível sentir-se totalmente seguro quando se está apaixonado. Mas eu estava seguro? Mais ou menos. Mas quando você estiver tão vulnerável assim, nem mesmo uma forte rede de segurança dará a sensação de segurança total. Houve momentos em que eu desejei ter uma rede de segurança mais forte. Eu havia construído a minha, meticulosamente, para ser o mais forte possível, mas mesmo assim houve algumas perdas nas quais a dor foi grande. Não havia rede de segurança que pudesse parar a dor inicial. Se uma faca surgir do nada, atingir você no peito e o derrubar do fio de alta tensão, você ficará muito machucado, mesmo que você soubesse o que ia acontecer. Mas é a queda que poderia matá-lo – eu sempre tentei sempre cair na minha rede. Meu peito poderia estar doendo e minha cabeça girando, mas a queda não me mataria e não me faria ficar com medo de subir de novo e continuar procurando.

É importante saber que a rede não é o objetivo final, mas sim um relacionamento especial com uma pessoa com quem você tenha uma alta química e que seja madura o bastante para lidar com isso. A rede é só uma ajuda no caminho.

Tenha em mente que ao mesmo tempo em que existem várias "cordas" na sua rede de segurança, você também será uma corda na rede delas. Desse modo, essa é uma situação de suporte mútuo, desde que todo mundo consiga enxergar dessa forma. O perigo é que se uma pessoa vir outra como uma "meta" e/ou única corda, e não tiver nenhuma outra opção de rede de segurança, ela pode ficar magoada e desiludida. A situação ideal é que todo mundo tenha de 5 a 10 pessoas na sua rede. O resultado é uma "rede de comunicações" de centenas de pessoas que estão interligadas, embora possam não saber disso ou não conhecer umas às outras.

A alternativa a essa abordagem de rede de comunicações para conhecer novas pessoas são os "relacionamentos um-a-um em série". Esses relacionamentos são um paradigma aceito atualmente em nossa sociedade. Mas isso leva muito tempo (o tempo limita a realidade). Como você vai poder conhecer 81 pessoas (para encontrar um "bom" relacionamento amoroso) ou então 1.296 pessoas (para encontrar um relacionamento de "almas gêmeas") se você passar dois anos com cada pessoa, uma de cada vez? Relacionamentos com parceiros exclusivos também pressionam uma pessoa a se comprometer com exclusividade e a ter de ser tudo. Esses relacionamentos podem ser confinantes e não-interligadores. São freqüentemente caracterizados por alternância entre picos de êxtase e de depressão. Quando o relacionamento fracassa, tudo vai embora com ele e a recuperação demora. Uma rede de segurança reduz o impacto e acelera essa recuperação.

Eu sei que o conceito da rede de comunicações de relacionamentos pode ser um pouco difícil de ser aceito – somos culturalmente condicionados a nos envolvermos com uma pessoa de cada vez. Mas como vamos lidar com as restrições do tempo de forma realista, com as probabilidades e medos associados à busca por um relacionamento amoroso de qualidade? Lembrem-se, como dissemos no Capítulo 3, relacionamentos amorosos não são para os fracos!

Existe um segundo aspecto importante da rede de segurança que precisa ser levado em consideração. Discutimos o primeiro aspecto importante, o de que a rede pode "salvar sua vida" se você cair do fio de alta tensão.

Mas igualmente importante é o efeito que a rede tem enquanto você ainda está sobre o fio. Seu inconsciente sabe que você tem uma rede de segurança e isso dá confiança, uma tranqüilidade que permite a você permanecer sobre o fio. Agora, em vez da conotação negativa de "salvar sua vida se você cair", a rede de segurança assume a conotação positiva de permitir que você se mantenha sobre o fio com uma maior facilidade e mais chances de sucesso.

Em vez de dar cada passo com medo e insegurança, você os dará com confiança. O medo de cair, enquanto você ainda estiver em cima, não será importante. Importante será a alegria, o prazer de estar sobre o fio, a possibilidade de atravessar o abismo, e o prazer proporcionado pela visão da paisagem.

Sem uma rede de segurança, seu medo seria significativo e você cairia com certeza. Você provavelmente nem colocaria os pés nesse fio sabendo que estava em cima de um abismo. Mas com a rede, o prazer torna-se importante. Você pisa no fio, dança e brinca, dá cambalhotas – maravilha, isso é divertido e nada pode machucar.

"Rede de segurança..." "Distrações..." Elas podem "salvar sua vida". Elas podem lhe dar confiança. E existe um terceiro aspecto: elas podem tirar sua mente do perigo.

Este terceiro aspecto das distrações é a atividade mental de não se concentrar no perigo no qual você pode se encontrar (como por exemplo perder seu primeiro pretendente a alma gêmea). Você não só terá confiança de que se cair, a rede de segurança vai salvar sua vida, como também não sentirá medo porque sua mente está ocupada, pensando em outra coisa e não no perigo. Desse modo, boas distrações envolvem atividades mentais que tenham potência emocional suficiente para tirar sua mente do seu pretendente número um temporariamente. O sexo poderia ser uma dessas atividades mentais. Passar tempo com um pretendente altamente potencial pode ser uma dessas atividades. Descobrir novos pretendentes pode ser uma dessas atividades. *Atividades que não têm poder emocional suficiente para tirar sua mente do número um não podem ser chamadas de boas distrações.*

Como as distrações são, em parte, o imaginário da mente, elas podem ou não ter algum valor substancial. Elas baseiam-se primariamente na esperança. Mas têm o valor intrínseco de manter a mente longe do número um, longe de quaisquer questões não resolvidas que existam, longe do seu medo, e longe do pensamento de quanto tempo será a "espera". Distrações podem resultar em amizade, em sexo, em uma alma gêmea, em outras coisas boas. Ou podem dar em nada. Mas é importante manter seu foco longe do número um e do medo de fracassar.

INVESTIMENTOS DIVERSIFICADOS

Aqui está outra analogia que acho que pode ser útil. É uma analogia de investimentos econômicos. Certamente o "investimento" em um relacionamento amoroso para a vida toda tem a mesma importância de um investimento em ações ou títulos do governo, concorda? Então por que aplicamos regras diferentes para esses dois tipos de investimentos? Num investimento econômico, seguimos regras criadas para garantir o sucesso. Num investimento em relacionamento amoroso, ficamos tão envolvidos emocionalmente que esquecemos as regras mais óbvias para ter sucesso. Seguimos as regras criadas para o fracasso.

Suponha que você esteja decidindo como investir as economias de toda a sua vida. Você poderia escolher uma empresa promissora e investir todo o seu dinheiro em ações. Se a empresa se der bem, você vai ganhar. Se a empresa se der mal, você vai perder. Essa é uma estratégia de alto risco. Se você se sentir confiante em relação à empresa e puder arcar com o risco de perder todas as suas economias no caso dela fracassar, vá em frente!

A maioria dos analistas de investimento sugere a "diversificação", ou seja, que se invista em várias coisas para diminuir o risco. Um pouco de ações, alguns títulos, talvez algum imóvel, e quem sabe um pouco de ouro. Se você tiver um pressentimento forte em relação a uma empresa ou imóvel, talvez você coloque 30%, 50% ou até 70% das suas economias em um único investimento. Mas o restante você irá dividir entre outros diversos. Dessa forma, se um cair, outro pode subir. Se vários caírem, pelo menos um pode se salvar. A chance de perder tudo é reduzida.

Visto que tanto investimentos econômicos como relacionamentos amorosos são notórios pelos seus altos e baixos, é bom ter investimentos suficientes para que o risco de perder tudo seja pequeno.

Se você tiver apenas um investimento e este não der certo, você vai ficar sem nada. (É isso que acontece na maioria dos relacionamentos "amorosos" nos quais os parceiros não têm outros relacionamentos.)

Se você tiver dois investimentos, é menos provável que eles falhem ao mesmo tempo. Mas coisas ruins acontecem, e com freqüência nos momentos mais inconvenientes; então, essa alternativa ainda é arriscada.

Se você tiver três investimentos, é muito improvável que todos vão por água abaixo ao mesmo tempo, embora uma catástrofe ainda possa acontecer.

Se tiver quatro investimentos, você reduzirá o risco de que todos eles falhem simultaneamente para quase zero, exceto se houver uma queda geral no mercado.

E com seus investimentos emocionais é a mesma coisa. O melhor é espalhar e diversificar. Não se coloque na posição de perder tudo. Isso vai lhe deixar muito nervoso e muito próximo de uma situação de "perda".

Se você estiver procurando um relacionamento de alma gêmea de qualidade, considere a possibilidade de colocar as seguintes categorias em sua carteira de investimento emocional:

1. Amigo Alma Gêmea

Categoria número um, é claro; pode ser qualquer alma gêmea (diamante bruto) que você tenha em vista. Essa precisa ser a maior prioridade em termos de investimento emocional. Mas tenha em mente que esse investimento pode fracassar de repente, então planeje sua diversificação e segurança estratégica de acordo com isso.

2. Amigos

"Eu sobrevivo com uma ajudazinha dos meus amigos [...]" (da música *With a little help from my friends*, de John Lennon e Paul McCartney). Amigos são seus investimentos emocionais mais consistentes e confiáveis. Eles estão sempre presentes. São para sempre. Você pode contar com eles. Amigos o entendem e gostam de você. Você pode conversar com um amigo, compartilhar o que está acontecendo e ele lhe apoiará. Claro que estou me referindo aos bons amigos, e não àqueles que estão presentes apenas nos bons momentos. Também me refiro aos amigos com um grau relativamente alto de maturidade, em cuja opinião e conselhos você pode confiar. Você não quer amigos que digam "dê tempo ao tempo" no caso de não haver química e, conseqüentemente, não haver potencial de algo a longo prazo. Você também não quer amigos que digam "desista" quando a química existir e o problema for maturidade, que pode ser aumentada com um pouco de aconselhamento ou terapia. Direi mais sobre amizade no Capítulo 8.

3. Sexo

Esse tópico foi tratado detalhadamente no último capítulo. Dependendo de sua solução particular para superar a repressão sexual, um (ou mais) dos seus amigos também pode ser um parceiro sexual. Ou você pode optar pelo sexo profissional. O segredo é ter uma fonte confiável de satisfação sexual no caso de seu relacionamento primário não incluir sexo ou da fonte secar.

Passar uma única noite com alguém, reviver amores do passado ou encontrar um novo parceiro amoroso/sexual pode ajudar, mas dificilmente serão "fontes confiáveis" de satisfação sexual. O ideal é ter uma fonte ou fontes de satisfação com quem você possa ser honesto e nas quais você possa confiar. Você não quer ficar sem água por muito tempo! (sobre a importância do sexo seguro, ver Apêndice 4).

4. Pretendentes

Se você estiver procurando e não tiver encontrado uma química muito alta, emocionalmente estável, um relacionamento de alma gêmea completo, é bom ter vários pretendentes em vista. É parte da estratégia de diversificação. Se você estiver no meio da busca, então estará procurando novos pretendentes o tempo todo. Por outro lado, se você já estiver esperando por um pretendente há muito tempo, por uma alma gêmea sobre a qual ainda não se tem garantia, é importante que haja pretendentes secundários. Existe até uma diversificação dentre esses pretendentes:

a. Pretendentes de Alto Potencial

Se aparentar haver alta química recíproca, mas a maturidade ainda não for conhecida ou se ainda for preciso muito crescimento, então você tem um pretendente de "alto potencial". Eles são importantes porque se seu pretendente número um for embora, você terá outros pretendentes de igual valor por perto.

Com um pretendente de alto potencial, sua química será muito alta (um ⚅). A característica mais importante de qualquer relacionamento como esse é que aquilo que a outra pessoa faz não tem importância, porque você sempre irá amá-la, simplesmente porque entende que essa pessoa é assim (a química nunca muda).

b. Pretendentes de Potencial Médio

É difícil encontrar pretendentes para serem sua alma gêmea. Um ⚃ ou um ⚄ na escala química não é nada incomum. Um conselho como "se você não pode ficar com quem ama, ame aquele com quem você está" freqüentemente é muito bom. Um relacionamento amoroso sem compromisso, de tempo curto ou longo, no qual a química seja um  ou um , pode ser bastante recompensador. Finalmente, pode levar a uma amizade forte. Pode ajudar na satisfação sexual. E definitivamente colabora com a auto-estima. Pode se dissipar, ou pode levar a um  (um bom relacionamento amoroso). A maioria das pessoas sentiria-se sortuda por ter um relacionamento assim, e mesmo aquelas que procuram uma alma gêmea podem achar que isso é melhor do que continuar buscando. Não importa o que venha a acontecer ao longo do caminho, esse relacionamento pode ajudar a preencher um buraco por um bom tempo.

c. Pretendentes de Potencial Desconhecido

Esses são os pretendentes que acabaram de surgir, mas você ainda não sabe muito bem sobre a química ou a maturidade deles. É preciso tempo para que eles se revelem e para que seja possível classificá-los. Mas a menos que sua carteira de investimento emocional já esteja completa, é bom continuar pesquisando novos investimentos potenciais.

5. Casa/Família/Crianças

As responsabilidades familiares podem ser divertidas e também podem consumir muito tempo. Portanto, elas podem entrar na categoria das distrações, mesmo que sejam um aspecto predominante na vida de alguém. Estar envolvido na busca por uma alma gêmea quer dizer equilibrar trabalho, família e vida social; manter tudo em paralelo. Um pode ser uma distração para o outro!

6. Trabalho

O trabalho é muitas vezes uma atividade principal e uma distração. Pode até ser uma ótima distração. Mas às vezes seu trabalho pode sofrer algumas conseqüências se você estiver muito obsessivo com relação ao que está acontecendo (ou ao que não está acontecendo) com sua "cara metade" ou pretendente à alma gêmea. Usar outras distrações pode reduzir sua obsessão e liberar energia mental para que você possa ser mais produtivo ao trabalhar.

Não se deve nunca subestimar o valor de seus pretendentes, mesmo que nenhum em particular seja o "número um" no momento. Quem lidera no início de uma corrida nem sempre é o ganhador da competição. Freqüentemente quem lidera inicialmente não termina a corrida, e então o segundo colocado se torna o líder, e assim por diante. A posição pode mudar com o tempo. Um líder que parece estar correndo bem rápido pode se dar mal na reta final e terminar em último lugar. E na vida real qualquer participante poderia desaparecer repentinamente em outro relacionamento de "compromisso".

Embora a vida real não seja um jogo ou uma corrida, a analogia é interessante porque sugere que ser o segundo em uma corrida pode significar uma "coisa boa". O segundo às vezes chega em primeiro. O terceiro às vezes chega em primeiro. O oitavo pode, às vezes, chegar em primeiro. Portanto, fico pessoalmente feliz de estar em qualquer posição da lista de alguém na qual haja uma química alta; não preciso, necessariamente, ser o número um.

Já ouvi muitas vezes as pessoas dizerem "para mim é tudo ou nada" ou então "se eu não conseguir ser o primeiro, não quero nem começar a competir". Isso parece falta de visão. Como se destacar dos demais e passar a ser o número um? Primeiro é preciso ser detectado pelo radar (suba para a oitava posição). Depois você precisa passar uma boa impressão (suba para a quinta posição). Então você tem de se manter ali por um certo tempo (avance para a terceira posição). O próximo passo é provar que você é digno de mais investimento (avance para a segunda posição). Então seu amigo precisará decidir (assim como você) onde seu coração está de verdade, e você poderá subir ou não para o primeiro lugar. A maioria das pessoas quer saber imediatamente se estão em primeiro lugar. Mas isso não acontece de repente. Se acontecer, provavelmente significa que ambos estão muito solitários, o que não dará muita solidez ao relacionamento. É mais provável que esse processo leve meses ou anos. Então recomendo que você fique satisfeito com a segunda ou terceira posição! É muito melhor do que nem fazer parte da classificação. Você terá mais força para ir em frente se aceitar que estar na segunda ou na terceira posição também é bom.

Lembre-se de que pode não haver uma ordem definida de números. A única coisa clara é o número um. Em qualquer momento só pode haver um único número um. Não dá para dividir a noite de Ano Novo, o Dia dos Namorados etc. Mas depois do primeiro colocado pode-se estar empatado com os outros. O tempo vai mostrar o poder da perseverança em qualquer relacionamento.

Se tudo isso for demais para você, tudo bem. Tem muita gente que acha a mesma coisa. A maioria daqueles que desejam o amor quer que ele aconteça da maneira que "deveria" acontecer, como mostrado nos filmes e na televisão. Sair com algumas pessoas, se apaixonar, se casar e viver feliz para sempre. As estatísticas, é claro, mostram que não é bem isso o que acontece, mas tendemos a pensar que as estatísticas referem-se "àquele outro cara". Este livro é para aqueles que perceberam que o jeito antigo não funciona (se você quiser um relacionamento amoroso de qualidade) e que têm a coragem de pensar em algo novo.

É importante notar que esse conceito de diversificar seus investimentos emocionais é apropriado para a fase de "busca", e possivelmente levará anos. No entanto, conforme a confiança for crescendo com a alma gêmea número um ou com o pretendente amoroso de qualidade, o investimento emocional irá aumentar gradualmente, e o investimento emocional nas outras pessoas irá, naturalmente, diminuir. Imagine seu coração sustentado por um galho bem fino – você vai querer ter mais quatro ou cinco deles embaixo de você para mantê-lo seguro. Mas quando um deles transformar-se em um tronco firme, você pode depositar sua confiança nele e ficar seguro. No final das contas, o investimento em seu parceiro amoroso número um será vinte vezes maior do que seu investimento em qualquer outro.

Para recapitular, qual é o propósito das distrações? No último capítulo eu disse que "o maior propósito do sexo é a proximidade emocional". Agora temos:

O propósito das distrações é a estabilidade emocional.

Suponha que você conheceu Pam na terça-feira e existe uma química de alma gêmea. Você deveria se casar com ela no sábado? Claro que não. Você deveria pressioná-la para que ela assumisse com você um relacionamento de compromisso no sábado? Provavelmente não.

Então agora o seu dilema é: você deve continuar saindo com qualquer outra pessoa? Ou deve ficar esperando por Pam?

É uma resposta fácil de responder ao se tratar de um período de apenas uma semana. Mas e se for um mês? E um ano? Talvez Pam seja casada. Ou talvez ela precise amadurecer muito. Talvez leve dez anos. E aí?

Se você tiver outras opções não será muito provável que você pressione Pam. Você não vai se sentir tão inseguro. Vários pontos de sustentação criam uma estabilidade maior, como no provérbio do "banquinho de três pernas". Algumas das suas opções podem lhe proporcionar sexo, e dessa forma você não vai precisar pressionar Pam para ter isso. Outras opções podem lhe proporcionar comunicação, para que você não precise falar sobre tudo com Pam, que pouco tempo para passar com você. Uma outra pessoa pode acabar tornando-se a conexão de alma gêmea que você pensava que conseguiria com Pam. É bom saber que, se não der certo com ela, você vai ter algo em que se apoiar. Se não funcionar, você não vai cair de um penhasco de 60 metros e morrer. Você vai aterrissar numa rede de segurança feita de amigos, parceiros e de outras possibilidades. E saber que essa rede existe permitirá que você fique ainda mais perto da beira do penhasco. E é só ficando na beira dele que você será capaz de alcançar Pam. Isso porque ela também está em seu próprio penhasco e não quer chegar muito perto da beirada.

Desse modo, você precisa lutar para chegar até a beirada, inclinar-se sobre o abismo, estender sua mão e mantê-la estendida por anos enquanto ela decide se será seguro agarrá-la. Suas distrações são como cordas que o mantêm preso a um lugar não tão arriscado.

Mas o que Pam diria se soubesse que você faz sexo com Dana regularmente? Ou que você freqüentemente sai para jantar com Ana? O que o resto da sociedade diria? Provavelmente Pam e a sociedade diriam que você na verdade não se importa tanto quanto você diz se importar.

Mas elas estariam erradas. Dana é uma tapa-buraco até que Pam esteja pronta sexualmente. Ana é a segurança no caso de Pam fugir. Você pode esperar um longo tempo (17 anos?) por Pam se tiver uma rede de segurança. Se você não se concentrar muito nela, não vai exigir muito dela. Se você não fizer exigências, ela pode relaxar e aproveitar sua companhia.

A seguir temos algumas histórias para ilustrar a eficácia que as distrações têm.

A história de Vitor e Melanie

Vitor era amigo de Steve (Capítulo 6) e estava procurando por um relacionamento de alma gêmea; sua pretendente número um era Maria. Mas Maria era imatura e não estava pronta para um relacionamento amoroso de qualidade; Vitor e ela haviam acabado de terminar.

Um dia Steve disse a Vitor:

– Rachel tem uma amiga que ela acha que você vai gostar.

Vitor respondeu:

– Eu estou mesmo precisando me distrair um pouco.

Então Melanie foi à casa de Vitor. Ela era loira, meiga e delicada. Seu sorriso era lindo; Vitor estava apaixonado. Seus sentimentos por Melanie eram 270, ou um ⚅. Mas como Melanie era uma profissional, Vitor provavelmente era o vigésimo quinto em sua lista.

Mas não importava. Fazer amor com Melanie era maravilhoso. Ela se rendia e era tão tolerante que ele podia sentir-se profundamente dentro dela; faziam sexo por muito tempo, até que ele não pudesse mais agüentar. Melanie começou como uma distração. E sexo é uma grande distração. Mas o relacionamento deles logo se tornou mais do que sexo. Havia química e ela também gostava; além de sexo, esse relacionamento tornou-se uma amizade.

Perto do Natal, ela foi até a casa dele e eles decoraram a árvore de Natal juntos. "Eu adoro decorar árvores de Natal", ela disse. Devia ser verdade, porque ela poderia muito bem ter ficado em casa se preparando para a "viagem de negócios" que teria no dia seguinte às cinco da manhã.

Então eles se deitaram, fizeram amor e ficaram abraçados, deitados um ao lado do outro.

Melanie pediu:

– Me lambe, querido.

E ele obedeceu, levemente por um tempo, no lugar certo, depois com mais força. Ela disse para ele como se sentia e ele podia sentir o corpo dela se movendo e sua respiração ficando mais acelerada, até que ela atingiu o orgasmo em sua boca. Ele a penetrou; estava tão bom e ela sussurrou:

– Faça amor comigo.

Ele disse:

– Sou doido por você!

Conforme eles se moviam, a excitação era enorme. Ele podia senti-la se soltando cada vez mais. Então ela diminuiu o ritmo e eles pararam.

Era tão gostoso ficarem abraçados conversando. Ele disse a ela que sentia que seria melhor não pressionar – a pressão só pioraria as coisas. Ela disse:

–Você poderia gozar duas vezes na próxima vez!

Eles discutiram que não entendiam a encanação das pessoas em relação à masturbação, especialmente a das pessoas casadas. Nenhum deles podia entender como um casal poderia eliminar uma fonte possível de prazer por causa de um padrão moral antiquado. Falaram sobre alguns clientes que ela teve que eram casados. Pela sua experiência, ela podia ver que havia falta de comunicação em muitos casamentos. E ali estavam ela e Vitor, abraçando-se e comunicando-se. Estava bom. Quase melhor que um orgasmo! Olho no olho. Pele na pele. Risada e risada. Ela era uma mulher com muita experiência com homens. Ele era um homem com muita experiência com mulheres. Ambos acreditavam no amor. Eles sabiam que o sexo era proximidade emocional. Ele disse a ela que ficarem abraçados conversando valia quase o mesmo que o orgasmo. Ela disse:

– Eu gosto disso também.

Ele ficou apaixonado por ela alguns dias, mesmo que estivesse sofrendo pelo desmanche temporário com Maria.

Um dia Melanie disse a ele que estava "saindo do negócio". Ele não achou que isso iria afetá-lo de verdade, porque eles já eram amigos. A posição em que Melanie estava não se alterou; não passou a ocupar uma posição de pretendente número dois em vez da posição de distração. Mas Melanie não estava pronta para um relacionamento amoroso de qualidade. Ela ainda não tinha maturidade para isso da mesma forma que sua amiga Rachel. Um dia ela seria sem dúvida uma parceira maravilhosa, mas não para Vitor. Contudo, o relacionamento foi fantástico enquanto durou, e foi uma grande distração para Vitor.

Eu avaliaria o relacionamento de Vitor e Melanie da seguinte forma:

Vitor Melanie

A química de Vitor por Melanie era muito alta.
A química de Melanie por Vitor era alta.
A maturidade de Vitor era alta.
A maturidade de Melanie era média.

Vitor passou muito tempo pensando em Maria durante esse período? Claro que sim. Mas ele ficou chateado com isso? Não. Ele tentou pressioná-la? Não. Ele sobreviveu ao fim do relacionamento e ao recomeço? Sim, e Melanie foi uma ótima distração.

A história de Fred e Margie

Margie tinha esperanças de viver um relacionamento com Adam como almas gêmeas, mas ele não podia se comprometer. Conforme o tempo foi passando, o relacionamento estagnou.

Margie foi com uma amiga a uma festa. Ela precisava se distrair.

Nessa festa, Margie conheceu Fred. Fred estava separado de sua esposa; estava passando pelo processo de divórcio. Fred e Margie namoraram por quatro meses, quando então Margie descobriu que Fred ainda morava com a esposa! Margie soube que nunca deveria se casar com Fred, porque ele havia mentido para ela.

Mas ela precisava se distrair, e ele precisava da química, do companheirismo e do sexo. Fred prometeu mudar-se da casa da esposa, e realmente se mudou. Margie estava solitária e precisava de alguma segurança. Então ela e sua filha foram morar com Fred. Ele sugeriu que esse convívio servisse como experiência por um ano, e o momento era certo para Margie.

Fred estava em processo de divórcio, que é um período naturalmente instável. Ele bebia muito, o que parece ser divertido em uma festa, mas não é tão divertido assim em casa. O pai de Margie era alcoólatra, logo, ela não gostava desse hábito de Fred.

E ela não confiava nele. Afinal, ele havia mentido ao dizer que estava separado. Como ele havia sido infiel com a primeira e com a segunda esposa, então por que também não seria com Margie? Ela achava que a situação era instável, e também não estava muito apaixonada por ele. Era um "disfarce", uma "distração".

Ele queria casar-se com ela, mas não se dava muito bem com a enteada. Margie não conseguia imaginar-se morando mais dez anos (até que sua filha completasse 18) com duas pessoas que faziam infelizes uma à outra.

Fred disse que se Margie não se casasse com ele, ele se mudaria e iria viver sozinho. Foi a gota d´água para Margie, que se mudou da casa dele. Fred tentou desculpar-se, alegando que não queria dizer aquilo de verdade. Mas era hora de Margie seguir em frente. Sua necessidade de distração havia passado.

Minha avaliação é:

A química de Fred por Margie era muito alta.
A química de Margie por Fred era média.
A maturidade de Fred era média.
A maturidade de Margie era alta.

Isso não foi nem um "relacionamento amoroso de qualidade" nem um "diamante bruto". Mas o relacionamento de Margie com Adam não estava progredindo, e o relacionamento com Fred serviu como uma boa distração.

FONTES DE DISTRAÇÕES

Onde você pode encontrar uma distração quando precisar? As fontes são muitas e você já conhece a maioria delas. Mas é bom repetir as coisas de vez em quando, e talvez eu acabe mencionando algo no qual você ainda não tenha pensado. Trabalho, igreja, organizações sociais, amigos de amigos e bares são lugares óbvios para começar. Anúncios em jornal e serviços de encontro podem ser muito produtivos, especialmente se você os vir como uma distração e não como fontes de relacionamento garantido e eterno (embora isso possa acontecer). Cursos para adultos sobre qualquer tema podem ser divertidos, e quem sabe o que mais? Uma viagem para um lugar exótico pode afastar sua mente do presente. Voar, esquiar, mergulhar, dançar e uma série de outras atividades são distrações e fontes de possíveis amigos ou pretendentes. Essas fontes de distrações são, na verdade, as mesmas que podem ser usadas na busca por um parceiro amoroso de qualidade. A diferença é que uma "distração" refere-se a uma atividade que acontece quando você já possui um diamante bruto em vista, mas ainda é muito cedo para tomar qualquer decisão definitiva.

RESUMO

Acredito que tanto indivíduos como a sociedade precisam reconhecer o valor e a importância das distrações. Distrair-se é necessário para o sucesso numa busca de longo prazo por um relacionamento amoroso de qualidade, porque ajuda a estabilizar suas emoções. Pode salvá-lo se você cair, permite que você aproveite a busca, e mantém sua mente longe dos pensamentos de fracasso. Ainda mais, qualquer distração pode repentinamente tornar-se um relacionamento amoroso de qualidade. Desfrutar das distrações não é o mesmo que usar as outras pessoas. É questão de todos se ajudarem em suas buscas, talvez encontrarem o que procuram, e serem felizes.

Portanto:

- construa uma rede de segurança forte;
- suba no fio de alta tensão – relaxe – aproveite – brinque;
- desfoque sua mente;

- use distrações para que você não coloque pressão sobre si mesmo ou sobre seu pretendente número um;
- lembre-se de que estar em segundo, terceiro ou quarto lugar é uma coisa boa (para você e para os outros).

TAREFA

Escreva em um papel o nome de todas as pessoas que estão na sua rede de segurança. Você tem uma mistura diversificada de amigos, parceiros e pretendentes, assim como família e trabalho? Você tem o bastante de cada categoria para ter certeza de que a rede vai agüentar se algo acontecer de errado com um deles?

O próximo capítulo contém mais dicas para a construção de uma rede de comunicações de valor.

8

Segredo

Procure por um arco-íris de valores

amizades com algo a mais

Eu sobrevivo com uma ajudazinha dos meus amigos [...].

Da música *With a little help from my friends,*
John Lennon e Paul McCartney

Vamos recapitular o que aprendemos até aqui. Encontrar um relacionamento amoroso de qualidade quer dizer encontrar alguém com alta química e alta maturidade. Isso não é fácil, porque as probabilidades estão contra você. Para contrariar as probabilidades, é preciso beijar muitos sapos. E é preciso ficar de olho caso apareça um diamante bruto. Fazer tudo isso vai levar muito tempo, e nesse meio tempo você vai precisar de comida e água (satisfação emocional e sexo). E você também vai estar sobre um galho bem fino, e precisará de uma rede de segurança (distrações). Se você for paciente e persistente poderá encontrar um relacionamento amoroso de qualidade. Se você não for paciente, não for muito persistente, não tiver sorte, se seus padrões forem muito altos ou se você não estiver disposto a assumir esse compromisso, talvez você não encontre seu parceiro ideal.

Vamos levar em conta a minha declaração de que "talvez" você não encontre seu amor de qualidade. Se você pensar na busca por um relacionamento amoroso de qualidade como um jogo de tudo ou nada, então é verdade que "talvez" você não o encontre. Mas lembre-se do aviso da deusa do amor:

O amor não é um jogo.

A busca por um relacionamento amoroso de qualidade *não é* "tudo ou nada". A noção de perder/ganhar é antiética ao amor. Este capítulo fala sobre expandir a definição da busca.

Para começar, a "reciprocidade" deve estar no centro dessa busca. Tudo que mencionei envolve reciprocidade. O conceito de um relacionamento amoroso de qualidade é por definição algo recíproco. Sexo é recíproco. Apoio emocional é recíproco. Rede de comunicações é recíproca.

Ao mesmo tempo que todos os relacionamentos devem se basear em reciprocidade, cada pessoa é única. Fica evidente, depois de beijar muitos sapos, que existe uma vasta diversidade de personalidades individuais, cada uma com qualidades únicas. De fato, quanto mais pessoas você conhecer, maior será sua consciência da singularidade individual.

Você pode começar a procurar um relacionamento amoroso de qualidade seguindo um conceito de "amor verdadeiro ou fracasso", preto-e-branco. Mas então, por necessidade, você vai ampliar o conceito para incluir "tons de cinza", conforme for vendo o valor do apoio dos seus amigos, da satisfação sexual e da sua rede de segurança. Mas nem o "preto-e-branco" ou os "tons de cinza" chegam perto do "arco-íris de cores" que começa a surgir com o tempo. Esse "arco-íris de cores" tem todos os tons e graus imagináveis de cada cor existente. E as oportunidades que existem para expandir a abundância e a riqueza de sua vida ao compartilhar dessas cores são realmente ilimitadas. Você só precisa sair por aí estando ciente disso e aberto a novas possibilidades.

O problema é que freqüentemente ficamos tão concentrados em um objetivo (alma gêmea, sexo, trabalho etc.) que somos incapazes de ver e apreciar algo que possa estar bem na nossa frente. Ou podemos estar tão tomados pela culpa ("eu não acho que poderia me casar com ele um dia, então é melhor que eu sair com ele"), medo ("ela é areia demais para o meu caminhãozinho") ou pressão social ("ele é muito velho para mim") que falhamos em reconhecer aqueles aspectos de um relacionamento potencial que poderiam ter muito valor. Muitas vezes, se estivermos abertos a isso, encontraremos algo além do que estamos procurando, e isso acaba tendo valor.

Aqui está uma pequena lista de "valores" possíveis que podem ser encontrados na busca por um relacionamento amoroso de qualidade. Essa é a lista de valores que são importantes para mim. Mas para você esta lista poderia ser completamente diferente, dependendo de seus interesses.

VALORES POSSÍVEIS

Amizade

Encontrar alguém de quem você goste, que você respeite, que goste de você, que lhe apóie e goste de fazer coisas com você são valores que estão no topo da minha lista. Um amigo assim não precisa ter química ou maturidade muito altas, mas precisa haver um nível moderado de cada uma dessas coisas o suficiente para que seja possível apreciar a companhia um do outro. Um elemento importante da amizade é que ela permite a liberdade da outra pessoa enquanto se passa tempo junto. Vou fazer uma citação do livro de Thomas Moore, *O que são almas gêmeas?*:

> *A amizade acarreta uma mistura paradoxal de intimidade e individualidade. Amigos, diferentemente de familiares, não têm nenhum direito sobre como o outro vive. Gozam de um elemento de distância a esse respeito que sustenta a individualidade ne-*

cessária e, dada essa distância, os amigos podem escolher estar próximos uns dos outros. Com familiares e em outros relacionamentos estruturados, poderíamos nutrir uma amizade profunda facilitando questões de poder inerentes a essas estruturas e dando mais atenção às formas de amizade livremente escolhidas.

Química

Como foi discutido profundamente nos Capítulos 1 e 5, uma química alta é uma jóia rara. Pode ou não vir acompanhada de maturidade emocional e pode ou não ser correspondida. Ainda assim, há um valor. Se for alta, recíproca e acompanhada de maturidade de nível elevado, você encontrou sua alma gêmea! Tenha grande estima por ela. Se a química for reciprocamente alta, mas a maturidade for média, você encontrou um "diamante bruto". Se puder, tenha grande estima por ele também. Se a química for alta para você, mas apenas média para a outra pessoa, é muito provável que você se sinta frustrado e/ou rejeitado. Esse é realmente um sintoma de insegurança e imaturidade. Supere-o se for possível. Se você for capaz de se prender a esse relacionamento, ele poderá trazer vários benefícios: (1) pode ajudá-lo a se lembrar como é a verdadeira química. Algumas pessoas nunca sentiram uma química verdadeira, e, mesmo para aqueles que sentiram, sua raridade dificulta a apreensão na memória de como ela é. Então o relacionamento que o lembra daquela sensação proporciona um modelo para sua busca; (2) para praticar, mantenha o relacionamento sem tentar transformá-lo em algo que ele não é; (3) para manter o relacionamento é preciso que haja "algo de valor" para a outra pessoa. Para praticar, identifique o que é isso, e então determine se o valor para você vale o preço a se pagar, e se o valor para a outra pessoa também vale o preço a se pagar; se valer, vocês encontrarão um equilíbrio saudável e reciprocamente recompensador.

A química presente em um só dos lados será boa se for reconhecida e aceita pelo que é.

Professor (Maturidade)

Encontrar alguém com maturidade muito alta (possivelmente mais alta que a sua) é de grande valor, mesmo que não haja química alta. Você pode aprender com essa pessoa. Ela pode lhe dar um apoio real, e não apenas regras sociais e chavões. É possível que você precise resistir ao seu sentimento de inferioridade. É natural procurarmos pela companhia daqueles que são mais ou menos parecidos conosco. Mas isso não ajuda muito na melhora das nossas capacidades. Um bom professor acelera o aprendizado. Se você tiver esse professor disponível em sua família ou círculo de amigos, considere-se uma pessoa de sorte e faça o possível para cultivar e aprender com esse relacionamento.

Se você não tiver esse professor entre seus familiares e amigos, é aconselhável que você procure um psicólogo, psiquiatra, conselheiro, assistente social ou outras pessoas com quem você possa fazer um intercâmbio de valores e ter acesso a seus conselhos. Isso não é confessar o fracasso; é algo inteligente a se fazer. Você nunca sonharia em ir pilotar um avião sozinho sem antes contratar um instrutor. Por que você iria pensar na hipótese de andar sobre o fio de alta tensão do amor sem um instrutor?

Aluno (Aprendizado)

Não importa qual seja seu nível de maturidade: ele será mais alto que alguns e mais baixo que outros. Encontre um professor entre aqueles que estão acima de você. E se for alguém cujo nível de maturidade ainda não alcançou o seu, mas que gostaria de ser seu "aluno", pense seriamente no valor de um relacionamento assim. Isso não terá valor somente para o aluno, mas para você também. "O professor aprende com o aluno." Ao se esforçar para ser o melhor professor possível, você expandirá o seu conhecimento e a sua compreensão.

Parceiro de Atividades

Para alguns, ter um parceiro de dança é importante. Para outros, o importante pode ser ter um parceiro para jogar golfe, para colecionar selos ou qualquer outra coisa. Poderia ser um amigo ou você poderia pagar pelo serviço de um profissional. Existe um bilhão de atividades diferentes e combinações de "cores" que podem ser benéficos para você e para a outra pessoa, se você estiver atento às suas possibilidades. E não é preciso ser uma troca direta, entre "parceiro de dança e parceiro de dança". Talvez a troca possa ser entre "parceiro de dança e parceiro de natação" ou entre "instrutor de mergulho e guia de maturidade" ou "parceiro de corrida e conexão química". As possibilidades são infinitas. O *valor* é o que importa.

Sexo

É precisar de água no deserto. É preciso haver sexo durante a busca por uma alma gêmea. Uma quantidade moderada de química e maturidade recíprocas torna o sexo ainda melhor. Se você puder, fique longe da "água contaminada" (parceiros imaturos). E por favor, faça sexo seguro (ver Apêndice 4).

Como discutido no Capítulo 6, essa satisfação sexual poderia vir de um amigo ou de um profissional. Em ambos os casos, é algo benéfico. Qualquer que seja a combinação, cultive-a.

E tenha em mente que, assim como com amigos e parceiros de atividade, pode haver um arco-íris de valores sexuais. Dentre os amigos, você pode ter um para o futebol, outro para fazer compras, outro para conversar. A mesma coisa acontece com o sexo. Considere valores como compreensão, toque, sexo anal etc. Você não precisa beber só água pura no deserto. Se estiver disponível, beba também limonada, água de coco e café!

Apoio Emocional

Assim como o sexo é a "água", o apoio emocional é a "comida" necessária durante a longa busca por um relacionamento amoroso de qualidade. No Capítulo 6, essa era a segunda opção para superar a repressão: "estabelecer amizades emocionalmente satisfatórias". O apoio emocional é aquela combinação única de amizade, química e maturidade, na qual você se sente profundamente amado pela pessoa que você é, especialmente quando o carinho vem de uma pessoa do sexo oposto.

Inteligência

Todas essas cores poder ser sobrepostas, é claro. Pode-se encontrar inteligência entre amigos, parceiros sexuais ou com seu professor ou guia para a maturidade. Mas sinto que a inteligência merece sua própria categoria. Talvez você encontre alguém que saiba muita coisa sobre computadores quando coincidentemente você estiver interessado em computadores. Ou talvez você esteja tentando aprender uma língua estrangeira e encontra alguém que já é fluente nela. Ou talvez vocês dois gostem de discutir sobre economia e política. Qualquer que seja a "conexão de inteligência", dê valor a ela e a mantenha se for reciprocamente benéfica.

Com Jeito para Crianças

Especialmente se você tiver filhos, encontrar um amigo que goste de crianças e que tenha jeito com elas poderia ser muito bom.

Dividir a Casa

Se você for solteiro, pode ser bom ter alguém com quem morar. Talvez não o tempo todo, mas algumas vezes. Essas pessoas podem proporcionar companheirismo e divisão de despesas. Elas podem servir como uma "distração". Quem sabe também possa haver outras coisas boas. Eu já morei com algumas pessoas durante minha vida de solteiro. A maioria dessas pessoas eram mulheres, e isso me ajudou a entender os pontos de vista geralmente estranhos do sexo feminino. Descobri que a combinação homem/mulher na divisão de um lar tem muito valor, pois proporciona apoio e oportunidades para compartilhar. Tende a haver um "equilíbrio" muito importante. Ao contrário do que as pessoas pensavam, nunca fiz sexo com nenhuma das companheiras com quem dividi a casa, embora tenha me lembrado de uma com quem gostaria muito de ter feito!

Amigos do Trabalho

Se você conhecer alguém que possa contribuir para o seu conhecimento ou performance no trabalho, quer você o tenha conhecido no trabalho, numa conferência ou no meio de sua busca, perceba o valor disso. Talvez seja em marketing, contabilidade, produção ou em qualquer uma das milhares de áreas de interesse do seu trabalho; seu arco-íris poderá se tornar ainda mais vivo se você valorizar tais relacionamentos.

A lista poderia prosseguir; sugeri apenas algumas situações. Mais uma vez, a quantidade de valores é tão variada quanto o arco-íris. A busca por um relacionamento amoroso de qualidade *não* é um negócio preto-e-branco!

Tenha em mente algumas outras dimensões para esses valores. Alguns podem ser a longo prazo, outros a curto prazo e alguns em um meio-termo. Muitas vezes, no começo, você não saberá quanto tempo o valor vai durar. Algumas vezes, "o valor do valor" muda com o tempo. Outras vezes, você não terá recursos de tempo, energia ou dinheiro suficientes para manter todos os valores que encontrar nesta vida. Portanto, alguns deles serão substituídos por valores novos. E a lição foi aprendida de um certo relacionamento e o "valor" cumpriu seu papel. O valor acaba sendo permanente. A aceitação da mudança dessas cores é importante para que se possa aproveitar o arco-íris.

Lembre-se também do princípio da reciprocidade. Só porque algo tem valor para você não significa que seja recíproco. Você gostaria que ela fosse sua parceira de dança, mas ela já tem um parceiro. Você oferece a ela maturidade em troca da dança, mas ela não vê valor algum na maturidade. Você se oferece para pagar pelo tempo que passa com ela, mas ela não concorda. Se você não conseguir encontrar valores mútuos, então desista. Tem de ser mútuo. Mas tudo bem ser criativo!

E... Não desista de um relacionamento sem antes considerar seus valores. Não desista só porque ele não é sua alma gêmea ou porque ela não faz sexo ou por todas as muitas outras razões que apareceram. Pense se existe um valor de longo ou curto prazo em praticar natação, aprender uma língua, ganhar dinheiro ou o que for. Mas se você não conseguir achar um lugar de reciprocidade razoável, então o melhor é desistir. Ou se o valor anterior mudar, e não houver mais reciprocidade, desista. Mas mantenha seu arco-íris vivo cultivando o valor.

Concentre-se especialmente nas condições necessárias daquele valor que é importante para você. Se um parceiro de dança é importante, encontre uma maneira de encontrar essa pessoa. Se ter um parceiro de dança não for importante mas um parceiro de mergulho sim, encontre uma maneira de preencher isso.

Em qualquer relacionamento, mesmo que os dois tenham acabado de se conhecer, quase sempre há algo de valor. O desafio é determinar qual é o ideal dele, se há um valor para a outra pessoa e o que é esse valor, e depois determinar se a reciprocidade e os valores são altos o bastante e suficientemente equilibrados para justificar o tempo gasto, a energia e os recursos. Se tudo isso for positivo, continue trabalhando nisso. Caso contrário, desista.

Cuidado com a noção popular de que interesses comuns são a base natural para relacionamentos amorosos de sucesso. Vi esse conceito falhar muitas vezes.

Como acabo de descrever, interesses comuns são bons e devem ser estimados. Também podem ser um veículo para aproximar pessoas, e podem proporcionar algo em que se segurar nas fases iniciais do relacionamento.

Mas o fundamental, como já foi dito muitas vezes, é a química e a maturidade. Nenhum interesse comum vai conseguir criar química se ela já não existir mais. E interesses comuns nada podem contra a imaturidade.

Na verdade, o oposto também é verdadeiro. Química e maturidade podem fazer alguma coisa contra a falta de interesses comuns. Se a química e a maturidade existirem, os interesses comuns podem ser cultivados; e o casal que já tiver as duas coisas terá prazer em cultivá-los. Se a química e a maturidade existirem, os interesses diversificados podem não apenas ser tolerados como também desfrutados como uma dimensão adicional de seu relacionamento. Mas lembre-se: química e maturidade podem criar interesses comuns. Interesses comuns não conseguem criar química ou maturidade.

Alguns leitores dirão que se existem "bilhões de cores" no arco-íris de valores, então meu uso dos Dados do Amor como uma analogia é uma simplificação grosseira. Essa seria uma interpretação ruim da minha mensagem. Os Dados do Amor relacionam-se à química e à maturidade, os dois ingredientes essenciais em um relacionamento de almas gêmeas. Não foram feitos para se referir a um arco-íris de valores, que pode incluir interesses comuns, relacionamentos de trabalho e muitas outras coisas. Certamente, a escala de seis pontos dos Dados é uma grande simplificação; para mais gradações novamente me refiro às escalas de 300 pontos criadas pelo dr. Bessell e discutidas nos Capítulos 1 e 2. Acredito que uma escala de seis pontos, ainda que seja uma grande simplificação, será mais divertida e mais fácil de trabalhar na descrição de conceitos gerais. Sendo assim, mesmo com os Dados, existem 1.296 combinações diferentes!

Também é importante lembrar que um relacionamento ⚅ ⚅ não vai ser idêntico a um outro relacionamento ⚅ ⚅. Cada relacionamento tem sua "sensação" química única, bem como seus "valores".

A seguir temos uma história sobre o valor da amizade.

A história de Chad e Katie

Situei "amizade" no topo da minha lista de valores. Não está lá por acidente. A amizade verdadeira é uma das poucas coisas que pode durar para sempre. E dependendo da natureza dos indivíduos, pode proporcionar uma rede de segurança, um parceiro de atividade, sexo, distração e inúmeros outros valores.

Chad conheceu Katie em um clube de alto nível. A música ao vivo para dançar durante um *happy-hour* na quinta, sexta e sábado à noite e o bom clima do lugar eram uma combinação insuperável. Era possível relaxar, beber, conversar, dançar, conhecer pessoas e estar em casa (para dormir ou para transar) por volta das 10 horas da noite!

Chad viu uma moça atraente dançando com um jovem. Obviamente, ela estava se divertindo. E Chad desejou ser o homem que estava dançando com ela...

Conforme ele dançava com outras garotas, Chad notou que ela não estava sempre dançando com o mesmo parceiro. Isso significava que ou ela estava ali com um grupo de amigos, ou estava sozinha. O tempo de espera para que ela se sentasse aguardando o convite para uma dança parecia interminável. Mas o momento finalmente chegou, e Chad a convidou para dançar. Mais tarde, ela concordou em trocar cartões de visita, e na semana seguinte aceitou o convite para um jantar. Talvez essa fosse sua alma gêmea!

Durante o jantar, ele soube que ela era divorciada e tinha dois filhos. Ela descobriu que ele era divorciado e tinha um filho. Ela disse não estar interessada em casamento. Ele estava, mas também estava interessado nela.

No segundo encontro,eles foram ao cinema e voltaram para a casa dela para tomar uma bebida. Era óbvio que eles queriam fazer amor. Ele nem acreditava enquanto a despia. Era o que ele sempre quis!

Na verdade, a noite não foi muito boa na primeira vez; nem na segunda. Mas conforme aprendiam a se conhecer, a relação melhorava. A comunicação aberta e honesta que estavam desenvolvendo tornou tudo ainda melhor. Estava claro que ela adorava sexo tanto quanto dançar, e talvez no mesmo grau que ele gostava de sexo!

Depois de dois meses eles foram fazer uma caminhada no parque. Era uma noite romântica e ele estava gostando da companhia dela. Ela disse que queria que soubesse que havia conhecido alguém por quem estava muito atraída e que gostaria de conhecer melhor. Ela não queria magoar Chad e esperava que eles pudessem ser amigos.

Apesar das desculpas bem-intencionadas, Chad ficou magoado. Mas nem tanto quanto ele imaginava que ficaria. Ele estava lentamente aprendendo o que ela já sabia – na verdade não havia uma química forte entre eles.

Chad a surpreendeu ao continuar sendo seu amigo. Geralmente o final do relacionamento sexual é o final do relacionamento. E ela o surpreendeu por manter sua afeição. "Amigos com algo a mais!" Embora ela tivesse um novo namorado, ela se deitava na cama com Chad e ficavam abraçados conversando. Se não havia mais nada entre eles, essa era uma maneira de diminuir o que havia sido um relacionamento sexual. O costume de fazer um "corte total" é realmente desumano. Começos e fins graduais funcionam bem melhor psicologicamente.

Chad viu Katie durante todos os altos e baixos de seu novo relacionamento. Katie viu Chad sofrendo por beijar muitos sapos. Katie foi morar com seu novo parceiro. Chad ainda estava solteiro, ainda à procura, e sentia ciúme por ela fazer sexo todas as noites, e ele apenas uma vez por mês.

Foi mais difícil para Chad ver sua amiga Katie quando ela estava morando com outra pessoa. Ele não podia ligar para a casa dela. Ela tinha que ligar para ele. Eles não podiam sair à noite. Dança, cinema, abraços, sexo, tudo isso estava fora de questão. O amor pode se tornar uma prisão. Mas eles ainda se falavam de vez em quando. E conforme o relacionamento entre Kate e seu namorado começou a cansar, as brigas começaram a piorar e o sexo tornou-se menos freqüente. Chad começara a acreditar que seus encontros sexuais com profissionais uma vez por mês, sem compromisso e problemas eram uma coisa boa afinal de contas...

Quando o relacionamento de Katie acabou, Chad mais uma vez pôde passar mais tempo com ela, como amigos. Ele a apoiou enquanto ela lidava com o fim do romance. Ela o apoiou em sua busca por uma alma gêmea.

Chad mudou-se para longe. Katie conheceu Ron e seis meses depois disse que iria se casar. Chad ficou feliz por ela, embora tivesse ficado um pouco triste com o fato de o ciúme sempre se instalar entre amigos. E novamente ele ficou deprimido, porque ela estava fazendo bastante sexo e ele não.

Um mês após o casamento ela disse:

– Estou casada, mas não estou feliz. Ele não deixa que eu arrume a casa do jeito que quero e me trata como um estorvo, e não como uma esposa.

Então Chad voltou a apoiá-la e estava feliz por serem solteiros, mesmo que tivessem sede. E ela dizia a ele:

– Nunca se case.

A opinião dela mudou de "não estou interessada em casamento" para "casamento é minha meta", depois para "estou casada" e finalmente para "nunca se case".

Aparentemente, ele não tinha chegado a lugar algum (se casamento fosse a meta). Mas ele encontrou uma série de relacionamentos de valor e cresceu durante o processo. Katie ainda é uma âncora em sua rede de segurança, e ele também é uma âncora para ela.

William Blake disse: "*O antagonismo é a verdadeira amizade*". Se esse foi o caso, Katie e Chad eram amigos de verdade. Ela escutava suas idéias, quase sempre não concordava com elas, mas ria e dava sua opinião. Nem ela nem ele se sentiam ameaçados por pontos de vista diferentes. Conforme sua vida periodicamente ia desmoronando, ela tentava entender o por quê. Conforme sua busca continuava, Chad tentava entender por que levava tanto tempo. Eles nem sempre se viam, mas sempre foram uma força estável na vida um do outro.

Eu avaliaria o relacionamento de Chad e Katie da seguinte forma:

No início

A química de Chad por Katie era média.
A química de Katie por Chad era média.
A maturidade de Chad era média.
A maturidade de Katie era média.

Agora

A química de Chad por Katie continuou média.
A química de Katie por Chad continuou média.
A maturidade de Chad passou a ser muito alta.
A maturidade de Katie passou a ser muito alta.

Essa avaliação novamente destaca vários segredos essenciais dos Dados do Amor:

1. a química nunca muda;
2. a maturidade pode aumentar;
3. ter bons amigos é algo de muito valor.

Ter "bons" amigos é algo de valor não só para serem parceiros de atividade e rede de segurança, mas também para ajudá-lo a crescer como pessoa.

AMIGOS PERFEITOS

 Essa combinação em torno de química e maturidade médias é o que chamo de combinação "amigos perfeitos". A química é alta o bastante para gostar e admirar a outra pessoa, mas não alta o bastante para o amor romântico. Como a química é igual, existe um equilíbrio. Se fosse um relacionamento , então haveria um grau de desequilíbrio; um parceiro poderia sempre estar esperando mais, a maturidade poderia não ser o suficiente para estabilizar o desequilíbrio e a amizade poderia acabar.

Mas um  não tem esse desequilíbrio; portanto, embora a maturidade não seja alta no início, os amigos podem continuar sendo amigos "nas horas boas e ruins" e ajudarem-se a crescer mutuamente.

É por isso que chamo o modelo  de "amigos perfeitos" e considero-o como um modelo muito importante, raro e especial. E com o tempo, "amigos perfeitos" podem se tornar "amigos ainda melhores" (), como mostrado pela história de Chad e Katie.

Talvez enquanto discutimos o modelo de "amigos perfeitos" possa ser interessante revisar alguns dos modelos mais importantes dos Dados do Amor sobre os quais já falamos, e que antes eram mantidos em segredo:

 **Almas Gêmeas**

 **Bom Relacionamento Amoroso**

 **Amigos Perfeitos**

 **Diamante Bruto**

Chad aprendeu com Katie e vice-versa. Ela valorizou o apoio que ele lhe deu ao longo dos anos, assim como ele valorizou o apoio recebido dela. Cada um sabia que o outro estaria ali como parte de sua rede de segurança. O relacionamento resistiu ao teste do tempo. Esse exemplo mostra que os amigos podem ajudar em vários aspectos – dando compreensão e apoio, sendo parceiros em uma atividade, no sexo, semi-sexo ou de proximidade emocional, além de poder ser um catalisador de crescimento.

UM NOVO MODELO PARA O NAMORO

O pássaro, um ninho; a aranha, uma teia; o homem, amizade.

William Blake

Gostaria de sintetizar o que foi discutido nos dois últimos capítulos como um novo modelo para o namoro. Talvez não seja tão novo assim, mas é pouco utilizado.

Chamo meu modelo de namoro de "rede de valor". Prevejo que haverá uma civilização no futuro que usará essa abordagem como padrão para a busca por um relacionamento amoroso de qualidade. A diferença entre o futuro e o presente é a maneira e a atitude da busca. No futuro, as pessoas saberão o que estão procurando (química e maturidade recíprocas) e como procurar (rede de valor). Elas não ficarão presas aos rituais de namoro antigos (relacionamentos em seqüência nos quais não se entende de química e maturidade).

Suponho que poderia chamar isso de modelo de namoro da "amizade", mas na minha definição das coisas, "valor" é mais abrangente do que amizade. E "rede" traz os conceitos de rede de segurança e distrações do último capítulo.

O modelo de namoro da "rede de valor" é uma alternativa aos "relacionamentos seqüenciais monogâmicos", que são a norma no mundo atual. Na minha opinião, o modelo da rede de valor é uma alternativa mais saudável, porque reduz os altos e baixos extremos e diminui a pressão sobre as partes envolvidas. É uma alternativa mais recompensadora, baseada no crescimento e em valores. É uma alternativa mais realista, porque reconhece a dificuldade de encontrar parceiros adequados e evita as estratégias de atalhos que pulam para o "comprometimento" rapidamente, mas acabam sendo uma perda de tempo no final.

No modelo da rede de valor, todo mundo batalha por uma variedade de relacionamentos, procurando pelo valor individual em cada um deles. Talvez seja amizade, talvez seja sexo, talvez seja química ou maturidade. Dessa variedade virá a estabilidade e a conexão, e até mesmo a "interconexão".

Dessa forma, a busca por um relacionamento amoroso de qualidade torna-se uma "busca por valor".

Todos que estiverem envolvidos nesse tipo de procura encontrarão conexões satisfatórias em diversos níveis.

E em algum lugar no caminho, muitas pessoas também encontrarão conexões amorosas. Com conhecimento, e dependendo das exigências individuais e da persistência, alguns encontrarão  "bons relacionamentos amorosos", e alguns encontrarão sua  "alma gêmea".

O modelo de namoro da rede de valor pode ser difícil. Muitos não conseguirão suportar a quantidade de tempo requerida para a procura. Muitos não conseguirão aceitar a possibilidade de ter relacionamentos múltiplos. Nem todo mundo verá as coisas da mesma maneira. O ciúme quase sempre estará presente. Freqüentemente a honestidade lutará contra a insegurança.

Temos um longo caminho a percorrer antes de ficarmos completamente à vontade com esse modelo. Mas talvez possamos fazer pequenas mudanças nessa direção. É difícil mudarmos nossas atitudes. Podemos adotar o modelo da rede de valor? Quanto tempo vai levar? A habilidade para mudar de atitude depende muito do quanto nossos medos nos prendem a crenças atuais. O próximo capítulo trata do medo.

RESUMO

Encontre e mantenha relacionamentos que tenham valor mútuo, quer sejam amizade, química, sexo, quer sejam algo mais. Uma rede de relacionamentos orientados no sentido do valor pode proporcionar muitas conexões satisfatórias enquanto se busca pelo amor de qualidade.

TAREFA

Responda a dez anúncios pessoais de jornal. Ou faça um anúncio você mesmo e encontre dez correspondentes. Eu sei que já propusemos anúncios pessoais no Capítulo 3. Mas beijar sapos é algo que se deve fazer sempre. Desta vez, procure pelos valores que possam ser mútuos, mantendo a mente aberta para muitos deles, não apenas para relacionamentos amorosos. Descubra o que você pode ter de valor para a outra pessoa e veja se é recíproco. Veja se a pessoa está ciente o bastante para discutir sobre isso – muitas vezes as pessoas não estão! Lembre-se que cada contato tem algum valor. Comece identificando que valor é. Depois determine se há outros, se os valores são altos e recíprocos o bastante para garantir uma exploração contínua.

9
Segredo

Sem o medo não haveria coragem

ter medo significa que é de verdade

Eu quero abraçá-la até que o medo que tenho desapareça.

Da música *Sometimes when we touch*,
D. Hill e B. Mann

O dragão vive! O amor tem um inimigo. É o medo.

Procurar significa deparar-se com o medo.

Não procurar significa evitar o medo.

"Não tenho medo de procurar." As pessoas dizem isso, mas depois elas dizem "mas eu não gosto de bares", ou "mas no momento eu estou envolvido em um relacionamento" ou "mas eu acho que se for para ser vai acontecer".

Elas dizem que não têm medo, mas o que não têm é coragem.

Sem o medo não haveria coragem.

Se não houvesse o medo, o amor seria apenas um jogo e este livro seria inútil. Se não houvesse o medo, ninguém esconderia seus segredos dos outros, segredos esses que os Dados do Amor agora podem revelar.

Por que essas coisas foram mantidas em segredo? Por que fomos levados a acreditar que "o amor acaba", que "as pessoas nunca mudam" e que "o amor vai aumentar com o tempo", sendo que tudo isso é apenas meia-verdade?

Há algum plano sinistro para impedir que todos nós encontremos um relacionamento amoroso de qualidade?

Não. Não existe nenhum plano sinistro. Esta é a coisa mais sinistra de todas: nós nem sabemos se há um vilão a ser encontrado. Simplesmente acreditamos no que todas as pessoas acreditam – que o casamento é o objetivo e que manter relacionamentos com parceiros exclusivos é o caminho para esse objetivo.

Essas crenças estão tão arraigadas que não são nem questionadas. E isso não é totalmente ruim. Os casamentos proporcionam um pouco de segurança para as crianças e um pouco de alívio para a solidão dos adultos.

Aonde quero chegar?

O ponto principal é que podemos aumentar nossa satisfação, dar sentido à vida, e talvez até encontrar uma alma gêmea compreendermos nossos medos, os visíveis e os invisíveis. Entender nossos medos, para que possamos encontrar um caminho novo e melhor, requer coragem. Fazer isso de maneira sensata requer conhecimento.

Este livro trata de como adquirir conhecimento para melhor entender os relacionamentos amorosos de qualidade e a busca para encontrá-los. Mas adquirir conhecimento não é fácil. Especialmente quando há uma guerra em curso – nesse caso, a guerra entre desejo e medo. Apresento a seguir um trecho de *Os ensinamentos de Don Juan*, de Carlos Castañeda:

> *Um homem chega ao conhecimento da mesma maneira que chega à guerra: acordado, temeroso, respeitoso e com total confiança. Chegar ao conhecimento ou à guerra de qualquer outra maneira é um erro, e quem quer que o faça viverá para se arrepender de seus passos.*
>
> *Quando um homem começa a aprender, ele nunca tem certeza absoluta de seus objetivos. Seu propósito é falho; sua intenção é vaga. Ele espera por recompensas que jamais irão se materializar porque não sabe nada do sofrimento que o aprendizado causa.*
>
> *Ele começa a aprender devagar – parte por parte inicialmente, depois blocos por blocos. E seus pensamentos logo colidem. O que ele aprende não é nada daquilo que pensava ou imaginava, e assim ele começa a ter medo. Aprender nunca é como se espera. Cada passo do aprendizado é uma nova tarefa, e o medo que o homem está vivenciando começa a se acumular impiedosamente, inflexivelmente. Seu propósito torna-se um campo de batalha.*
>
> *E desse modo ele acabou de tropeçar em seu primeiro inimigo: medo! Um inimigo terrível – traiçoeiro e difícil de ser vencido. Permanece oculto a cada curva no caminho, rondando, esperando. E se o homem, aterrorizado por sua presença, fugir, seu inimigo terá posto um fim na sua busca.*
>
> *O que acontecerá ao homem se ele fugir com medo?*
>
> *Nada acontecerá com ele, mas ele nunca aprenderá. Nunca se tornará um homem com conhecimento. Ele será talvez um brigão ou um homem inofensivo, amedrontado; de qualquer modo será um homem derrotado. Seu primeiro inimigo terá posto um fim em seus desejos.*

E o que ele pode fazer para superar o medo?

A resposta é muito simples. Ele não deve fugir. Ele deve desafiar seu medo, e dar o próximo passo no aprendizado, e o próximo, e o próximo. Ele deve ficar completamente com medo, e ainda assim não deve parar. Essa é a regra! E chegará o momento em que seu primeiro inimigo irá se retirar. O homem começa a sentir-se seguro. Seu propósito se fortalece. Aprender não é mais uma tarefa pavorosa.

Quando esse alegre momento chegar, o homem pode dizer sem hesitação que ele derrotou seu primeiro inimigo natural.

E assim também acontece no aprendizado dos segredos dos Dados do Amor. Se você fugir amedrontado, não é muito provável que você encontre um relacionamento amoroso de qualidade.

HISTÓRIAS DE MEDO

Vamos voltar a algumas das histórias apresentadas nos capítulos anteriores e nomear alguns medos. Dar nome a eles não vai fazer com que desapareçam, mas vê-los sob um outro ponto de vista pode fazer com que seja mais fácil lidar com eles. Os segredos dos Dados do Amor ajudam a iluminar um caminho através do medo.

Mike e Lori Revistos (Capítulo 1)

Quando Mike conheceu Lori enquanto ela trabalhava no restaurante, ele ainda não imaginava que provavelmente sentia um *medo de imaturidade*. A química mágica entre os dois o cegou para o fato de que ela era um ⚁ na escala da maturidade. Certamente, é uma boa idéia temer a imaturidade. Embora muitas pessoas possam não ser capazes de definir a imaturidade com precisão, elas sabem que foram tratadas com descaso, que foram magoadas e que não querem que isso se repita. Então elas começam a temer a imaturidade e procuram ficar longe dela.

Mas na realidade as coisas não são tão preto-no-branco. Pode-se ser imaturo em vários níveis, e não somente "maduro" ou "imaturo". E a imaturidade pode possivelmente ser superada com paciência, tempo, orientação e sorte. O medo nos impede de dar apoio e orientação. Pode ser correto temer a imaturidade, mas isso não quer dizer que devemos sempre ficar longe dela. A coragem pode superar o medo.

Pior ainda é que muitas pessoas têm *medo da maturidade*! "Aceite-me como eu sou" quer dizer "tenho medo de crescer". A associação com uma pessoa mais madura irá expor a própria fraqueza. O resultado pode ser um sentimento de inferioridade. Uma pessoa mais madura não vê isso dessa forma, mas uma pessoa menos madura sim. Então elas evitam pessoas maduras por causa do *medo do sentimento de inferioridade*. Além disso, a maior flexibilidade, a disposição para experimentar e a maior experiência das pessoas maduras podem ser vistas como uma ameaça. "Eu jamais tentaria fazer *aquilo*!" (*medo de experimentação*).

O resultado é que as pessoas tendem a ficar com pessoas semelhantes, evitando as que são menos ou mais maduras que elas.

"Fique com seu semelhante" proporciona um sentimento de estabilidade e conforto, uma vez que limita o risco. Mas não é a verdadeira estabilidade. Um cata-vento pode parecer estável se o vento nunca mudar de direção. Mas, na verdade, ele não é estável de verdade. Se você puder controlar o vento, poderá manter a estabilidade do cata-vento. Por essa razão, muitas pessoas tentam controlar seu ambiente e os outros à sua volta para que nada interfira em sua própria zona de conforto. Se tiverem sucesso em tal controle, elas parecerão estáveis.

Mas a verdadeira estabilidade não requer que se controle o vento ou outras pessoas. A verdadeira estabilidade envolve abandonar o controle. A verdadeira estabilidade aceita os outros e sua habilidade de mudar. A verdadeira estabilidade permite que alguém saia de sua própria zona de conforto com calma. A verdadeira maturidade apóia os outros e proporciona orientação. Não é necessário temer a maturidade.

Maturidade é ter a coragem de superar o medo. Imaturidade é o medo sem coragem.

Rick e Jackie Revistos (Capítulo 2)

Por que Rick prendeu-se a Rudi em vez de desistir dela para ficar com Jackie, que era a pessoa com quem ele tinha mais química e mais maturidade? Porque ele tinha *medo de ser abandonado*. Ele havia sido abandonado emocionalmente por sua mãe, e então não conseguia confiar em outra mulher. O medo do abandono é a imagem espelhada do *medo do comprometimento*. É o medo de que o compromisso não seja real (e com freqüência não é). O medo de ser abandonado muitas vezes não é identificado como tal, mas é muito difundido em nossa cultura. Crianças são fisicamente abandonadas por pais que morreram ou se divorciaram. Crianças são abandonadas emocionalmente por pais que não têm maturidade para lhes dar apoio emocional, quer viva sob o mesmo teto ou não. Quando adolescentes, nosso(a) namorado(a) rompe conosco. Quando adultos, nosso cônjuge/pais/filhos morrem ou se mudam. É possível experimentar o "abandono" em todos os estágios da vida, e então passa-se a esperar que ele esteja em cada esquina. Portanto, somos cuidadosos em não investir muito porque sabemos que o resultado possível é o abandono. Mesmo casados, não investimos totalmente, porque no fundo sabemos que não é tão seguro como parece. É claro que limitar o investimento também limita os resultados potenciais. Desse modo, o medo de ser abandonado, enquanto tiver base na realidade, precisa ser reconhecido e superado gradualmente, fundado numa confiança crescente.

Durante o relacionamento com Rick, Jackie sentiu *medo de ser a segunda da lista*. Todo mundo quer ser o número um. Jackie não gostava de ser o número dois. Ela pensava, como a maioria das pessoas pensa, que se você for o número dois terá mais chances de se magoar do que se for o número um. Obviamente, as estatísticas do divórcio dizem que o número um é quem tem maior probabilidade de sair magoado! *Medo de proximidade emocional* e *medo de compromisso* são de extrema importância quando você é o número um (e são a explicação de por que tantos relacionamentos acabam). Jackie descobriu que ser o número dois pode, na verdade, ser uma posição mais segura! Mas ela ainda precisava lidar com seu *medo de perda* e com seu *medo de ficar sozinha*. No entanto, ela aprendeu que, ao eliminar suas expectativas de ascensão para o primeiro lugar e aceitar seu papel como número dois, ela poderia ter um relacionamento satisfatório (ainda que parcial) com Rick. Assim, ela descobriu que era possível ter vários relacionamentos satisfatórios (parcialmente). E vários relacionamentos parcialmente satisfatórios podem ser melhores do que um relacionamento insatisfatório. Então tudo bem em ter algumas distrações, e ser a distração de alguém. Mas você pode ter que superar seu *medo de ter distrações*.

Nilton e Sheila Revistos (Capítulo 3)

Namoradinhos desde o colegial, Nilton e Sheila uniram-se para formar a família perfeita, mas esse casamento não funcionou. Por quê? Porque algo estava faltando. Nilton pensou que fosse sexo, mas na verdade era química. Sheila pensou que fosse maturidade, e isso também era parte do problema. A falta de química teria sido um bom motivo para terminar o casamento e começar a busca por um relacionamento amoroso de qualidade. Mas em vez disso Nilton e Sheila continuaram casados. Por quê? Por causa do medo. *Medo do desconhecido. Medo da solidão. Medo de se magoar. Medo de magoar alguém. Medo da perda. Medo da insatisfação. Medo da rejeição.*

Por que eles temeriam a rejeição? Ambos eram carinhosos, honestos, inteligentes, e razoavelmente bonitos. Mas o medo de ser rejeitado é muito forte. As pessoas não gostam de se expor apenas para serem golpeadas. E se alguém estiver assistindo, pior (*medo da humilhação*). E pior ainda se você passar um tempo conhecendo uma outra pessoa para depois ser rejeitado por ela!

Mas tenha em mente que a rejeição acontece por uma de duas razões básicas: (1) a outra pessoa não sente a química que você sente; (2) a outra pessoa é muito imatura para reconhecer a química (tem muito medo). De qualquer forma, o resultado é o mesmo: "rejeição". Mas nenhuma das razões tem algo a ver com seu valor como pessoa. Sua autoestima não é determinada pelo interesse ou desinteresse de uma pessoa, mas pelo seu próprio conhecimento de que você trata as pessoas com carinho e respeito.

Mais provavelmente, 5 em 6 pessoas (probabilidade aleatória) não sentirão química por você, e 5 em 6 dessas pessoas serão imaturas. Assim, a maior probabilidade é que você seja "rejeitado". Mas se você encarar a rejeição como um resultado natural de estatísticas de probabilidade, você não vai levar para o lado pessoal.

Bruce e Karen Revistos (Capítulo 3)

Karen e Bruce estavam muito apaixonados e seu relacionamento durou 12 anos. Então por que Karen ficou casada durante 7 anos? Ela se perguntou "eu sou uma pessoa medrosa e não tenho coragem?" Não. Ela disse, "eu não quero magoar meu marido e meus filhos". E era verdade. Mas não toda a verdade.

Havia o *medo da química*. Isso é muito normal. A química é a geradora dos relacionamentos de alma gêmea. Portanto, deveríamos querê-la e não temê-la. Na verdade, nós tanto a queremos como tememos. É natural temer a química porque ela pode nos dar alegria, mas também pode causar sofrimento. Pelo que sei, mais pessoas sofreram a dor vinda da química do que experimentaram suas alegrias. Quando isso ocorre, tipicamente é causado pela imaturidade.

Já foi dito muitas vezes que "não há crescimento sem dor". Ou de maneira mais concisa: "sem dor, sem ganho". E como isso é verdade! Conhecemos os ditados populares, mas ainda assim tentamos evitar a dor (sem coragem).

É claro que também havia *medo de que a química não durasse*. Bruce também tinha esse medo, juntamente com o *medo de julgar mal essa química*. Se um deles julgou mal, então existia também o *medo de nunca encontrar a química novamente*. Ambos tinham medo de perder o que já tinham. Ela tinha medo de ficar sozinha. Ele tinha medo do desconhecido. Ela convenceu-se de que Bruce era só "sexo" e que seu marido e família eram o "amor". Assim parecia seguro.

E então, finalmente, Karen e Bruce ficaram juntos. Mas tudo desmoronou com o novo caso de Karen, provando mais uma vez que não se deve acreditar em amor ou química, ou em almas gêmeas ou nada do tipo. Certo? Já chega de experiências ruins e o "medo da perda" torna-se um modo de vida arraigado – "sem investimento, sem perda" (sem coragem).

Por que Karen estragou esse relacionamento amoroso com Bruce? Era por causa da segurança econômica que o relacionamento com Charles, o milionário, poderia oferecer? Pode parecer que sim. Ela escolheu o dinheiro em vez do amor, essa é a resposta simplista. Mas sabemos como todos anseiam por amor, então por que ela escolheria dinheiro? Porque ela tinha um *medo da vulnerabilidade* que é natural e que também pode ser expresso como *medo de proximidade emocional.* Ela temia que sua fraqueza fosse visível e não fosse aceita. Fazer amor com Bruce era o momento em que ela sentia-se melhor. Mas ela não podia confiar nisso. Medo da perda. Medo de que a química não durasse. Medo de rejeição. E...

Medo de compromisso. Enquanto Karen colocasse seus ovos em mais de um lugar, ela não poderia perder todos eles de uma vez só. Esse é um paradoxo curioso ao Capítulo 7, quando defendi as distrações, ou uma "carteira de investimentos". Mas na evolução de um relacionamento amoroso, chega uma hora em que a ligação primária é forte o bastante e já foi muito testada para saber que essa única ligação é, na verdade, mais forte do que todos os outros múltiplos pontos de apoio. Pontos múltiplos de apoio são melhores quando não são muito testados. Mas uma ligação única testada é melhor se já mostrou ser forte. No entanto, se uma pessoa não aprendeu a confiar, ela não pode assumir um compromisso. E já que muitas pessoas nunca experimentaram uma ligação tão forte em si mesmas ou a tenham visto em outras, não existe realmente nenhum exemplo ou base para a confiança. A confiança não pode basear-se em evidências superficiais. Precisa basear-se numa experiência sólida e deve ser testada para que se tenha certeza de que "esse relacionamento em particular é muito bom de verdade". Significando que (1) existe uma alta química real e recíproca; e (2) existe maturidade alta e recíproca. Com a experiência e o conhecimento certos, a "confiança" pode superar o "medo do compromisso". Mas até que um relacionamento  (ou talvez um ) seja encontrado, o "compromisso" irá com freqüência levar ao desastre (ou pelo menos à decepção), e, portanto, vai reforçar o "medo de compromisso".

Barry e Linda Revistos (Capítulo 5)

Linda nunca teve um caso com Barry, mas por que ela se prendeu ao seu casamento mesmo que seu marido fosse alcoólatra e não houvesse química entre eles? É claro que havia os "deverias" com que nossos pais e a sociedade nos massacram desde a infância – sugiro que leia *Neurose e desenvolvimento humano,* de Karen Horney para uma explicação completa da "tirania dos deverias":

Ela deveria ser uma boa esposa.

Ela deveria ser uma boa mãe.

Ela deveria manter seus votos de casamento.

Ela deveria ser capaz de lidar com isso.

Ninguém gosta de fazer a si mesmo, seus filhos ou cônjuges sofrerem. A menos que se saiba, com certeza, que será melhor do outro lado. E Linda não tinha certeza. *Medo de que a química não fosse real. Medo de que ele a julgasse mal.* E já que ninguém tem uma bola de cristal para ver o futuro, surge o *medo do desconhecido*. E é claro que se os filhos dela se machucam, ela também se machuca; e surge o *medo de magoar os outros* e o *medo de se magoar*. E se não der certo com Barry, existe o *medo da perda*. Então ela estava presa. Paralisada de medo.

Todos esses medos são reais. Nenhum deles deve ser desconsiderado. O que é necessário é conhecimento para reconhecer a química verdadeira (do tipo que não desaparece) e para reconhecer a verdadeira maturidade (do tipo que não desmorona na sua cabeça). Linda ainda tinha medo e lhe faltava conhecimento. Por isso ela reproduziu seus próprios medos em seus filhos, que por exemplo aprenderam a não arriscar, não confiar, não acreditar em amor verdadeiro, e não se esforçar para entender química e maturidade". Todas essas "crenças" são apenas reflexos dos medos da mãe (que por sua vez são reflexos dos medos da sociedade).

Barry era mais maduro que Linda, mas ele também tinha seus medos. Pelo fato de ser solteiro, ele tentava conhecer novas pessoas, mas tinha *medo de beijar sapos*. Ele sabia que para encontrar sua alma gêmea precisaria beijar muitos sapos e isso significava que ele teria de lidar com seu *medo de ser rejeitado*. Mas ele não estava preparado para o *medo da desaprovação*. Barry respeitava o fato de Linda ser casada. Mas ele tinha medo de que ninguém mais entendesse seu relacionamento com ela. A única coisa que as pessoas conheciam era a monogamia, e era provável que outras pessoas não entendessem sua amizade com Linda como uma amizade apropriada. No entanto, o amor não é um jogo. E embora a monogamia seja compatível com os relacionamentos amorosos de qualidade, uma vez que se tenha encontrado a pessoa ideal, é incompatível com a fase de "busca". Infelizmente nossa cultura não diferencia muito bem essas duas fases. Uma busca relativamente curta e limitada é esperada e tudo bem. Um longo período de monogamia, tudo bem. Divórcio (monogamia em série), tudo bem (uma ou duas vezes). Mas uma busca ampla é vista como ser um *playboy* ou "promíscuo". Essas atitudes refletem os medos que as pessoas têm individualmente e, portanto, coletivamente, como uma cultura: *medo de rejeição* (não tente ter muitos encontros). *Medo da perda* (prenda-se a uma outra pessoa). *Medo da solidão* (encontre rapidamente o que você procura). *Medo de que a química não seja real* (se ele(a) se casar comigo deve ser real). Todos esses medos acabam moldados em um sistema de valores culturais que desencorajam a "busca", encorajam o "se amarrar" e mantêm casamentos ruins em pé. "Se amarrar" é um medo baseado na cultura. Uma coragem baseada em cultura proporcionaria o sistema de apoio necessário para a busca real, por um longo período de tempo. Isso para dizer que proporcionaria apoio emocional, tornaria o sexo mais acessível, daria credibilidade às distrações e valorizaria conexões orientadas entre pessoas.

Mário e Elise Revistos (Capítulo 5)

Para ter paciência de conviver com o lento crescimento e desenvolvimento de Mário, Elisa precisou superar seu *medo de esperar*. Esperar pelo seu diamante bruto parecia ser rejeição. Parecia que ela estava sozinha. Numa situação como essa existe o medo de perder a pessoa especial (ou de perder o potencial que você acha que a relação pode ter). Esses medos são muito difíceis.

Então a paciência é uma forma de coragem, e a forma necessária para esperar durante todo esse longo tempo.

Imagine um explorador procurando diamantes. Em toda sua vida ele encontrou uma variedade de diamantes, a maioria deles pequenos. Ele encontra uma enorme rocha com uma enorme mancha brilhante do lado. Ele escava a pedra e a mancha brilhante aumenta. Ele escava um pouco mais e a mancha aumenta mais. Ele escava um pouquinho mais e percebe repentinamente que podia estar olhando para um dos maiores diamantes do mundo. Uma carga de adrenalina! É difícil conter a excitação! Ele quer saber qual é o tamanho dele de verdade. Ele quer correr e mostrar para todo mundo. Ele quer abrir a rocha com um só golpe. Mas ele precisa superar seu *medo de não saber* e ser paciente. Escavar na mesma velocidade. Talvez ainda mais devagar. Ter cuidado. Não fazer nada que vá machucá-lo. Ele provavelmente poderia encontrar outros cem pequenos diamantes durante o tempo levado para descobrir o que há dentro da grande rocha. Ele precisa superar o medo da perda e ir devagar.

Por que Mário insistiu em sua liberdade e em não querer se compromissar? Porque ele precisava estar no controle. Ele tinha *medo de ser controlado*. Ele tinha sido controlado antes e acabara magoado. Ele não iria se subjugar ao controle de uma mulher novamente. Ele disse "estou com medo"? Não. Ele disse "eu sou forte". "Eu só quero me divertir." "Aceite-me como sou." E quem pode argumentar contra ele? Uma vida com 70% de felicidade é melhor que uma vida sem felicidade nenhuma! Ele tinha medo de ganhar? Provavelmente não. Mas ele tinha medo de perder. Portanto, sua solução era "não jogar", ou seja, se não se jogar o jogo do amor, não se pode perder. E você pode ter uma vida razoavelmente boa (70% de felicidade). Apenas não se permita sentir. Fique no controle o tempo todo. Só que o amor não é um jogo...

A preocupação do homem com o sexo vem, em parte, do *medo feminino de ser controlada*. Apesar da liberação feminina, o poder em nossa cultura ainda é em grande parte de domínio masculino. O homem institui "coisas" como símbolos de *status* (carros, casas, roupas). E então por meio do marketing, ele faz com que outros (as mulheres) acreditem no seu sistema de valor. Enquanto o homem tiver o controle sobre essas "coisas" (como superioridade monetária) ele controlará o poder e as mulheres. Mas é claro que as mulheres não querem ser controladas, mesmo que sua grande experiência de vida seja a de ser controlada. Elas querem o poder, elas têm medo de serem controladas, e assim acabam controlando o sexo. Dessa forma, elas controlam os homens. O desejo pelo controle vem principalmente do *medo de ser controlado*.

Bem perto disso está o *medo de perder o controle*. É necessário perder o controle para ter sexo bom. Portanto, um medo adicional é o *medo do sexo*. Sexo é bom. Sexo é natural. As pessoas gostam de sexo. Mas o sexo é encarado com limites. As pessoas temem o sexo. As pessoas têm medo do sexo porque têm *medo de proximidade emocional* ou *medo de vulnerabilidade;* ou *medo de rejeição, medo de compromisso, medo de investir, medo de perder* ou *medo de perder a si mesmo.*

Quando uma pessoa está em contato íntimo com outra, há um desejo de compartilhar tudo e um medo de que, ao compartilhar, seu eu seja exposto e subseqüentemente rejeitado. E rejeitado no momento em que se está mais vulnerável. Thomas Moore, em *O que são almas gêmeas?* diz:

> *Não é fácil expor sua alma a uma outra pessoa, arriscar essa vulnerabilidade, esperando que o outro será capaz de tolerar sua própria irracionalidade. Também pode ser difícil, mesmo que você tenha uma mente aberta, ser receptivo quando outra pessoa revela a alma para você. Ainda assim, essa vulnerabilidade recíproca é um dos grandes dons do amor: dar ao outro espaço emocional suficiente para viver e expressar sua alma, com suas maneiras racionais e irracionais, e então arriscar mostrar sua alma, cheia de sua própria insensatez.*

Uma solução comum para o medo da proximidade emocional e para o medo da vulnerabilidade é rebaixar o sexo a um simples ato físico. A maioria dos homens e muitas mulheres gostam desse sexo. E é prazeroso. Mas a maior alegria é negada a eles pelo medo da proximidade emocional. Outra solução é evitar o sexo totalmente (mais freqüentemente essa é a solução encontrada pelas mulheres, mais do que pelos homens). Isso, é claro, nega o prazer físico *e* emocional.

Steve e Rachel Revistos (Capítulo 6)

A preocupação masculina com o sexo, apesar de ter outras causas, vem em parte do *medo de ficar sem sexo*. Esse medo é oposto ao "medo do sexo". O medo do sexo o mantém numa freqüência limitada, dando margem ao medo da falta de sexo e, portanto, limitando a possibilidade de encontrar um relacionamento de qualidade. Rachel ajudou Steve a superar seu medo de ficar sem sexo tornando possível uma satisfação sexual livre de amarras sociais.

OUTROS MEDOS

Medo da mudança

Se vamos caminhar em direção ao futuro e criar um ambiente melhor para as pessoas encontrarem amor de qualidade, será necessário mudar algumas atitudes e crenças básicas. Isso geralmente é muito difícil, porque as pessoas têm medo da mudança, especialmente da mudança nas atitudes e crenças. Estão satisfeitas com seu estilo de vida atual, e mesmo que isso não seja tudo que elas gostariam que fosse, elas preferem tudo como está.

Medo dos valores

"Eu não tenho medo. Vivo com meus valores e não há nada a temer." Essa é a codificação do medo. Impor limites e os chamar de "valores". Encontre uma boa razão para não sair da sua zona de conforto...

Medo da lei

A sociedade pega valores coletivos e os traduz em leis. Muitas leis são boas, é claro, mas outras não são. Ter medo da lei também é bom. Mas algumas leis precisam ser mudadas, assim como alguns valores.

Medo de Deus

"Esses não são meus valores, são os valores de Deus. Portanto, só estou seguro dentro de meus limites, eu sou uma boa pessoa." Tudo bem. Você venceu. Não mude. Não cresça!

Medo da incompreensão

É fácil não entender uma pessoa madura emocionalmente. Elas são diferentes. São avançadas espiritualmente. Seria fácil não compreendê-las e pensar que elas são contra valores, ou contra as leis, ou contra Deus. Mas elas não estão contra essas coisas – somente contra aqueles aspectos que inibem o crescimento. Se os seres avançados do nosso futuro fossem transportados para o tempo presente, eles ficariam com medo de serem incompreendidos por nós, porque não teriam normas culturais como a nossas.

O medo prevalece de uma tal forma que está encoberto por todas as formas de racionalização. "Não estou interessado em amor." "Eu não quero me casar." Essas são praticamente reproduções de Mário ou Katie falando. Tais filosofias criam um ambiente "seguro" no qual não é preciso lidar com os próprios medos.

Em minha experiência parece haver uma relação exponencial entre medo e química. Não que seja apenas "quanto maior a química, maior o medo", mas "conforme a química aumenta, o medo vai às alturas"!

Se eu tivesse que colocar números neles, ficariam assim:

Química 

Medo nenhum nenhum nenhum 25% 95% 1.000%

Quando você tem mais a ganhar, você tem mais a perder. Aos 1.000% você pode ficar paralisado de medo. Você pode ter medo de se aproximar dela por causa do medo de ser rejeitado. Ou ter medo de investir nele porque tem medo da vulnerabilidade. Você pode tornar-se possessivo por causa do medo da perda. Você pode ter medo de confiar por causa do medo de ser magoado (este último medo leva ao paradoxo de que "você confia menos naqueles que você mais ama"). O medo faz com que você fique "preso" onde quer que esteja.

E então a tolerância de uma pessoa para o medo torna-se um fator decisivo para a qualidade de relacionamento buscado. Segundo minha experiência, a maioria das pessoas consegue agüentar somente 50% de medo; logo, a maioria contenta-se com um nível de química por volta de " 1/2".

O antídoto para o medo é, claramente, a coragem. Em seu livro *A trilha menos percorrida*, o dr. M. Scott Peck discute "a coragem de amar":

> *Quando nos abrimos, nosso eu entra em território novo e não-familiar, por assim dizer. Nosso eu torna-se um eu novo e diferente. Fazemos coisas que não estamos acostumados a fazer. Mudamos. A experiência da mudança, da atividade diferente, de estar em solo estranho ou fazendo coisas diferentes é assustadora. Sempre foi e sempre será. As pessoas lidam com seu medo de mudança de maneiras diferentes, mas o medo é inevitável se elas quiserem mudar de fato. Coragem não é a ausência de medo; é a ação feita*

apesar do medo, o prosseguir contra a resistência engendrada pelo medo do desconhecido e do futuro.

Sem o medo não haveria coragem!

A seguir vamos ver outra história cheia de medo:

A história de Pete e Dina

Medo de nunca encontrar. Medo de ficar sozinho. Essas forças poderosas muitas vezes trazem um fim precipitado à busca por um relacionamento amoroso de qualidade.

Esses medos aproximaram Dina e Pete e acabaram com a busca por sua alma gêmea que ela vinha fazendo. Ele havia acabado de passar por um divórcio doloroso. Os vários relacionamentos dela haviam acabado muito mal.

Pete e Dina eram um "casamento que estava esperando para acontecer". Ele era rico, mas se sentia só em sua grande casa. Passar mais tempo sozinho em viagens a negócios também não ajudava. Ela estava cansada de buscar e pronta para um relacionamento estável. "Eu finalmente encontrei o homem certo", pensou ela. Depois de um ano eles estavam casados. Ela estava entusiasmada. Seu objetivo de vida havia finalmente sido atingido.

Ela mudou-se para a mansão, que ficava em um condomínio. Ela começou a dar à casa seu toque feminino. Ela tinha jeito para decoração.

Mas Pete não tolerava nada disso. Tudo na cozinha tinha de ser "do jeito que ele queria". Na sala de estar ele gostava dos móveis "do jeito que estavam". Ela não tinha permissão para acrescentar nada pessoal.

O que ela sentia era "só estou lá para tornar a vida dele confortável. Estou aqui para ajudá-lo com a casa, com suas necessidades; pago por metade dos gastos da casa. Pago pela manutenção de suas coisas com meu dinheiro e tempo. Que bom para ele! Mas e quanto a mim?" Ele controlava cada movimento dela. Ela gritava com ele e ele a culpava.

Quando eles não estavam brigando ou quando ele não estava sendo egoísta, havia momentos ocasionais em que tudo estava "bom" ou era "agradável". Ele dizia estar apaixonado por ela; no entanto, ele não era espontâneo nem flexível. "É mais difícil viver com Pete do que com qualquer pessoa que eu já conheci", dizia ela.

"Por que você se casou com ele?", eu perguntei.

"Eu tinha esperanças de que ia dar certo."

Dina estava tão confusa com essa situação que nem conseguia avaliá-la com precisão. Esta é minha avaliação e alguns comentários baseados nas conversas que tive com ela:

A química de Pete por Dina era muito alta.
A química de Dina por Pete era média.
A maturidade de Pete era média baixa.
A maturidade de Dina era alta.

Nota 1. Primeiro Dina me disse que achava que a química de Pete por ela era um . "Ele diz estar apaixonado por mim." Mas ela reavaliou e me disse que talvez fosse só um . "Ele só quer alguém que cuide dele." Minha opinião é que é um caso difícil de se classificar com certeza, por causa de toda a imaturidade. Poderia ser um , um  ou um . Meu palpite é que seja um . Acho que o *medo de proximidade emocional* dele (entre outros medos) está comandando seu comportamento irracional. Mas é só um palpite...

Nota 2. Ela disse que seu sentimento por ele começou como um , mas agora é só um . Novamente, é difícil dizer se é uma paixão cedendo à realidade ou se é uma química verdadeira contaminada pela imaturidade. Sua avaliação de que é "bom" e "agradável" quando não estavam brigando parece ser um  para mim.

Nota 3. Dina começou dando a Pete um ⚃ na escala da maturidade. Talvez por causa de sua idade. Mas idade não é a questão. Depois de mais questionamento e observação de seu comportamento infantil e controlador, ela reavaliou a maturidade dele e baixou a nota para ⚂. Eu acho que sua avaliação inicial de um ⚃ refletia as esperanças dela triunfando sobre a realidade (ela chama isso de libido feminina; as noções românticas das mulheres sobre família, segurança, ter uma boa casa etc.).

Nota 4. Dina amadureceu tornando-se uma pessoa de qualidade, carinhosa. Mas ela ainda não é perfeita. Ela obviamente deveria ter prestado mais atenção no *medo de julgar erroneamente*. Nesse relacionamento com Pete, ela se encontrou arrastada para o nível de maturidade dele. Desse modo, embora seja possível evoluir em termos de crescimento e maturidade, também é possível regredir, especialmente sob a má influência de uma pessoa extremamente imatura. Entretanto, Dina é uma pessoa forte. Ela irá recuperar sua perspectiva, e também sua maturidade.

RESUMO

Já que a lista dos medos é tão grande, acho bom repeti-la:

Medo da imaturidade
Medo da maturidade
Medo do sentimento de inferioridade
Medo da experimentação
Medo do abandono
Medo do compromisso
Medo de ser o segundo da lista
Medo da proximidade emocional
Medo da perda
Medo da solidão
Medo das distrações
Medo da insatisfação
Medo do desconhecido
Medo da mágoa
Medo de magoar
Medo da rejeição
Medo da humilhação
Medo da química
Medo de que a química não seja real

Medo de que a química não dure
Medo de julgar mal a química
Medo de jamais encontrar a química novamente
Medo da vulnerabilidade
Medo de beijar sapos
Medo da desaprovação
Medo de esperar
Medo de não saber
Medo de ser controlado
Medo de perder o controle
Medo do sexo
Medo de investir
Medo de perder a si mesmo
Medo da falta de sexo
Medo dos valores
Medo da lei
Medo de Deus
Medo de ser incompreendido

Tenho certeza de que esta não é a lista completa. Certamente, você pode adicionar a ela seus próprios medos!

O medo limita o conhecimento e o entendimento. O medo impede que as pessoas busquem. O medo cria barreiras entre as pessoas. O medo cria uma cultura que não apóia a busca por um relacionamento amoroso de qualidade. O medo é difuso. Começa na infância e é perpetuado pelos pais, pela sociedade e pela mídia. O medo esconde-se atrás de nomes como "valores" e "religião".

O medo pode ser superado pelo conhecimento e pela experiência. Você teria medo se fosse lançado em uma viagem espacial sem nenhum treinamento. Mas astronautas foram treinados, têm prática e têm confiança para lidar com sua missão. Você teria medo de andar em um fio de alta tensão sozinho, sem nada abaixo de você. Mas artistas que andam em cordas bambas treinaram e praticaram para isso. Este livro pretende lhe dar conhecimento e informação para o ajudar a se sentir confortável em sua busca por um amor de qualidade. As tarefas ao final de cada capítulo são para que você construa sua confiança e reduza seu medo.

O medo ainda vai existir. É a sua coragem que determina quão longe você irá em sua busca por um relacionamento amoroso de qualidade.

TAREFA

Esta é uma tarefa para desafiar o seu medo do desconhecido, da experimentação, do sexo, das leis, de Deus, de mudar suas atitudes, e talvez alguns outros medos.

No Capítulo 6, como uma solução para a falta de sexo, sugeri o aumento da acessibilidade ao sexo profissional. Portanto, a tarefa aqui é que você procure e tenha uma conversa com um profissional do sexo. Não falo de uma prostituta de rua. E não quero que faça nada ilegal, então por favor não ofereça dinheiro em troca de sexo!

Não direi exatamente onde achar uma profissional do sexo, isso é parte da tarefa. Você pode começar com as páginas amarelas ou anúncios pessoais na Internet. O desafio é tirar você da sua zona de conforto e fazê-lo descobrir a realidade do mundo dessas profissionais.

Não posso prever o que você vai encontrar. Segundo minha experiência, existem muitas profissionais do sexo inteligentes, carinhosas, compreensivas. Mas também existem algumas que não valem tanto a pena. Portanto, por favor, tome precauções para assegurar sua segurança pessoal.

Gostaria de ver você se desafiar a fazer isso e a ganhar a visão que pode vir de uma conversa cara a cara com uma profissional do sexo. No entanto, entendo que isso possa trazer muitos medos para alguns, então vou propor uma tarefa alternativa. Infelizmente, sei que a maioria dos leitores vai adotar a tarefa mais fácil. Entretanto, nesse caso sinto que devo oferecer uma alternativa, embora não seja tão produtiva quanto a interação pessoal. A alternativa é visitar o website da rede de educação para prostitutas na Internet, no endereço www.bayswan.org (em inglês). Esse website tem informações sobre os direitos e questões referentes a profissionais do sexo e é muito informativo em vários aspectos.

Qualquer que seja o caminho que você desejar seguir nesta tarefa, espero que se mantenha aberto para revelações inesperadas, não somente sobre sexo, mas também sobre proximidade emocional e amor. E o que é mais importante: você vai experimentar o prazer de fazer algo fora da sua zona de segurança.

Segredo 10

Se você estiver tentando relaxar, não faça perguntas

deixe estar

Se você estiver tentando relaxar
Não faça perguntas
Isso certamente vai esgotar você
Mais tarde terá suas respostas

Da música *Since I met you*,
W. Stergis e S. Stills

Acabo de conhecer Jade. Saem faíscas dos olhos dela quando estamos juntos. Seu sorriso ilumina minha alma. Eu me prendo a cada palavra dela, a cada movimento, a cada ação. Dançamos – ela é divina! Ela não insiste no "só amigos", mas como quero ir devagar, então viramos "amigos com algo mais". Nos abraçamos e ela encosta a cabeça no meu ombro. Nos deitamos e eu a seguro enquanto ela dorme. Sem sexo. Essa é a *minha* regra (acredite ou não).

A química é tão alta. Meu medo sumiu! Sinto meu peito apertado.

Eu marquei os dois primeiros encontros. Ela marcou o terceiro. Eu gosto disso. Tenho sido honesto com ela e ela tem sido honesta comigo. Já conheci muitas mulheres e ela conheceu muitos homens. Eu tenho outras amigas e ela tem outros amigos. Ser honesto assim está de acordo com meus valores.

A conexão existe. Posso sentir. A experiência de segurá-la em meus braços é maravilhosa.

Hoje, quando ela saiu da minha casa, eu chorei. O relacionamento ainda é recente. Estou muito vulnerável. Não tenho medo de ficar sozinho, mas tenho medo de nunca encontrar minha alma gêmea. E eu tenho medo de julgá-la mal. Eu tenho medo da imaturidade. Não houve muito tempo para avaliar a intenção dela. Ela já mostrou o bastante para que eu não tema mais a rejeição, mas agora tenho medo do abandono.

Ela disse que me ligaria para me dizer o que faria no final de semana. Mas ela pareceu ter ficado magoada em saber que tenho outras amigas. Tenho medo que ela me entenda mal. Ela é com certeza a primeira em minha mente, mas tenho medo de que ela não acredite e que tema ser só mais uma.

Ela vai ligar?
Quando ela vai ligar?
Eu deveria ligar para ela?
Quando eu deveria ligar?
Ela ficou magoada com minhas revelações?
Isso será um obstáculo permanente?
Quando a verei de novo?
Quais são os sentimentos dela por mim?
Ela vai se abrir mais?

Aonde isso vai parar?
Eu posso aceitar que ela seja fumante?

Quando me encontro em apuros
Mãe Maria vem a mim
Com palavras de sabedoria
Deixe estar
Deixe estar
Deixe estar
Deixe estar
Deixe estar
Murmure palavras de sabedoria
Deixe estar

Da música *Let it be*,
John Lennon e Paul McCartney

Eu posso entender por que "deixe estar" precisa ser repetido tantas vezes na música. Porque as perguntas dão voltas na minha cabeça tantas e tantas vezes. E são tantas perguntas!

Procuro encontrar as respostas. Vou fundo na minha memória atrás de cada palavra que ela falou e de cada movimento que ela fez para ver se descubro o que vai acontecer. Eu queria muito ter uma bola de cristal.

Eu poderia ligar para ela agora mesmo e perguntar logo de uma vez. Isso pode acalmar meus nervos e me dar as respostas que preciso. Acho que vou ligar para ela. Não, talvez seja melhor eu não ligar. Eu devo ligar?

Se eu ligar para ela, nunca vou saber quando ela teria me ligado ou se teria me ligado.

O telefone está tocando! Talvez seja ela!

Não é ela. Que decepção!

Se eu perguntasse se está magoada, ela diria que não. Se eu perguntasse se ela vai se abrir, ela diria que não sabe do que eu estou falando. Se eu perguntasse que rumo a relação vai tomar, ela diria que não sabe.

Então não faço perguntas. E se faço (e faço em minha mente) eu as respondo assim:

Ela vai ligar?	O tempo vai dizer.
Quando ela vai ligar?	Você vai saber só quando ela ligar.
Eu deveria ligar para ela?	Ainda não.
Quando eu deveria ligar?	Depois que tiver lhe dado tempo suficiente.

O telefone toca!

É ela!! Graças a Deus!

Quatro perguntas foram respondidas no mesmo instante em que reconheci a voz dela. E uma quinta pergunta foi respondida quando ela disse que quer me ver à noite.

Mas seis perguntas permanecem sem resposta. E sem dúvida haverá milhares conforme nosso relacionamento progredir (vai progredir?).

No jantar à noite eu ainda estava tenso. Quais são seus verdadeiros sentimentos? Seria bom saber. Então eu me abro com ela e digo que meus sentimentos por ela são um ⚅. Eu pergunto quais são os sentimentos dela por mim. Ela diz que são um ⚃. Que apunhalada no coração! Mas qual é a verdade? Ainda não sei. Talvez os sentimentos dela sejam só um ⚃. Mas talvez sejam um ⚅ e ela ainda pode estar se protegendo. A resposta dela não aliviou em nada minha tensão. Fazer a pergunta não me ajudou a relaxar.

O raciocínio que tentei desenvolver foi que devo:

1. Ser amigo dela.
2. Apoiá-la sempre.
3. Aproveitar a excelente companhia dela.
4. Não pressionar para nada.
5. Aceitar as coisas como vierem.
6. Aceitar minha própria vulnerabilidade.
7. Manter-me aberto e ser sincero com ela.
8. Encontrar outras coisas com as quais ocupar meu tempo.

Isso não foi fácil para uma pessoa como eu, que se guia por ações! E havia tantas outras perguntas:

1. Ela me ama?
2. Quando vou saber disso?
3. Ela vai querer tentar fazer amor?
4. Quando?
5. Ela se sente pressionada?
6. O que eu deveria fazer de diferente?
7. O que eu deveria dizer?
8. Ela ficará chateada com meus outros relacionamentos?
9. O que ela fará?
10. Eu deveria esquecer as outras mulheres?
11. E se isso não der certo?
12. Estou fazendo papel de bobo por ela?
13. Eu poderia passar meu tempo de forma mais produtiva em outro lugar?
14. Onde?
15. Quando ela vai querer sair de novo?
16. Eu deveria pressioná-la?

Eu não consigo relaxar com todas essas perguntas em minha cabeça. Eu *deveria* ser capaz de respondê-las! Mas não posso.

"Deixe estar."

Cada resposta virá em seu tempo.

Se você estiver tentando relaxar, não faça perguntas.
Isso certamente irá esgotar você.
Mais tarde terá suas respostas.

Se eu tentar obter as respostas, na esperança de aplacar a confusão na minha cabeça, conseguirei respostas mornas, o que pode ser pior do que esperar.

Só uma dessas perguntas tem uma resposta de verdade neste momento: "Não, não a pressione!" Apenas aproveite a companhia dela. Mais tarde as minhas respostas serão respondidas.

Claro que dizer a mim mesmo para parar de fazer perguntas e realmente parar de fazê-las são duas coisas completamente diferentes! Eu sei que não devo perguntar tudo isso. Mas essas perguntas indesejáveis simplesmente aparecem em minha mente.

Minha solução para isso são as distrações. Dê uma olhada na lista do Capítulo 7. Encontre algo poderoso. Talvez nem mesmo uma distração poderosa não consiga calar completamente essas perguntas, mas se puder reduzi-las uns 80% será um grande progresso.

Acho que vou convidar a Mandy para dançar no sábado. Ela é a número dois na minha lista e candidata a ocupar o número um. Uma boa distração. Mandy ainda não está pronta para fazer sexo, então acho que vou ligar para Tara e ver se ela vai estar livre no domingo. Se estiver, faremos amor. Tara é uma profissional, e também somos amigos; gostamos e respeitamos um ao outro.

Estou tentando não pressionar Jade e está funcionando. O aperto no meu peito é menor. Ainda sinto a tensão, mas ela está diminuindo. Escrevi as perguntas no meu diário. Isso ajudou porque agora elas estão fora da minha cabeça; estão no papel, e não despejadas sobre Jade.

As dúvidas ainda existem, mas estou aceitando o fato de as respostas virem no seu próprio tempo. E eu quero só aproveitar a Jade. Não quero que ela se sinta pressionada. Temo que já tenha pressionado demais. Pressionei?

Estou tentando relaxar. Então não vou fazer perguntas. Mais tarde terei minhas respostas. Eu tive uma amiga que costumava dizer, "o tempo dirá". Ela estava certa.

Deixe estar.

Deixe estar.

RESUMO

Quando se trata de forte envolvimento emocional, com freqüência queremos saber rapidamente aonde as coisas vão parar para poder evitar a dor. Mas exatamente por causa das emoções fortes, as pessoas muitas vezes não sabem ou estão relutantes em dizer aonde as coisas estão indo, por causa de seus próprios medos. Perguntas antecipadas podem parecer pressão para a outra pessoa, e muitas vezes, respostas verbais não são confiáveis. Somente respostas comportamentais são confiáveis, e a respostas para perguntas sobre estabilidade a longo prazo só podem ser respondidas pela observação dos padrões comportamentais a longo prazo. Se você estiver tentando relaxar, não faça perguntas! Mais tarde terá suas respostas.

TAREFA

Comece a escrever um diário. Não precisa ser nada sofisticado. Pode ser só um arquivo ou uma caixa para jogar pedaços de papel nos quais você colocou seus pensamentos. Você não precisa escrever alguma coisa todos os dias. Só escreva quando se sentir estressado, deprimido ou quando tiver perguntas para as quais você não tem respostas. Escreva as perguntas e seus medos com relação às respostas e o quanto você deseja sabê-las. Pergunte-se qual é a realidade dessa situação. Depois escreva as razões para não fazer as perguntas e o que você acha que é verdade nessa situação, e quando seria o momento apropriado para obter a resposta. Continue escrevendo até você enjoar, então pare. Isso pode levar um minuto ou meia hora.

Escrever pode ser catártico. Pode ajudar a expressar as dúvidas sem sobrecarregar um amigo (ou qualquer outra pessoa que seja). Guarde essas "notas para você mesmo" e não as mostre para outras pessoas; assim você se sentirá à vontade para escrever qualquer coisa que lhe venha à mente, em qualquer língua (incluindo a língua da libido), sem medo de que outra pessoa a leia. Esse é um dos melhores jeitos de entrar em contato com suas emoções e identificar as inseguranças que o fazem querer saber a resposta antes do tempo.

Eu sei que muitos homens e algumas mulheres acham que diários são para mocinhas ou aspirantes a escritor. Não estou propondo que se mantenha um diário ou escreva um livro. Proponho que você possa ser seu melhor amigo, tendo uma conversa com você por meio do papel. Seus outros amigos provavelmente não têm muita informação para lhe orientar, então é melhor ter essa conversa com você mesmo. Em geral, apenas examinar as coisas em sua mente resolve o problema. Não importa onde estiver você vai conseguir algum papel (não precisa ficar preso ao diário) e para escrever sobre aquilo que o incomoda. Continue escrevendo até que o assunto não o incomode mais (porque você aí você o terá entendido) ou até que você não tenha mais tempo (neste caso você vai descobrir mais tarde se isso realmente está lhe incomodando). Escreva até que você se sinta bem em relação ao rumo que sua vida está tomando, mesmo que o caminho seja esperar ou escrever mais depois.

É interessante olhar para essas anotações depois de semanas, meses ou até anos para ver o que era importante na época e o que é importante agora. Mas não é necessário guardar o que foi escrito. Se você quiser, pode queimar. O importante é descarregar seus sentimentos no papel, num lugar você possa olhar para eles objetivamente. O mero processo de se expressar irá muitas vezes ser suficiente para aliviar qualquer estresse que você possa estar sentindo, mesmo que não obtenha as respostas que procura.

Se você realmente quiser se divertir, escreva sobre suas fantasias sexuais e depois leia o próximo capítulo!

11

Segredo

Descubra o verdadeiro significado das fantasias

verdadeira aceitação

Eu sempre fui maluco,
mas isso me impede de enlouquecer.

Da música *I've always been crazy,*
Waylon Jennings

TORNANDO O AMOR DIVERTIDO

A proximidade emocional em um relacionamento amoroso de qualidade requer a verdadeira aceitação da outra pessoa. Compartilhar sentimentos profundos é essencial para tal aceitação, como foi dito pela dra. Marie Robinson:

> *Uma coisa importante que maridos e mulheres precisam aprender a fazer é compartilhar seus pensamentos, problemas e sentimentos mais profundos um com o outro. Ao longo dos anos, o afastamento dos parceiros torna a comunicação muito superficial, e a esperança de qualquer contato importante por meio do diálogo poderá ser abandonada quase que inteiramente.*
>
> *Pode-se discutir sobre tudo em tais conversas, embora se deva evitar quaisquer recriminações ou confissões que possam magoar o outro. Os diálogos sobre as emoções ou dificuldades, sobre solidão, planos, sucessos, medos e esperanças são profundamente tocantes* [...].

Os medos e as esperanças de um indivíduo podem ser tão mundanos como o medo de que o piquenique da família seja arruinado pela chuva no domingo, ou tão fantásticos como a esperança de ganhar 10 milhões na loteria. Quer seu parceiro fantasie sobre morar numa mansão de frente para o mar, quer fantasie em ser presidente da república, ele espera que você o escute e o compreenda.

A dificuldade ocorre porque não é a fantasia em si o mais importante, mas o que está por trás dela. A fantasia é o símbolo de uma necessidade não atendida. A pessoa que deseja ser presidente pode ter se sentido impotente quando criança, e então fantasia em ter mais poder e controle. A pessoa que quer viver em uma mansão pode ter crescido na pobreza e, para ela, a mansão simboliza a segurança.

Para que estejam próximos em um relacionamento amoroso de qualidade, o casal deve compartilhar suas fantasias. E a habilidade de compartilhar requer um alto grau de confiança, a certeza de que a outra pessoa não vai se fechar ou desapontar o parceiro.

Entender fantasias implica compreender que elas talvez nunca se realizem. São poucas as pessoas que se tornam presidentes. Apenas alguns viverão em uma mansão de frente para o mar. Mas é DIVERTIDO sonhar, conversar, planejar; chegar lá ou não será pouco importante se você sentir sinceramente que seu parceiro o está ouvindo e está ao seu lado a cada passo do caminho.

Fantasias são muito comuns e englobam muitos assuntos. Algumas representam desejos sérios; outras são meios de o sistema emocional compensar privações passadas.

Talvez o teste final para os pretendentes a um relacionamento amoroso de qualidade seja a habilidade para entender e aceitar as fantasias sexuais mais loucas de seu parceiro. Isso é em particular difícil para mulheres, porque elas têm medo de que as fantasias sexuais masculinas sejam um sinal de sua própria insuficiência como mulher, em vez de reconhecê-las como um símbolo da privação passada do homem.

Fantasias sexuais não são um jogo, embora possam ser divertidas. Em fantasias sexuais, como com qualquer fantasia, é importante ver o que está sob a superfície, qual o verdadeiro significado dela. E para a mulher, o verdadeiro significado da fantasia sexual do homem é:

1. sua parceira não é boa o bastante; ou
2. ele é um pervertido lunático; ou
3. ele está compensando por um longo tempo sem sexo?

A disposição para escutar sobre as fantasias é uma habilidade importante para os parceiros em um relacionamento amoroso. Se uma criança disser à sua mãe "vou matar você", a mãe saberá que o significado verdadeiro é: "estou muito zangado com você". A mãe não levará a sério essas palavras, mas sim o significado por trás delas. Amantes precisam ser capazes de fazer a mesma coisa um com o outro, mesmo (ou em especial) no que diz respeito às fantasias sexuais.

A maioria das pessoas tem mais facilidade para lidar com a fantasia de viver em uma mansão de frente para o mar do que com a de querer fazer amor com duas mulheres ao mesmo tempo. Mas porque afeição, sexo e proximidade emocional são tão importantes para relacionamentos amorosos de qualidade, eu gostaria de focar o resto deste capítulo nas fantasias sexuais.

Fantasias sexuais... Por que são tão importantes? Até onde você pode ir? Quanto você pode partilhar? Por que temos tanta inibição? Por que guardamos tanto dentro de nós? Quando seremos capazes de nos tornar abertos e honestos com nossos parceiros? Para as almas gêmeas, isso é diferente do que acontece em outros relacionamentos amorosos de qualidade?

Minha tese é que os parceiros em um relacionamento amoroso de qualidade precisam entender, aceitar e apreciar as fantasias um do outro, incluindo as fantasias sexuais. Isso pode significar explorar um território que antes era considerado um tabu. "A estrada dos excessos leva ao palácio da sabedoria" (William Blake).

Minha intenção é que homens e mulheres tenham relacionamentos amorosos mais satisfatórios (e sexo mais satisfatório) ao entender o papel das fantasias, explorá-las e ter uma vasta gama de fantasias com as quais se sintam à vontade. Gostaria de ver parceiros amorosos apreciando um ao outro, passando por cima da repressão e crescendo juntos, sem ir o tempo todo de encontro a barreiras, bloqueios ou tabus.

Entender, é claro, começa com o conhecimento. O conhecimento nem sempre vem fácil (ver a citação de Carlos Castañeda sobre o "homem de conhecimento" no Capítulo 9). Mas eu nunca disse que a busca por um relacionamento amoroso de qualidade seria fácil...

POR QUE AS FANTASIAS SEXUAIS SÃO IMPORTANTES?

A seguir reproduzo as opiniões de alguns autores:

No prefácio de *My secret garden* [*Meu jardim secreto*], de Nancy Friday, temos:

> *Você não conhecerá seu amante de verdade até que tenha desenterrado seus desejos ocultos. Nem terá sido capaz de atingir a completa confiança até que tenha sido capaz de partilhar suas fantasias com o outro e aceitá-las. Talvez este livro* [My secret garden] *vá quebrar esse silêncio.*

Já Thomas Moore põe as fantasias sexuais na perspectiva da alma:

> *A intimidade sexual começa pelo reconhecimento e respeito ao mistério e à loucura da sexualidade do outro, porque é só no mistério e loucura que a alma é revelada* [...]. *Às vezes pode ser que precisemos nos proteger da confusão sexual do outro e expressá-la, mas se quisermos um relacionamento íntimo, devemos*

achar força em nós mesmos para criar um espaço para as fantasias sexuais do outro [*Do livro* O que são almas gêmeas?].

Nancy Friday resume de maneira concisa:

> *Nenhum homem pode ser livre na cama com uma mulher que não é livre.*

A importância das fantasias está na construção de proximidade emocional. Lembre-se (Capítulo 6): "o maior propósito do sexo é a proximidade emocional".

Barreiras emocionais bloqueiam a proximidade emocional e, por fim, acabam com o prazer do sexo, diminuindo a satisfação amorosa. Fantasias sexuais muitas vezes criam barreiras e restringem a intimidade justamente porque não são reveladas.

DE ONDE VÊM AS FANTASIAS SEXUAIS?

É importante saber o significado emocional das fantasias sexuais. Fantasias surgem da privação de sexo, que foi amplamente discutida no Capítulo 6 (lembre-se da analogia da obsessão do homem por água depois de ter ficado no deserto por certo tempo). Pode valer a pena voltar e rever um pouco do material daquele capítulo antes de continuarmos discutindo sobre as fantasias.

A seguinte citação de Nancy Friday resume a conexão entre a privação de sexo e fantasias (escassez e sonhos) muito bem:

> *Eu acho que a violência e alienação em algumas das fantasias femininas é uma medida de quanto o ser humano se revoltará contra a escassez sexual feminina. O cliente que comeu bem escolherá com calma entre essa sobremesa e aquela; a pessoa faminta sonhará em poder "comer um cavalo".*

Fantasias podem tomar numerosas formas, mas todas têm suas origens na privação sexual. Entenda a privação e entenderá as fantasias. Assim como os sonhos, as fantasias acontecem. Fantasias não cedem aos limites construídos culturalmente. Como resultado, muitas vezes estão relacionadas a assuntos que são vistos como tabu, para a sociedade ou para o indivíduo em particular. Nas fantasias, há um toque lúdico – nelas vale tudo.

O parceiro, muitas vezes, teme que a fantasia sobre outra pessoa possa significar que você não o ama. Mas pode ou não significar isso. É essencial descobrir o verdadeiro sentido. Poderia ser (1) "eu não amo você de verdade, então fantasio com outros para me satisfazer"; ou (2) "eu te amo tanto que tenho medo de te perder se eu investir muito, então fantasio sobre outros para me lembrar de não ir muito longe"; ou (3) "eu amo você e quero tentar tudo com você", ou (4) "eu vi uma garota muito *sexy* hoje e, dado o longo tempo que passei sem fazer sexo, não pude evitar desejá-la, e isso não tem qualquer relação com meu amor ou falta de amor por você". Lembre-se de que a origem das fantasias é a privação, então todas as justificativas acima vêm de nunca ter tido química, apoio emocional ou sexo suficientes. Portanto, fantasias sobre ter outras mulheres e/ou homens são o sistema emocional tentando corrigir a privação passada, e não deveriam ser levadas para o lado pessoal.

O importante é passar tempo juntos compartilhando sentimentos, conhecendo a outra pessoa e construindo confiança, segurança e aceitação.

Ria das loucuras das fantasias, mas lide com a privação oculta com seriedade.

POR QUE É TÃO DIFÍCIL ACEITAR AS FANTASIAS SEXUAIS?

Infelizmente, fantasias sexuais não são bem aceitas por muitos. Nancy Friday diz:

> *Eu contei ao meu primeiro amante sobre minhas fantasias. Ele saiu da cama abruptamente, vestiu as calças e foi para casa. Houve outros amantes, outras fantasias. Mas nunca apresentei um ao outro novamente. Até que conheci meu marido. Bill trouxe minhas fantasias à tona novamente, embora eu houvesse decidido que elas deveriam permanecer escondidas, sem nunca serem mencionadas. Eu percebi o quanto ele me amava e, ao me amar, amava tudo que me dava mais vida.*

É exatamente porque fantasias surgem de uma fonte emocional profunda (privação) que elas não respeitam limites culturais e, portanto, não são aceitas. Na verdade, a privação foi *criada* pelos limites culturais, então é natural que estes façam seu melhor para nos impedir de aceitar as fantasias.

Sobre tabus culturais e sensibilidade, Thomas Moore diz:

> *De pontos de vista eróticos* [...] *o medo de sexo da nossa cultura e nossos controles sobre ele estão arraigados por causa das desconfianças da alma. A alma é um gerador de vida, que luta para derramar imaginação em um mundo que tenta se manter estável e seguro. O sexo está sempre fazendo novas conexões, preenchendo fantasias com novas possibilidades de intimidade, emoções e sensações pouco familiares e excitantes e novas maneiras de se viver. Nossas atitudes literais e nossa leitura estreita e reducionista do sexo tentam freá-lo, na tentativa de impedir sua ameaça ao* status quo, *tolhendo-o no nível físico.*

O QUE ACONTECE SE NÃO ACEITARMOS AS FANTASIAS SEXUAIS?

Bloquear emocionalmente uma parte de nós mesmos cria uma raiva interna (como se ela já não existisse!). Tal raiva explodirá em algum lugar. Se o relacionamento não propiciar uma válvula de escape para essas emoções guardadas, elas encontrarão uma saída em casos, abuso, negligência, indiferença ou alguma outra disfunção.

Fantasias podem ser uma válvula de escape e, portanto, estão no centro da questão no que diz respeito à proximidade emocional.

FANTASIAS SEXUAIS PODEM MAGOAR?

Algo maravilhoso sobre as fantasias sexuais é que em geral elas não são fisicamente perigosas. Existem exceções, é claro: estupro, abuso físico a ponto de causar ferimento etc. Mas o "perigo" associado à maioria das fantasias sexuais é o de romper tabus – ferindo a sensibilidade de alguém, por assim dizer. Quanto mais limitada for a sensibilidade de uma pessoa, mais chances ela terá de ser "ferida" e menos probabilidades terá de aceitar e se divertir com as fantasias. Essa pessoa será, portanto, menos capaz de apoiar seu parceiro na área de crescimento emocional.

Desse modo, nossos medos têm mais probabilidades de nos machucar do que nossas fantasias.

Partilhar fantasias sexuais com nosso parceiro faz parte do *medo da proximidade emocional*. O medo da proximidade emocional é um dos medos mais difusos e ardilosos listados no Capítulo 9. A maioria das pessoas poderia beneficiar-se com um melhor entendimento da proximidade emocional e de seu relacionamento com sexo e amor.

Quanto mais íntimo o relacionamento, mais profunda é a proximidade emocional, ou pelo menos a oportunidade para tal proximidade. Mas conforme a intimidade cresce, também cresce o medo. "E se meu amante não gostar da minha aparência? Ou do modo como danço? De como cozinho, ou de minhas posturas política e religiosa, ou de minhas fantasias sexuais? Ele ainda vai gostar de mim? Ele pode aceitar isso? O quanto posso partilhar sem ser rejeitado? Essa pessoa é importante para mim. Não quero ser rejeitado; não quero perdê-la. Portanto, é melhor não partilhar."

Então os medos ficam escondidos. *Medo da desaprovação. De não ser entendido. Medo da rejeição. Da perda. Medo da proximidade emocional.* Não podemos nunca nos livrar desses medos e sermos humanos?

Este é o dilema fundamental na proximidade emocional: queremos compartilhar, mas temos medo. Se o relacionamento fornecer apoio em um nível profundo, o compartilhamento gradual poderá funcionar. Pensamentos como "é melhor eu não partilhar" podem ser substituídos por "é melhor eu escolher algumas coisas para compartilhar; uma vez que a segurança tiver sido estabelecida, serei capaz de compartilhar mais". Se o relacionamento não fornecer apoio em um nível tão profundo (infelizmente este é o caso da maioria dos relacionamentos), a proximidade é seguida pela rejeição, que é seguida pelo medo, e o ciclo repete-se até que o medo predomine, o compartilhamento diminua e a solidão interna tome o controle da situação.

Em relação a fantasias sexuais, compartilhamento deveria ser distinguido de expressão. Fantasias podem variar de assassinato a estupro até sexo oral. Quase todas as pessoas abominariam expressar fantasias de assassinato ou estupro. Poucas se sujeitariam ao sexo oral. Existem numerosas possibilidades entre elas: uma série de fantasias que são aceitáveis, não-aceitáveis, ou aceitáveis dependendo de como forem propostas. Mas não se pode controlar as fantasias mais do que se controla as emoções que as impulsionam. O que é possível controlar é o que fazer em relação a elas (se é que se pode fazer algo).

Ao compartilhar fantasias, é importante reconhecer o seguinte:

1. fantasias são normais;
2. e todas as fantasias são normais;
3. deixe as fantasias serem divertidas;
4. tenha o maior número possível de coisas que possa expressar.

Não há problemas em compartilhar fantasias de assassinato e estupro, mas se o seu parceiro decidir executar tal fantasia, chame a polícia!

Às vezes é difícil distinguir entre compartilhar e obedecer a uma exigência de expressar alguma coisa. Medos ou expectativas podem nos condicionar a pensar que nosso parceiro quer realizar uma fantasia quando, na verdade, ele só quer falar sobre ela. Certa vez, o dr. Bessell fez uma analogia muito interessante:

> *Se você for a uma lanchonete e disser que quer um misto, eles provavelmente vão fazer um misto. Então você diria: "Por que você me deu um sanduíche? Eu estava só expressando um desejo. Sim, eu quero um misto, mas não pedi que você fizesse um! Desculpe-me mas não posso pagar por isto. Se eu quisesse que você me fizesse um misto, teria dito: 'Por favor me faça um misto'".*

A expectativa criou uma interpretação falsa da afirmação original, "eu quero um misto". Embora a interpretação tenha sido falsa, era certamente muito compreensível!

Então tenha cuidado com o que disser ao seu parceiro. Se disser "eu quero ter duas mulheres de uma vez só", ela pode concluir que você está fazendo uma séria proposta de ação, e pode ser que não a aceite (ou você). Mas se disser "de vez em quando eu penso em fazer sexo com você e outra pessoa ao mesmo tempo, mas não sei como você se sentiria a respeito", sua comunicação será mais clara e (quem sabe) melhor recebida. Então tenha cuidado para que o compartilhamento não seja confundido com uma proposta séria. Um belo desentendimento é bem possível, nesse caso.

Depende de cada casal decidir quais fantasias devem ser compartilhadas e quais devem ser realizadas. Thomas Moore diz:

Em circunstâncias extremas, pode ser que tenhamos de decidir que não podemos tolerar um mundo erótico particular, ou podemos perceber que alguns pensamentos sexuais não são seguros para nós. Na maioria dos casos, entretanto, pode ser que queiramos tentar exceder nossa imaginação e sensibilidade, reconhecendo que a alma apresenta-se em cada um de maneira diferente, particularmente no que diz respeito à fantasia sexual.

Sexo oral, sexo anal, sadomasoquismo sem ferimento físico, tudo isso pode ser considerado partes do que se pode chamar de "sem problemas em realizar". Se estiver dentro de um relacionamento com parceiro fixo e não causar danos físicos, por que não? Mas relacionamentos com mais de uma pessoa e envolvimentos fora do relacionamento devem ser feitos com muito cuidado. Você envolve não só seus próprios níveis de química e maturidade, mas também os de outras pessoas. Mesmo que você agüente a situação, a outra pessoa pode não agüentar. E a fantasia dela pode ou não ser exatamente como você esperava. Não digo para evitar a realização da fantasia, mas para discutir muito com seu parceiro antes de decidir, e para avaliar de maneira realista a habilidade de todos os participantes para agüentar a situação, em particular no que tange à atração química e maturidade. Os modelos apresentados antes neste capítulo podem ser usados como guia. É claro que é sempre bom ter cuidado.

Sobre esse cuidado, Nancy Friday diz:

As fantasias sexuais liberam energias poderosas, imprevisíveis. Uma vez que as cartas são colocadas na mesa, uma vez que as fantasias são partilhadas com alguém, elas não estão mais sob seu controle. As idéias nunca podem ser esquecidas ou perdoadas.

Ser rejeitado por uma bela garota que você não conhece não custa muito caro. Você não tinha nada a perder. Decidir realizar uma fantasia com alguém que você ama tem a possibilidade de causar uma cicatriz eterna no relacionamento, e, portanto, pode custar muito caro.

Sei que talvez as armadilhas de compartilhar e/ou realizar as fantasias quase desapareçam frente à excitação – e até exaltação – causada por levar um amante aos confins secretos da imaginação erótica.

Se decidir ir em frente, saiba que nas fantasias realizadas mais satisfatoriamente [...] não houve coerção. As idéias são discutidas e a concordância é voluntária, sem ameaças como "bem, se você não quiser, vou encontrar alguém que queira".

Uma abordagem cuidadosa sempre é mais segura.

Concordo com a autora que uma abordagem cuidadosa é mais segura. Avalie seu relacionamento em termos de química e maturidade, usando os exemplos a seguir, para determinar com qual rapidez e até onde você pode ir.

OS TIPOS DE RELACIONAMENTOS PODEM ACEITAR BEM AS FANTASIAS SEXUAIS?

A habilidade de compartilhar e realizar fantasias (sexuais ou não) depende da qualidade do relacionamento e suas capacidades. Almas gêmeas têm os relacionamentos mais fortes e as mais altas capacidades.

Os Dados do Amor guardam o segredo da possibilidade de vários tipos de relacionamentos agüentarem fantasias sexuais:

Relacionamento de Almas Gêmeas
Química muito alta e maturidade muito alta.

Por definição, as almas gêmeas estão conectadas em um nível muito profundo de alma. Existe um *desejo* de obter emoções naturais livres e entendimento, o que, é claro, inclui fantasias sexuais. A química verdadeira cria esse desejo. Existe também uma *habilidade* para exercer essa liberdade, criada pela maturidade alta dos dois parceiros. Embora na maioria dos relacionamentos essa liberdade de emoções geralmente seja paralisada ou evitada por medo, as almas gêmeas são tão livres que se tornam capazes de ir muito longe ao compartilhar fantasias sexuais. Elas têm a conexão química e a maturidade para suportar isso. Almas gêmeas não querem barreiras. Almas gêmeas querem apoiar o crescimento emocional uma da outra. Elas querem se ajudar a superar as privações e a retificar as injustiças. Portanto, desejam compartilhar fantasias. E elas têm a maturidade para fazê-lo.

Relacionamento Amoroso Muito Bom

Química alta e
maturidade muito alta.

Embora não tenham a química de alma gêmea, casais como esse têm maturidade para agüentar a partilha de fantasias sexuais. Ao construir esse relacionamento, quer seja em um casamento ou em "amigos com algo mais", eles provavelmente vão gostar da dimensão adicional que o compartilhar de fantasias sexuais propicia. Compartilhar fantasias como "amigos com algo mais"? Por que não?

Relacionamento Amoroso Bom

Alta química e
alta maturidade.

Casais assim ainda não têm a maturidade para lidar com todas as fantasias sexuais, e não têm também a química de almas gêmeas. Ao construir esse relacionamento, quer seja em casamento ou em "amigos com algo mais", a experimentação com fantasias sexuais pode – e provavelmente deveria – acontecer, mas os parceiros precisam prosseguir com calma e muita comunicação.

Diamante Bruto

Química muito alta, mas
maturidade média.

Esse relacionamento tem potencial de chegar ao *status* de alma gêmea, então o casal precisa ser cuidadoso. Os dois têm a química de almas gêmeas, mas não têm ainda a maturidade para agüentar muito em termos de fantasias sexuais. Seu primeiro foco provavelmente deveria ser manter o relacionamento, construindo maturidade e confiança. Um pouco do material deste capítulo sobre fantasias sexuais pode ajudar, mas muita coisa possivelmente poderia esperar até que os dois sejam capazes de agüentar.

Relacionamento Típico

Mistura de média e alta química
com baixa e média maturidade.

Nesse relacionamento típico (e não muito bom – podemos chamá-lo de amor?), um pouco de brincadeira com fantasias sexuais pode ser divertido, mas mais do que isso é provavelmente brincar com fogo. O casal não tem maturidade suficiente para agüentar, e não parece ter a química para segurar a barra quando as coisas começam a dar errado. Por outro lado, não há muito a se perder, então, por que não?

Como mostrado nesses exemplos, a natureza do relacionamento amoroso está diretamente relacionada à habilidade de aceitar as fantasias do outro. Portanto, discordo de Nancy Friday quando ela diz que aceitar fantasias não tem nada a ver com amor:

> *Existe um pouco de chantagem aqui ("Se você me ama, vai aceitar essas minhas idéias bizarras e eróticas, e não vai se magoar, ficar zangado ou parar de me amar"). Quer seu parceiro possa ou não aceitar suas fantasias, isso não tem nada a ver com amor.*

Como eu indiquei anteriormente, quer seu parceiro possa ou não aceitar suas fantasias, isso tem *tudo* a ver com amor. Tem a ver com maturidade (a capacidade de entender) e com a química (o desejo de entender). Maturidade alta e química alta resultam em "amor" e também na habilidade de aceitar fantasias.

Os exemplos dados anteriormente podem ajudá-lo a determinar até onde você deve ir e com que rapidez pode abordar as questões de compartilhar e/ou realizar fantasias sexuais com seu parceiro.

AS FANTASIAS PODEM COLIDIR?

"Fantasias cruzadas" podem ser uma fonte de insatisfação (muitas vezes, desconhecida) em sexo e relacionamentos. Que eu saiba, nunca foram discutidas em outro livro.

Em geral falamos sobre fantasias e em como é importante entendê-las e compartilhá-las (depois de considerar os riscos). Mas existe uma dinâmica que ocorre quando as pessoas estão fazendo amor, o que ainda não foi discutido.

Se ambos os parceiros estiverem partilhando a mesma fantasia, ou se o sexo for rotineiro, cada um em seu mundo de fantasia separado, tudo está bem. Mas suponha que eu queira brincar de dominar, e quero que você brinque de submissão. Mas você quer ser dominante e quer que eu seja o submisso. Ou o conceito de submissão pode não o excitar. Então temos fantasias cruzadas.

Eu me excito fantasiando a sua submissão iminente. Então tento fazer com que você se submeta. Você reluta, resistindo à submissão ou querendo que eu me submeta. Perco minha ereção porque você não está brincando de acordo com a minha fantasia. Você acha que não está fazendo as coisas direito e tenta provocar uma nova ereção em mim. Então tento mudar para outra fantasia, mas minhas emoções não estão de acordo. Meu subconsciente, ou talvez meu consciente, lembra-se da sua recusa à submissão. "Secretamente, estou zangado com você. Não consigo me excitar." Você tenta mais e acaba frustrada. Você finalmente desiste e ambos nos sentimos insatisfeitos. Mas não conversamos, porque sexo é para ser aproveitado, não analisado (que é o que muitas pessoas pensam).

Gostaria que você se submetesse por causa da raiva que sinto, causada pelo longo tempo que passei sem fazer sexo. Você quer dominar porque se rebela contra o controle masculino. Não conversamos, só fazemos amor. Ou falhamos.

Compartilhar fantasias pode melhorar sua vida sexual não só aumentando a proximidade emocional, mas também evitando fantasias cruzadas. Se você compartilhar suas fantasias, poderá chegar ao mesmo patamar e atingir satisfação sinérgica em vez de frustração. No entanto, para haver aceitação genuína é importante que você descubra o verdadeiro significado da fantasia.

Este exemplo também destaca a importância do papel de "rendição" feminina, como descrito nos livros do dr. Robinson e do dr. Eichenlaub (ver Capítulo 6). Se as fantasias colidirem, é o homem quem perderia a ereção; a mulher poderia continuar. Mas ambos terminariam frustrados. O homem perderia sua ereção porque não há a proximidade emocional desejada. Pode-se dizer que ele deveria mudar sua fantasia para estar mais de acordo com a fantasia da mulher. Sempre vale a pena tentar, mas no final ambos estariam frustrados se o homem não conseguisse sustentar uma ereção; então seria mais interessante para a mulher seguir realizando a fantasia do homem. Se ela puder fazer isso, melhor. Mas mesmo que ela não consiga ter a mesma fantasia, pode satisfazer-se com sua habilidade de satisfazê-lo. E talvez da próxima vez ela possa vivenciar a fantasia dela.

Tenha em mente que fantasias, como emoções, vêm e vão, tropeçam e escorregam, desvanecem e avançam. Casais de almas gêmeas sabem disso, partilham a fluidez, às vezes em palavras, às vezes em ações. Para almas gêmeas maduras tudo está bem, então não é provável que haja resistência. Almas gêmeas maduras sabem que, se houver qualquer dúvida, a mulher deverá seguir o homem para assegurar a satisfação de ambos. Outros relacionamentos amorosos de qualidade precisam seguir a liderança das almas gêmeas até o ponto que seja possível fazer o mesmo por si só.

Fantasias cruzadas são mais prováveis de acontecer nas fases iniciais do relacionamento, enquanto dois parceiros ainda estão se conhecendo. Juntamente com a tensão e a ansiedade, fantasias cruzadas podem contar para muitos dos problemas que ocorrem durante os primeiros encontros sexuais com um novo amante. E fantasias cruzadas podem ocorrer a qualquer momento com parceiros imaturos, que têm habilidade de partilhar e disposição para experimentar limitadas.

Fantasias cruzadas não têm muita probabilidade de acontecer em um relacionamento de almas gêmeas. Entretanto, como discutido anteriormente, relacionamentos de almas gêmeas são extremamente raros. Qualquer relacionamento pode beneficiar-se de um conhecimento de fantasias cruzadas e aumentar a satisfação mútua ao trabalhar para evitá-las.

AS FANTASIAS SÃO O TRIUNFO DO AMOR SOBRE O ÓDIO?

O subtítulo do livro de Nancy Friday, *O homem e o amor* é *Fantasias sexuais masculinas*. Sobre o amor dos homens pelas mulheres e o papel das fantasias ela diz:

> [*Escrever*] *este livro* [O homem e o amor] *persuadiu-me de que os homens querem as mulheres mais do que elas querem os homens. Para satisfazer seu amor, necessidade, desejo, luxúria, homens abrem mão de mais coisas do que as mulheres* [...] *a*

> *maioria dos homens ainda sonha em fazer sexo com uma mulher que ame. Homens amam mulheres a qualquer preço, amam mesmo que, desde a infância, seja a mulher que o faça se sentir culpado pelo que ele mais deseja nelas.*
>
> *Mesmo resistindo a isso, no final a maioria dos homens se casa, porque deseja a mulher mais do que qualquer coisa; se responsabilidades, hipotecas, úlceras, pediatria e monogamia fazem parte do pacote que eles devem comprar para ter as mulheres, eles o farão. A tese deste livro* [O homem e o amor] *é que o amor do homem pela mulher é cheio de ódio. Observações mostram que no final o amor vence o ódio.*
>
> *Fantasias são o triunfo do amor sobre o ódio.*

A observação de Nancy Friday é que no final o amor vence o ódio, e que as "fantasias são o triunfo do amor sobre o ódio". Minha interpretação das palavras dela é que os homens desejam as mulheres tanto que eles casarão com elas mesmo se sentirem ódio por elas, e eles usam suas fantasias para incrementar suas vidas amorosas. Eu não acho que isso seja um "triunfo". Da maneira como vejo, isso significa que o ódio continua, está apenas contido!

Ao trazer tantas idéias sobre as especificidades das fantasias masculinas, e também sobre suas origens, a autora nos ajuda a superar a ignorância induzida socialmente, a superstição e a inibição. Isso foi um primeiro passo importante. E ela me deu a oportunidade para que eu trouxesse este livro a você, a partir dos conceitos dela sobre onde o ódio pode ser reduzido, não apenas contido. Do meu ponto de vista "fantasias [*não*] são o triunfo do amor sobre o ódio", mas "são o *veículo* para o amor triunfar sobre o ódio". Antes, porém, deve haver amor.

O que quero dizer, é claro, é que deve existir química e maturidade. Essas são as bases deste livro, do relacionamento de almas gêmeas, em particular, e relacionamentos amorosos em geral. Um relacionamento amoroso sem química não pode reduzir o ódio, pois a necessidade emocional para a conexão não é suficiente. Um relacionamento amoroso sem maturidade não pode reduzir o ódio porque a maior probabilidade é a de que os amantes se firam (e o ódio aumente).

RESUMO

Compartilhar fantasias pode aumentar a proximidade emocional ao aumentar o entendimento e diminuir barreiras emocionais. O conhecimento da privação, da química, da maturidade e da interação desses fatores com as fantasias e a proximidade emocional pode melhorar sua habilidade para entender e aceitar de verdade o seu parceiro.

Compartilhar fantasias também acarreta medos, tais como desaprovação. Portanto, o ato de compartilhar fantasias deveria ser abordado com cuidado para então ser expandido gradualmente. Quanto maior a maturidade e maior a química, mais capazes serão os amantes de compartilhar fantasias e aumentar a proximidade emocional e a satisfação sexual.

As fantasias sexuais são, em geral, muito difíceis de entender e aceitar, por conta de tabus socialmente induzidos. A maioria delas não é fisicamente perigosa, mas pode ferir a sensibilidade de alguém. A experimentação e a experiência podem reduzir esses medos e sentimentos.

Compartilhar fantasias e realizá-las são coisas diferentes. Compartilhar é, muitas vezes, suficiente para quebrar barreiras emocionais e permitir liberdade de emoções. Expressar pode ou não ser necessário, ou apropriado, dependendo da natureza da fantasia, da gravidade da privação e da habilidade do casal para agüentar seus efeitos.

No final, com o tempo, compartilhar fantasias pode, para o casal maduro e quimicamente ligado, superar o ódio por meio do amor. Não são as fantasias que superam o ódio, mas o ato de compartilhá-las e o amor.

Tal proximidade emocional em nível profundo pode levar a estados de excitação e contentamento, dois estados que parecem mutuamente exclusivos. Compartilhar fantasias é tão excitante como explorar novas fronteiras. Ao mesmo tempo, quando se tem um alto nível de confiança, experimentar o crescimento emocional traz contentamento. E contentamento e excitação são duas das melhores coisas que existem!

HISTÓRIAS

Espero que você tenha gostado das histórias que usei para ilustrar meus argumentos neste livro. Eu não quero desapontá-lo em um capítulo tão interessante como este! E, em vez de reinventar a roda uma vez que Nancy Friday já escreveu sobre tantas fantasias sexuais excitantes, decidi condensar um grupo de suas histórias e incluí-las em um apêndice (Apêndice 5). A linguagem em muitas dessas histórias é explícita, mas eu as incluí para incentivar os leitores a expandirem seus limites, aumentarem suas oportunidades de proximidade emocional e suas chances de sucesso na busca por um relacionamento amoroso de qualidade. Como William Blake diz: “a estrada dos excessos leva ao palácio da sabedoria”; neste caso leva ao palácio da aceitação verdadeira e completa, baseada em química verdadeira, alta maturidade e conhecimento.

O quanto VOCÊ aceita suas fantasias sexuais?

TAREFA

A tarefa para este capítulo é ler o Apêndice 5, um resumo das fantasias sexuais do livro de Nancy Friday. Mantenha a mente aberta ao ler as explicações da autora. Lembre-se do que você já aprendeu sobre privação sexual, conexão química, proximidade e maturidade emocional.

As verdadeiras almas gêmeas () poderão curtir essas fantasias sem inibições ou julgamentos.

Você está preparado para ser um amante alma gêmea? Se essas fantasias não o excitarem, a resposta provavelmente é *não*. Por que você está se permitindo ser controlado por tabus, medos e limites culturais? A linguagem o ofende? Por quê? São apenas palavras! É um tabu cultural. Amantes de qualidade e almas gêmeas sabem que precisam se livrar de tabus para que possam amar e curtir um ao outro completamente.

Não quero apressá-lo na superação de seus tabus, a menos que você queira encontrar um relacionamento amoroso de qualidade. Se quiser, então corra para a “estrada dos excessos” e comece a explorá-la e experimentá-la! (Eu disse no início que amor de qualidade não era para os fracos...) Se você chegou até aqui, demonstrou que tem muita resistência, então continue até chegar ao topo! Eu incentivo todos os leitores a comprarem e lerem os livros *O homem e o amor* e *My secret garden* [*Meu jardim secreto*], de Nancy Friday.

Pergunta: você sabe como sua sexualidade se encaixa na sua espiritualidade? Se você não puder responder a esta pergunta, leia o próximo (e último) capítulo.

Segredo 12

Confie no rio

espiritualidade

Deixe o seu amor conectá-lo
a todas as coisas vivas.

Da música *Let your love flow,*
L. E. Williams

Parece ser um belo salto de "fantasias sexuais" para "espiritualidade". Talvez pólos opostos infelizmente justapostos. São tão opostos assim?

A maioria das pessoas sabe exatamente se seus carros cabem na garagem. Mas poucos sabem se sua sexualidade cabe em sua espiritualidade. Como *você* descreveria sua sexualidade em relação à sua espiritualidade?

SEXO E ESPIRITUALIDADE

Para mim, o sexo leva diretamente à espiritualidade. Minha opinião é a seguinte:

> *Sexo é uma energia dada por Deus, a manifestação da força vital básica. O sexo, por sua natureza, busca conexão e cria nova vida. O desejo de conexão física logo se traduz em um desejo de conexão emocional. Conexão emocional pode ocorrer quando duas pessoas têm química mútua, algo que é dado por Deus. O desejo por conexão emocional traduz-se em desejo de proximidade emocional. Mas proximidade emocional não pode ocorrer efetivamente entre pessoas imaturas; portanto, a força vital (sexo combinado com experiências de vida) leva as pessoas ao crescimento emocional. O crescimento emocional, em troca, resulta em níveis maiores de maturidade emocional, o que é o mesmo que espiritualidade avançada, algo semelhante a Deus.*

O que estou descrevendo aqui é um caminho para a espiritualidade. É o caminho do amor. Embora muitos proclamem estar nesse caminho, a maioria não está. Ele não é fácil. As probabilidades intimidam a maioria das pessoas. Talvez dizer que o sexo leva "diretamente" à espiritualidade tenha sido um exagero...

Este livro fala sobre a busca de um significado nos relacionamentos amorosos. A busca por um relacionamento de qualidade ou talvez até uma alma gêmea. A busca por um relacionamento que não é um jogo. Tal busca pode não ser o único caminho para uma espiritualidade maior, mas é um caminho natural, alinhado com forças maiores que nos dão sexo, química, capacidade para a conexão e para o crescimento.

Vamos elaborar resumidamente cada passo desse caminho, e então descrever o tipo de pessoa que ele leva a ser.

Sexo é uma Manifestação da Força Vital

Thomas Moore, em *O que são almas gêmeas?*, devota uma seção de seu livro para a "Santidade do Sexo". Ele diz:

> *Ajudaria se parássemos de pensar no sexo como um meio médico ou biológico. A esfera completa do sexo – emoção, corpo, fantasia e relacionamento – está no domínio da alma.*
>
> *Enquanto pensarmos no sexo de maneira limitada, como uma função biológica ou mesmo como único meio de comunicação ou intimidade, seremos iludidos por suas viradas inesperadas. Seria melhor reconhecer desde o início que o sexo é um aspecto profundo, amplo, da alma, unindo corpo, emoção e imaginação em uma experiência intensa que pode tocar cada parte de sentimento e significado, ainda que jamais entendamos completamente. É por natureza misterioso.*

O poeta William Blake diz:

> *O homem não tem corpo distinto da alma*
> *Energia é única vida, e é do corpo*
> *Energia é deleite eterno*

Poucos contestariam o interesse das pessoas pelo sexo, o que é claramente natural. O sexo leva-nos a buscar conexão. Dependerá de você usá-lo só por diversão ou para seguir o caminho que leva à espiritualidade.

Conexão como Espiritualidade

Acredito que a conexão seja a base da espiritualidade. Deixe seu amor cegá-lo para todas as coisas vivas. Eu quero sentir a conexão. Todo mundo quer sentir conexão. Todos somos conectados. As forças maiores do universo estão agindo por intermédio dessas conexões.

O dr. M. Scott Peck, em seu livro *A trilha menos percorrida*, coloca dessa forma:

> [...] *quanto mais longe e quanto mais nos estendermos, mais amaremos, mais obscura ficará a distinção entre o eu e o mundo. Passaremos a nos identificar com o mundo.*
>
> *Uma "união mística" com o mundo todo pode ser estabelecida.*

Ele usa a expressão "*unidade com o universo*".

Em *O que são almas gêmeas?*, Thomas Moore diz:

> *A família que a alma quer é uma rede palpável de* [...] *interconexão que toca o chão, cria raízes e se aninha.*

Existem muitos tipos de conexões, e já as discutimos em capítulos anteriores, então vou resumir concisamente:

Química é a "conexão graxa". Se ela for muito alta, uma alma conhece outra alma em um fluir natural. A química não pode ser fabricada ou destruída. Não está lá, nem lá. Está além de nosso controle. Vem em graus. Química muito alta conecta-nos naturalmente ao centro do universo.

Outras conexões (por exemplo, menos químicas) também são valiosas e nos ajudam a criar uma rede. A rede pode incluir amigos, sexo, parceiros e relacionamentos orientados por valores. Essa rede nos apóia e ensina.

Proximidade Emocional como uma Conexão mais Profunda

Existe uma conexão com todos em nossa rede, mas a profundidade da conexão varia de uma pessoa para outra. A química mútua, quando existe em um nível alto entre duas pessoas, prepara o caminho para uma conexão mais profunda e para a proximidade emocional. Sexo é a máquina que nos empurra por esse caminho. Fantasias sexuais são o veículo para aumentar a proximidade emocional. Maior proximidade emocional significa maior entendimento entre dois indivíduos. Eu preciso me estender para entender você, e você precisa se estender para me entender. (Também preciso me estender para me entender e para que você possa me entender.)

O dr. Peck dá uma definição particular de "amor" ao descrever esse processo de estender a si mesmo:

> [*Amor é*] *a vontade de estender a si mesmo para o propósito de nutrir o próprio crescimento espiritual ou o de outra pessoa.*

Embora eu tenha usado uma definição diferente para amor neste livro, (química alta mútua combinada à maturidade alta mútua), concordo com a definição do dr. Peck. Existem muitas facetas do amor, portanto, é importante não usar o termo amor indiscriminadamente, mas sim para defini-lo contextualmente, como eu e o dr. Peck fizemos. Eu interpretaria a definição dele como "amor fraternal"; já este livro é orientado no sentido de "amor romântico". No entanto, ambos são aspectos de um conceito multifacetado de amor.

Crescimento Emocional como Caminho Espiritual

Até agora estávamos nos divertindo. Sexo é divertido. Conectar-se é divertido. Ter proximidade emocional parece que será divertido.

Mas é aqui que essa diversão termina. Encaramos nossa verdadeira natureza e nossos medos. Não temos muita certeza se gostamos de quem somos, e temos medo de que nosso parceiro não vá gostar de nós também. Então fingimos ser alguém que não somos. Ou fingimos gostar da pessoa que somos. Mas sabemos a verdade sobre nós mesmos, então criamos uma distância. Não queremos mudar. Talvez possamos nos divertir e não trabalhar no crescimento. "Se seus problemas fossem os mesmos que os meus, nós nos daríamos muito bem!"

Eu gosto de pensar na composição emocional de dois indivíduos como sendo similar a um par de engrenagens (como mostrado a seguir). O maior diâmetro, as regiões mais lisas de cada engrenagem, representam partes inteiramente desenvolvidas e maduras da estrutura emocional do indivíduo. As partes menores, moldadas, representam os aspectos subdesenvolvidos, limitados e temerosos de sua estrutura emocional.

Ao unir duas pessoas emocionalmente maduras, suas estruturas emocionais completamente desenvolvidas deslizarão juntas como duas rodas, resultando em um relacionamento harmonioso.

Mas ao unir duas pessoas imaturas, em vez de "rodas" deslizantes você terá "engrenagens" subdesenvolvidas. Não se pode realmente esperar que se entrosem, porque não se entrosarão. Elas colidem e destroem-se. Então se afastam para evitar a dor. Sexo, química, o desejo de conexão/proximidade as une de novo. Elas se desgastam um pouco mais e se afastam. Cedo ou tarde afastam-se permanentemente, até que elas (espera-se) sejam capazes de crescer emocionalmente.

O crescimento emocional é o processo de desenvolvimento de todos os aspectos da estrutura emocional em um círculo cheio e liso, para que, quando duas pessoas se unirem, elas tenham um relacionamento tranqüilo.

Mas não é fácil adquirir crescimento emocional. O dr. Peck descreve as dificuldades desta forma:

Falamos de várias maneiras sobre como é difícil crescer. Poucos caminham confiantes e sem hesitar rumo à vida adulta, sempre ansiosos por responsabilidades novas e maiores. A maioria ar-

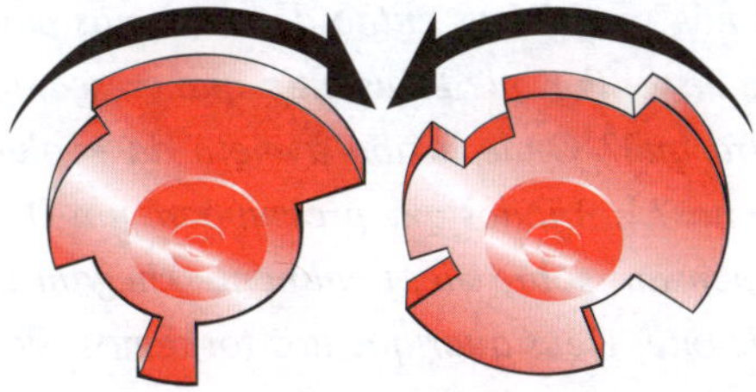

Relacionamento típico.
O relacionamento de colisões e doloroso
de um casal emocionalmente subdesenvolvido.

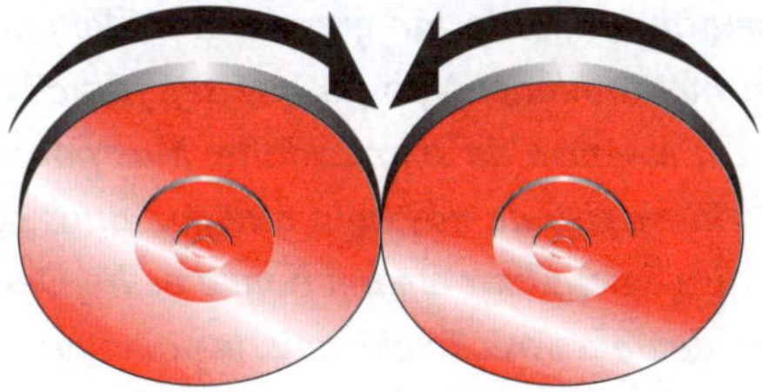

Almas gêmeas.
O relacionamento fácil e harmonioso
de um casal emocionalmente maduro.

rasta-se e, na verdade, não se torna mais do que adultos parciais, sempre se esquivando das exigências da vida adulta total.

A competência espiritual pode aumentar (*embora geralmente não aumente*) *até o momento da morte em idade avançada* [O sublinhado foi adicionado para enfatizar o ponto de que "geralmente não aumenta"].

Maturidade como Espiritualidade

Crescimento espiritual e emocional são a mesma coisa. O dr. Peck diz: "[...] *crescimento espiritual* [...] *é inseparável do processo de maturação psicológica*".

Ele elabora ainda mais a questão da meta de crescimento espiritual:

Se fizermos a pressuposição de que nossa capacidade de amar, essa ânsia de crescer e se desenvolver, é de alguma forma "soprada em nós" por Deus, então devemos nos perguntar qual é a finalidade disso. Por que Deus quer que cresçamos? Estamos crescendo para quê? Onde acaba a meta da evolução? O que Deus quer de nós? [...] Todos que pressupõem um Deus amoroso, e realmente pensam sobre ele, finalmente chegam a uma única idéia aterrorizante: Deus quer que nos tornemos Ele mesmo. Estamos crescendo para a divindade. Deus é a meta da evolução. Deus é a fonte da força evolucionária e Deus é o destino.

Quando digo que essa é uma idéia aterrorizante, digo mais ou menos. É uma idéia muito velha, mas corremos dela com pânico desenfreado. Porque nenhuma idéia que já recaiu sobre o homem jamais representou um fardo tão grande. É a idéia mais exigente da história da humanidade. Não porque seja difícil de conceber; ao contrário, é a essência da simplicidade. Mas porque se acreditarmos nisso, ela exigirá de nós tudo que podemos dar, tudo que temos. Uma coisa é acreditar em um bom e velho Deus que tomará conta de nós de uma posição elevada de poder, que nós mesmos não poderíamos nem começar a ter. Outra coisa é acreditar em um Deus que tem em mente que nós devemos tomar Sua posição, Seu poder, Sua sabedoria, Sua identidade.

Mas não queremos essa obrigação. Não queremos ter de trabalhar tanto. Não queremos a responsabilidade de Deus. Enquanto acreditarmos que divindade é algo impossível de ter para nós mesmos, não temos de nos preocupar com nosso crescimento espiritual, não temos de nos pressionar para alcançar níveis mais e mais altos de consciência e atividade amorosa; podemos relaxar e sermos humanos.

A idéia de que Deus está ativamente nos nutrindo para que possamos crescer e ser como ele nos faz encarar nossa preguiça.

Qualquer que seja o caminho que você esteja tomando em direção à espiritualidade, o estado final teórico (nunca completamente alcançado) é o mesmo: a capacidade de entender, perdoar, ser paciente, amar etc., são exemplos de maturidade emocional. Ninguém é perfeito, mas aqueles que buscam o crescimento espiritual lutam para serem sempre melhores do que antes.

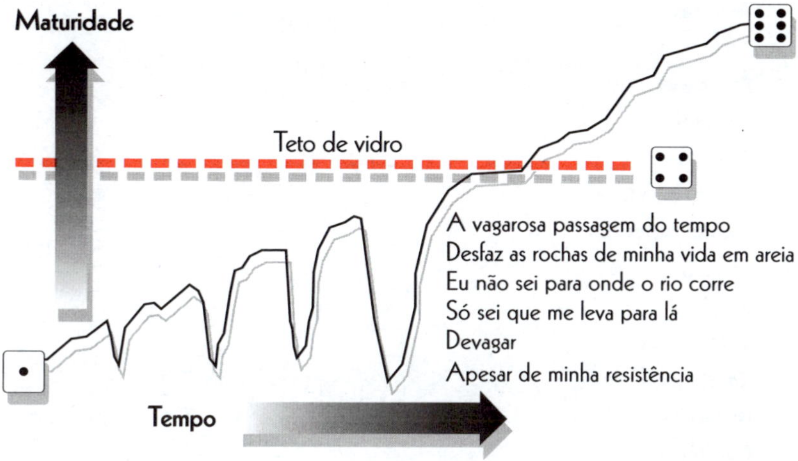

O caminho em direção à maturidade não é uma linha reta. Para mim pode ser qualquer coisa, menos uma linha reta. Acima, temos um gráfico que mostra como vejo meu próprio crescimento espiritual. Com todos os erros, dores e desilusões de meus primeiros relacionamentos, teria sido fácil parar de crescer lá pelo nível quatro. Só com a ajuda do dr. Bessell fui capaz de seguir além desse "teto de vidro" da maturidade média. Espero que agora eu seja digno do "seis" que me dei, e espero que não tenha parado de crescer.

Seu caminho sem dúvida será diferente, mas não espere que seja fácil!

A PESSOA ESPIRITUALMENTE AVANÇADA

Com nossos irmãos partilharemos
Todos os segredos de nossa montanha [...]

Da música *One tin soldier*,
D. Lambert e B. Potter

Como dissemos anteriormente, "espiritualmente avançado" quer dizer a mesma coisa que "emocionalmente maduro", então usarei esses dois termos alternadamente.

Embora as pessoas espiritualmente avançadas pareçam ser como todo mundo, elas não são. Se você as observar por um longo tempo, será capaz de notar as seguintes características. Pessoas espiritualmente avançadas (emocionalmente maduras) são:

Abertas
Carinhosas
Pacientes
Flexíveis
Estáveis
Sabem perdoar
Sabem entender
Sexuais
Realistas
Cuidadosas
Corajosas
Honestas
Confiáveis
Espontâneas
Afetuosas
Compreensivas
Fazem experiências
Ligadas a tudo
Gentis
Fortes
Criteriosas
Conhecem a si mesmas
Valorizam a amizade
Reconhecem a importância do sexo para a proximidade emocional
Reconhecem o poder da química
Valorizam a estabilidade da maturidade
Comunicam-se em um nível emocional profundo
Gostam de compartilhar fantasias
São boas ouvintes
Trabalham para melhorar seu entendimento
Reconhecem sua própria falibilidade
São capazes de lidar com a incerteza
Valorizam sua liberdade
Valorizam a liberdade dos outros
Não abandonam seus amigos
Demoram para se comprometer

Não se comprometem se não podem manter o compromisso

Assumem e mantêm compromissos

Esta lista ainda não está completa.

Isso é o que a jovem em nosso "Antes" deveria estar procurando, em adição à química romântica. Sua busca era limitada a "foguetes", e ela ficou longe da "nave espacial". Em outras palavras, ela não reconheceu o valor da maturidade emocional (combinado a uma forte química romântica). Falhou no amor; como resultado, passou seus valores para sua filha, que irá quase com certeza ter o mesmo destino. A menos, é claro, que ela leia este livro.

Antes que você possa concluir, de acordo com a lista anterior, que pessoas emocionalmente maduras são "perfeitas", devo dizer que pessoas emocionalmente maduras refletem esses atributos em um nível ⚅. Ou seja, em um nível de 85% ou mais.

E mesmo que 85% não seja perfeito, é muito bom e muito difícil encontrar um objetivo pelo qual valha a pena lutar.

Essa lista de atributos é igual para homens, mulheres, homossexuais, bissexuais, transexuais e qualquer outra pessoa.

Muitos desses atributos da pessoa emocionalmente madura já foram trabalhados (química, maturidade, paciência, coragem, fantasias). Para trabalhar detalhadamente todos esses atributos desejáveis seria preciso outro livro. Mas existem alguns que merecem atenção especial, pois são centrais para o conceito de espiritualidade no contexto da busca por um relacionamento amoroso de qualidade. São eles: estabilidade, liberdade, flexibilidade, perdão e fé.

ESTABILIDADE

A estabilidade é um pré-requisito para proximidade emocional e espiritualidade. É pré-requisito para fazer e manter amigos em um nível profundo. É um pré-requisito para união, trabalho em equipe e parceria.

Você não pode fazer amigos próximos se for instável. Eles irão querer distância dos seus altos e baixos. Ninguém poderá confiar em você se você for instável, se não souberem nada a seu respeito. As pessoas gostam de tratamento justo e consistente. Gostam de pessoas que ouvem e entendem.

Como agir para se tornar estável? Mediante experiência e orientação. Se você não tiver muita experiência, não poderá ser muito compreensivo. Se tiver muita experiência e pouca ou nenhuma orientação, irá, muito provavelmente, interpretar sua experiência de forma incorreta e seu entendimento será problemático. Se tiver somente experiências ruins, é possível que não tenha boa estabilidade. Para crescer reta e verdadeira, uma árvore precisa de sol e chuva, e não de muito vento.

A experiência traz conhecimento, mas é útil ter um amigo emocionalmente maduro para ajudá-lo a traduzir a experiência em uma série de habilidades e conhecimentos coerentes. Sem tal orientação, é possível construir "conhecimento" que seja incoerente e dê margem a conflitos internos e externos.

Todo mundo tem más experiências em suas vidas. E a tendência natural é construir defesas contra futuras mágoas. Essas defesas são pelo menos moderadamente eficazes, então as pessoas prendem-se a elas com as próprias vidas. Essas defesas geralmente têm uma aparência exterior de algo "bom". Karen Horney, em *Neurose e desenvolvimento humano,* define três tipos de personalidades básicas associadas à natureza do sistema de defesa que cada tipo construiu (ver a nota de rodapé no final deste capítulo). Embora sejam uma grosseira simplificação do extenso trabalho de Horney, os tipos seguintes *não* são espiritualmente avançados ou emocionalmente maduros:

Tipo 1: A Pessoa Pseudoforte

Indivíduos dessa categoria acreditam que deveriam ser capazes de controlar todas as situações e pessoas. São expansivos e sem limites. Têm padrões altamente perfeccionistas. São autoconfiantes e orgulhosos. Mas, por baixo desse comportamento, são irados e vingativos. Isso pode se manifestar como irritabilidade, mau humor, provocar sentimento de culpa em outros, e até mesmo ira desenfreada. Uma infância infeliz causou um processo de "endurecimento", uma necessidade de negar sentimentos positivos e vontade de exercer controle sobre a vida.

E em uma sociedade que enfatiza a agressão, a pessoa irada pode se passar por forte. Estar zangado com as mágoas que sofremos é compreensível, mas não significa ser forte. É a criança que não consegue o que quer e faz escândalo. É um esforço para controlar. É rigidez. Não representa o mesmo que ser estável. Pessoas emocionalmente maduras não são iradas. Elas reconhecem as mágoas que sofreram, as privações e o ódio, mas, ao reconhecê-los, trabalham para entender os motivos da ira e não são mais controladas por esses sentimentos.

Tipo 2: A Pessoa Pseudo-amável

Essa pessoa pensa que deveria ser o exemplo da benevolência, generosidade, consideração, compreensão e compaixão. Ela deveria sacrificar tudo por amor. Esse tipo de pessoa faz de tudo para evitar qualquer coisa que pareça arrogante, orgulhosa ou presunçosa. Mas, na verdade, essa pessoa está sofrendo de abandono. Ou pode ser levada a uma dependência. Uma infância de precariedades causou um "processo de esquivo", uma necessidade de aprovação e de negar quaisquer tentativas de triunfo ou superioridade.

Sofrer as mágoas é compreensível. Mas não é amor. O mártir virtuoso pode não mostrar muito de sua mágoa, mas sua "doação" é seu "muro". Os pseudo-amáveis sentem que não estão recebendo tanto amor quanto estão dando ou merecem. Então sofrem ainda mais. Você não pode atravessar seus muros porque eles não estão muito felizes consigos mesmos e não querem que você saiba disso. O dr. Peck afirma:

> [...] *dependência pode parecer amor porque é uma força que faz com que as pessoas se apeguem firmemente umas às outras. Mas na verdade não é amor; é uma forma de anti-amor.*

Ter proximidade emocional com esse tipo de pessoa parece que deveria ser possível, mas não é. Por outro lado, a proximidade emocional só é possível com uma pessoa espiritualmente avançada. Elas abordam o amor como dar e receber, uma comunicação emocional entre iguais. Podem ter sofrido e valorizam o amor, mas não se penduram. São muito condescendentes e compreensivas, mas não são desamparadas. Tornaram-se mais maduras emocionalmente por causa do sofrimento.

Tipo 3: A Pessoa Pseudo-estável

Essa pessoa acredita que deveria ser auto-suficiente, independente, livre de desejos e paixões, calma e franca. É cuidadosa em não infringir os direitos dos outros. Tem uma sinceridade e uma integridade essenciais. Mas essa pessoa sente medo. O medo manifesta o desejo de manter distância emocional, uma hipersensibilidade à pressão e uma aversão às mudanças. Quaisquer ligações mais fortes restringiriam a liberdade dessa pessoa. Ela quer ser livre e, portanto, não vai tolerar pressão. Uma infância muito exigente causou um processo de "desinteresse", uma necessidade de evitar contato e uma determinação de não se envolver emocionalmente com outras pessoas. Ela pretende defender sua liberdade até o último minuto.

Essa pessoa resolveu suas mágoas desligando suas emoções mais profundas. Não está irada nem sofrendo. Está apenas superficial. Isso não é aparente de imediato, porque geralmente é encantadora, divertida e alegre. Mas pessoas espiritualmente avançadas notarão a falta de carinho de verdade, a indisposição de permitir proximidade emocional. Uma vez que as pessoas pseudo-estáveis não são propensas a explosões de raiva nem à dependência, podem parecer estáveis. Talvez sejam "imutáveis", mas não "estáveis".

Pessoas emocionalmente maduras também valorizam a liberdade, mas a liberdade de crescer, não de interferência.

Em resumo, inexperiência ou má experiência combinada com pouca ou nenhuma orientação faz com que pessoas limitem seu potencial e adotem pseudopersonalidades reais como defesas contra mágoas futuras. Suas defesas negam acesso às forças espirituais, forças que aumentam o crescimento emocional. Muitas vezes, essas pseudopessoas são religiosas, e suas defesas são escoradas pela religião em particular e/ou crenças culturais – crenças que reforçam os "bons" atributos do seu sistema de defesa, mas falham em reconhecer o "mau" associado com medo, preguiça e vida limitada, o que inibe seu real avanço espiritual.

Em contraste com a pessoa espiritualmente subdesenvolvida, irada, sofredora ou superficial, pessoas emocionalmente maduras são calmas, estáveis e profundas. Elas acreditam no potencial de crescimento dos outros. Estão dispostas a propiciar orientação, compartilhar experiências e oferecer interpretações. Elas incentivam, mas não pressionam.

A pessoa inexperiente pode interpretar alguém que seja emocionalmente madura como exigente. Porque a pessoa madura está interessada no crescimento emocional/espiritual do outro, e vê as áreas em que esse crescimento é possível. O eu medroso da pessoa pode interpretar isso como uma exigência de mudança, mas não é. A "exigência" é apenas um reflexo/projeção do conhecimento interno da própria pessoa imatura de que ela deveria crescer nesse âmbito. Como elas não gostam do que vêem, elas jogam o espelho longe!

Obter proximidade emocional é possível com uma pessoa emocionalmente avançada. Ela está conectada com as forças maiores do universo.

LIBERDADE

Porque eu sou estável, você é livre. Você pode entrar e sair da minha vida e eu vou amá-lo como você é. Não tenho necessidade alguma de controlá-lo (como faz a pessoa pseudoforte) ou me pendurar em você (como faz a pessoa pseudo-amável) ou evitá-lo emocionalmente (a pessoa pseudo-estável). Eu nunca o magoarei. Eu nunca o forçarei. Estarei sempre ao seu lado.

Ele que se amarra à alegria
A vida alada destrói
Mas ele que beija a alegria
Enquanto ela voa
Vive no nascer do sol na eternidade.

William Blake

Você é livre. MAS...

Você pode ser livre para pular e voar por aí, mas você ainda não é livre de sentir-se sozinho.

Você não é livre da busca.

Você não é livre para compartilhar suas fantasias com segurança.

Você não é livre para sentir-se conectado no nível da alma.

Temos um paradoxo aqui, que se relaciona ao conceito muito difundido de que "amor" e "liberdade" são termos conflitantes. As pessoas querem liberdade e amor, e pensam que precisam abrir mão da liberdade para ter amor.

Mas o inverso é verdade. A verdadeira liberdade requer amor, requer compromisso. Quando há confiança na ligação química entre duas pessoas, é possível usá-la para conectar-se ao universo. Amor verdadeiro é liberdade!

Vamos fazer uma analogia. Suponha que você queira ser um trapezista. "Voar pelos ares com extrema facilidade." Essa é sem dúvida a liberdade final! E, esperando ser o melhor (ou você não estaria lendo este livro), quer dar uma cambalhota tripla no ar antes de ser pego pelo seu parceiro no outro trapézio. Não é muito provável que você tente isso com um estranho, pelo menos sem uma rede. Quer um parceiro em quem possa confiar. Alguém que seja capaz de pegá-lo. Alguém que esteja no seu nível e que estará lá na hora certa. E mesmo assim precisa de uma rede de segurança. E você começará com passes de mão, fará muitos deles antes de tentar seu primeiro vôo "solo" e, então, bem devagar, construirá a confiança, e depois a compreensão. Deixará que o tempo lhe dê a habilidade; você não se apressa, não pressiona, continua falando, continua praticando. Finalmente vem o momento em que ambos dizem: "Eu confio em você mais do que em qualquer outra pessoa para ser meu parceiro no trapézio. Estou disposto a trabalhar com você pelo tempo que for necessário para que possamos ser tão bons quanto pudermos. Não sabemos o quão bons podemos ficar, mas nosso *compromisso* é trabalharmos juntos para continuar melhorando". E por meio desse compromisso você se dará liberdade de tentar o salto triplo. Mas é preciso desejo mútuo (química), capacidade mútua (maturidade) e comprometimento. A verdadeira confiança baseada em experiência atual propicia segurança real.

Segurança e compromisso estão interligados intimamente. O melhor da liberdade requer comprometimento. Na ausência de compromisso, ainda sou livre para me conectar ao universo. Só que é preciso mais esforço. Sou regenerado pelos meus amigos e pelas conexões químicas que tenho. Sou parte da vida. Sou um com a força. Eu flutuo no rio da vida, brinco no rio. O rio me conecta.

Mas, se tiver um compromisso, vamos dizer, em um relacionamento de almas gêmeas, a química me conectará diretamente ao rio. A maturidade dela sustentará minhas amizades e interconexões. Ela ama, respeita, valoriza e apóia minha liberdade. Eu amo, respeito, valorizo e apóio a liberdade dela. Nenhum de nós vai tirar vantagem do outro porque sempre manteremos o equilíbrio. Nosso compromisso é com a satisfação e com o crescimento um do outro. O dr. Peck afirma:

O amor verdadeiro não só respeita a individualidade do outro, mas, na verdade, procura cultivá-la, mesmo com risco de separação e perda. Da mesma forma, um bom casamento só pode existir entre duas pessoas fortes e independentes.

"Compromisso", nesse sentido, vai além do sexo. O sexo é uma manifestação de desejo por conexão. Mas a verdadeira conexão em nossa química muito alta é mantida pelo nosso tratamento carinhoso um com o outro. Não é mantido por "exclusividade" artificial. Exclusividade não é o mesmo que compromisso. Exclusividade é a manifestação do ciúme, do medo, representa uma *quebra* na conexão. O ciúme restringe, fecha, aliena, frustra, enraivece. Por outro lado, o compromisso real é uma manifestação da verdadeira química (uma qualidade divina) e da alta maturidade (outra qualidade divina). O compromisso verdadeiro, portanto, representa *estabilidade* na conexão. Eu sei que você vai conhecer outras pessoas com quem sentirá química, porque a "química acontece". Mas não estou preocupado com isso porque (1) nossa química é muito alta; (2) temos maturidade para agüentar; e (3) nenhum de nós quer perder isso (quem deixaria um "295" por um "297" na escala do dr. Bessell?). Nossa conexão pode ser o centro no universo, mas não é o universo inteiro nem nos separa do resto dele.

Devo dizer que não estou falando do comprometimento típico de casamentos ("Sim, eu aceito"). O casamento típico é um produto da sociedade, e embora muitas vezes seja abençoado pela Igreja, com freqüência não é um produto divino. É um produto do homem. O compromisso existe nas leis e o casal pode acreditar nele por um certo tempo, mas ele não é necessariamente real, profundo ou permanente. Embora alguns casamentos durem muito tempo, a conexão profunda e a satisfação, muitas vezes, não existem.

Falo sobre o compromisso que vem da química e maturidade altas. São os casamentos formados em concordância com as mais altas leis do universo. É um compromisso que irá durar porque os parceiros sabem que o relacionamento é verdadeiro e muito bom para eles.

Os Dados do Amor têm a solução para o comprometimento. Aqui está a qualidade do comprometimento que você pode esperar de vários tipos de relacionamentos:

Almas Gêmeas

O compromisso em um relacionamento de almas gêmeas é mais confiável porque não há nada significativo faltando, nem na química nem na maturidade. A liberdade provavelmente não ocasionará o encontro de um parceiro diferente ou melhor.

Bons Relacionamentos Amorosos

O compromisso em outros relacionamentos amorosos bons é menos confiável do que em almas gêmeas, mas ainda é muito bom, porque a química e a maturidade são altas. Embora a liberdade possa possivelmente ocasionar o encontro de um outro parceiro, as probabilidades estão contra isso, e a maturidade dos parceiros é suficiente para julgar essa questão.

Relacionamentos Típicos

O compromisso em relacionamentos típicos não é muito confiável porque falta muita coisa nessa bagagem de química e de maturidade. É neste tipo de relação que se vê o ciúme agir de verdade. Aqui a liberdade resulta no medo baseado em ciúme, o que cria uma exigência por exclusividade, fazendo uma quebra na conexão que acaba com o crescimento espiritual/emocional futuro (mesmo que ele seja muito necessário!).

O Amante Terapeuta

É preciso fazer uma advertência quanto a esse relacionamento diamante bruto. Como já foi amplamente discutido, relacionamentos de almas gêmeas geralmente não começam como almas gêmeas, mas como diamantes brutos. Em tal relacionamento, um compromisso com a liberdade precisa ser temperado com a realidade do relacionamento. Por exemplo, embora o relacionamento mostre muito potencial, pode ser prejudicado por conexões sexuais externas. O parceiro provavelmente ainda terá problemas com ciúme. O parceiro poderá ter de manter relações sexuais unicamente com a outra pessoa por algum tempo, enquanto o relacionamento amadurece. O segredo para o parceiro menos maduro é "não encarcerar o amante terapeuta"! Compartilhe fantasias, permita conexões não-sexuais, trabalhe rumo ao crescimento, tenha uma união sexual satisfatória. Em tais condições, o parceiro mais maduro poderá ter de manter essa exclusividade sexual por muito tempo, talvez para sempre, pois o relacionamento é muito importante e ele sabe disso.

Almas gêmeas são a conexão almejada. Elas apóiam a liberdade uma da outra, mas mantêm tudo em equilíbrio. Trabalham juntas, reenergizam uma à outra e irradiam sua energia para a sua rede, reenergizando mais pessoas. Outros relacionamentos amorosos de qualidade podem segui-las como modelo, mas precisam temperar suas atividades em relação à qualidade de sua química e maturidade.

FLEXIBILIDADE

A pessoa espiritualmente/emocionalmente avançada/madura é estável porque é flexível. "Você quer um relacionamento não-sexual? Tudo bem." "Você quer um relacionamento sexual? Tudo bem." "Você quer um relacionamento exclusivo? Tudo bem." "Você quer um relacionamento não-exclusivo? Tudo bem."

Existem muitas maneiras de conectar-se a uma pessoa emocionalmente madura. A conexão é mais importante do que os limites. Ao estabelecer um relacionamento com tal pessoa, ele pode continuar a crescer, porque existem sempre diversas soluções para problemas inevitáveis. Ter soluções múltiplas significa uma maior chance de achar uma solução aceitável para ambos os parceiros.

Vamos analisar uma questão tão comum como ir a um restaurante, por exemplo. Se há vinte restaurantes diferentes dos quais você gosta ou freqüenta, então provavelmente será capaz de fazer uma escolha com a qual os dois ficarão felizes. Mas se só existe um ou dois restaurantes, e seu parceiro também só gosta de poucos, então há uma grande probabilidade de não haver uma solução aceitável.

Problemas não resolvidos criam distância, ressentimento e raiva. Resolver problemas juntos propicia proximidade emocional e constrói confiança.

A flexibilidade aumenta a habilidade de solucionar problemas.

A imposição de limites diminui essa habilidade.

Você não pode se aproximar de uma pessoa que seja inflexível ou que tenha limites muito rígidos. Você se sentiria como se estivesse andando sobre ovos.

E quanto ao sexo, o ponto final na busca por proximidade emocional? O lugar em que fantasias podem ser compartilhadas e talvez até realizadas, no qual as inibições podem ser deixadas de lado.

O quanto você é flexível? Como se sente em relação ao sexo oral, anal ou ao sadomasoquismo? Você só fica à vontade com o convencional papai-mamãe ou também quando a mulher está por cima? Sentirei que você é minha parceira, que gosta de fazer de tudo ou será minha inimiga, que me impede de fazer o que gosto? As emoções vão fluir ou serão bloqueadas?

A flexibilidade sexual é um espelho da habilidade para solucionar problemas em outras áreas do seu relacionamento, porque reflete o grau em que as opções são limitadas pelas atitudes. Pessoas espiritualmente avançadas são mais flexíveis sexualmente e normalmente são as melhores para resolver problemas.

PERDÃO

Ninguém é perfeito. Todo mundo comete erros. Eu não me orgulho dos meus. E espero que as pessoas a quem magoei tenham me perdoado. Cresci e agora sou uma pessoa melhor. Espero que os que me conhecem saibam disso.

Ser imperfeito é humano. Pode até ser "emotivo", segundo a seguinte passagem de Thomas Moore, em *O que são almas gêmeas?*:

> *Não é fácil viver com o poder e mistério da personalidade emotiva de outra pessoa. Para começar, você não pode depender daquilo que a pessoa promete, já que a alma não está disposta a ser acorrentada a intenções ou mesmo a compromissos* [...] *a única solução para esse problema é saber que é dever de ambas as partes respeitar a alma, reconhecer o mistério e a inescapabilidade contida na vida emotiva e vir a apreciar sua imprevisibilidade. Isso pode acarretar uma mudança radical de valores. Comumente, sem pensar sobre isso, honramos nossos compromissos, promessas, fidelidades e hábitos confiáveis. Quando se trespassa*

esses valores, ficamos indignados e reclamamos que há uma falha no relacionamento. Se por outro lado tivéssemos uma visão mais ampla e honrássemos a tendência da alma em se mover de maneiras misteriosas, poderíamos ver que os desenvolvimentos imprevistos que vêm da alma podem ter um efeito positivo no relacionamento. Eles exigem um bom número de ajustes e permissões, mas também oferecem o aprofundamento contínuo da conexão, e um enraizamento do apego à alma antes da vontade de qualquer pessoa. Além disso, a teimosia individual é geralmente ligada ao medo e à manipulação, e é dificilmente solo firme para a construção da intimidade.

Quer você largue tudo por conta da alma, quer atribua à imaturidade, a maioria de nós continua a cometer erros. Aqui está uma história de mágoa e perdão.

A história de Jason e Keli

Jason e Keli conheceram-se pela Internet. Eles comunicaram-se via *e-mail* e telefone durante seis meses. Jason apaixonou-se pela voz dela e Keli apaixonou-se pelo jeito manso com que ele falava. Eles trocaram fotografias e ficaram atraídos um pelo outro. Quando decidiram se conhecer, já estavam muito envolvidos emocionalmente.

Mas moravam em Estados diferentes; um dia finalmente Jason viajou para visitá-la. Ele a encontrou no aeroporto muito bem vestida e muito bonita. Ele estava como podia, já que passara por uma viagem longa.

Jason levou um anel de noivado. Sentia-se pronto para um relacionamento sério, e Keli parecia que também.

Jason estava certo sobre Keli estar pronta. Ela ficou com ele todas as noites e fazer amor era prioridade. Jason estava no paraíso. Keli estava em êxtase. No terceiro dia, ele deu o anel a ela. Parecia ser a coisa certa a fazer, considerando o prazer que obtinham juntos. No final da primeira semana, Jason já tinha algumas dúvidas, mas ela era linda e uma pessoa muito boa, e ele ainda estava num período de privação, então "por que não"? Não é preciso casar só porque se está noivo. Depois de dez dias, ele tinha muita certeza de que não era o relacionamento amoroso de qualidade que ele esperava, e por causa disso se encontrava um pouco desiludido, mas ainda queria sexo e ela ainda era uma pessoa boa.

No final das duas semanas juntos, os pais de Keli organizaram uma festa de noivado. Quando Jason viu que haveria centenas de convidados e um mestre de cerimônias, entrou em pânico. Pensou em cancelar, mas a festa já estava marcada. Racionalizou que era apenas uma "cerimônia de noivado", mesmo que parecesse mais com um casamento. Então eles realizaram a cerimônia e deram a festa, e estavam todos felizes por eles, exceto Jason. Ele deu um jeito de manter a aparência. Gostava do sexo. Eles experimentavam muito e divertiam-se juntos.

No avião, no caminho de volta, a alma dele estava confusa. O que ele havia feito? O que deveria fazer? Esquecê-la? Dizer a ela que não a amava? Trazê-la para conhecer os pais dele como haviam combinado? Dar mais uma chance? Sem uma química muito alta, ele não podia se comprometer com o casamento, mesmo que houvesse uma possibilidade. Não sabia o que fazer. Keli podia senti-lo distante, mas continuou esperando que tudo desse certo.

Ele foi visitá-la uma outra vez. Tentou amá-la, mas não deu certo. O sexo, que era ótimo, ficou sendo apenas bom. Ele percebeu-se olhando para outras mulheres enquanto estava com Keli. Fez o melhor que pôde para explicar seus sentimentos.

Ela ficou muito magoada. A situação causou a ela muito embaraço com a família e os amigos. Ele sentia-se péssimo. Do jeito que as coisas estavam, Jason provavelmente iria desistir na "porta da igreja". Fez o melhor para explicar e compensar, e continuou amigo dela. Eles continuaram tendo relações sexuais por um tempo em sua nova amizade ("amigos com algo mais"). Por um certo período, ela cultivou esperanças de que se transformaria em amor novamente. O que ela conseguiu, na verdade, foi uma amizade honesta e consistente, à qual ela correspondia. Finalmente foi capaz de perdoá-lo. Agora eles são bons amigos. Ela cresceu muito emocionalmente e agradece por ele estar na vida dela. Keli amadureceu, e agora valoriza a amizade dele e ele a dela.

Esse relacionamento deve ser avaliado antes e depois do período de crescimento pelo qual Jason e Keli passaram:

Antes

Jason Keli

A química de Jason por Keli era média baixa.
A química de Keli por Jason era muito alta.
A maturidade de Jason era média.
A maturidade de Keli era média.

Depois

A química de Jason por Keli permaneceu média baixa.
A química de Keli por Jason permaneceu muito alta.
A maturidade de Jason passou a ser alta.
A maturidade de Keli passou a ser muito alta.

Nem Jason nem Keli eram muito maduros no começo do relacionamento. Eles não deveriam ter se precipitado com tão pouco tempo passado juntos. Jason precipitou-se porque estava privado sexualmente. Keli precipitou-se porque sentiu uma química muito alta. Mas como resultado desse relacionamento ambos cresceram emocionalmente e tornaram-se mais avançados espiritualmente. Keli cresceu mais do que Jason, porque tinha uma motivação mais forte (sua química muito alta por ele).

Jason e Keli são agora bons amigos. Ele é grato por ela tê-lo perdoado e acha que ela é uma pessoa maravilhosa. Jason atribui o crescimento substancial dela ao trabalho que ela fez para entender a si mesma e a ele.

Jason pode perdoar a si mesmo? Essa é outra pergunta!

Aqui está uma conversa que tive com Jason algum tempo depois desse ocorrido:

Muito bem Jason, por que isso aconteceu?

Eu estava em privação.

Por que você estava em privação?

Muitas mulheres me disseram "não".

Por que elas disseram "não"?

Elas não gostam de mim.

Mesmo? Você é uma pessoa muito agradável.

Tudo bem. É o que elas aprenderam a dizer com seus pais.

Por quê?

Os avôs delas ensinaram aos pais delas.

Por quê?

A cultura ensina isso a todo mundo.

Então não é sua culpa o que aconteceu com Keli!

Bem, sim e não.

Bem, é "sim" ou "não"?

É "não" porque eu caí em uma armadilha armada pelos meus pais e pela nossa cultura. É "sim" porque eu não fiz nada para mudar o que aconteceu.

Então quem deveríamos culpar, seus pais?

Não.

Seus avós?

Não.

A sociedade em geral?

Sim!

Mas isso não vai ter resultado nenhum.

Eu não ligo! A culpa é da sociedade!

Mas a "sociedade" não fez nada de bom por você?

Claro que fez.

O quê?

Eu tive sorte em ter bons empregos, filhos maravilhosos, conexões valiosas, tudo em um ambiente bom e seguro.

Você ainda quer culpar a sociedade?

Eu acho que não. A sociedade também não é perfeita. Isso também não ajudaria nada.

E quanto aos seus pais?

Não posso culpá-los também.

Então você só tem a si mesmo para culpar.

Não! Foram *eles*!

Quem?

Todos eles!

Ora, vamos, pára com isso...

Tudo bem. O que você quer?

A verdade.

Então Jason admitiu que não era completamente maduro para lidar com a situação. Ele gostaria de ter lidado melhor com isso e disse que não vai mais cometer esse erro. Reconheceu que não pode fazer nada para mudar o que já aconteceu. Viu que é humano, falível como todo mundo, e já se perdoou por sua fraqueza, pois agora entende que não estava totalmente ciente ou no controle de suas ações, e agora compreende o porquê disso, o que permite que ele assuma a responsabilidade por suas ações futuras.

Em minha vida tive relacionamentos em que fui magoado e em que magoei outras pessoas. Mas agora já perdoei até mesmo quem me magoou demais. Perdoei parcialmente, porque também não sou perfeito. E perdoei porque entendo que elas eram produto de seus pais, de sua cultura. E as perdoei porque tenho esperança quanto ao seus crescimentos espirituais. Guardar rancor não ajuda no crescimento espiritual dos outros. Perdoar ajuda.

É muito fácil perdoar alguém quando a química é muito alta. Posso pensar em uma ex-amante específica que perdoei umas mil vezes. Provavelmente a perdoei quando deveria tê-la confrontado. Precisa haver um equilíbrio entre perdão e confronto – eles podem ou não ser simultâneos.

Há também muitas pessoas que me magoaram quando eu não sentia o mesmo tipo de química forte. Alguns chefes vêm à mente... Mas, novamente, eram produtos de seus passados individuais. Acho que eles tinham um longo caminho a percorrer em seu desenvolvimento espiritual, mas foram programados pela nossa sociedade, assim como eu também fui.

Embora eu não pertença a nenhuma religião, muitas delas oferecem bons parâmetros. A seguinte citação da *Bíblia* se relaciona diretamente à programação social negativa que a maioria de nós recebeu:

Pai, perdoai-os, pois eles não sabem o que fazem.
(Lucas 23:34)

Eu acho que isso se aplicava aos meus chefes!

A habilidade de perdoar vem da habilidade de conhecer e entender. A habilidade de entender vem de procurar muito pelas razões por trás das ações. Por exemplo, pegue pessoas zangadas.

Por que estão zangadas?
É seu mecanismo de defesa.
Por quê?
Foram magoadas.
Por quê?
Pais e amigos tendem a nos magoar.
Por quê?
Nossa sociedade e cultura não apoiaram nosso mais alto nível de desenvolvimento.

É fácil querer consertar a "culpa". Mas a "culpa" não é a questão. Você pode culpar o broto por não ser uma flor? Estamos todos crescendo para alcançar formas melhores de ser.

A raiva é um princípio para o entendimento, um grito por socorro. "Por favor, entenda que fui magoado e não quero ser magoado de novo."

Continue perguntando "por quê?" e você vai continuar voltando à mesma resposta. Somos fracos, temos falhas e somos imperfeitos não porque somos humanos, mas porque viemos de uma cultura fraca, cheia de falhas e imperfeita.

No entanto, a sociedade está se desenvolvendo. Estamos crescendo como indivíduos, e toda a sociedade cresce junto conosco. Um dia seremos flores, e a sociedade será um jardim.

Gosto de pensar em uma cultura futura que seja mais avançada do que a nossa. Seria mais flexível, mais estável, mais compreensiva, iria me amparar. Essa cultura futura procuraria aumentar a maturidade emocional de cada pessoa da sociedade. Precisamos aprender o máximo que podemos sobre essa visão de futuro, e construir nossa própria espiritualidade e a espiritualidade da cultura de hoje dentro de um modelo mais avançado.

Esta é mais uma história sobre perdão. Também é uma história sobre crescimento espiritual.

A história de Ted e Paula

(Um relacionamento amoroso de qualidade)

Paula conheceu Ted em um clube do livro. Era uma combinação improvável: Paula era uma pessoa caseira e Ted era casado. Mas ele tinha um bom faro para mulheres e notou Paula. Ela vinha de vários relacionamentos desastrosos e queria esquecer os homens; ele não era feliz em seu casamento, e já estava envolvido em um caso extraconjugal com outra pessoa. As coisas não pareciam estar bem para nenhum dos dois.

Mas quando eles conversaram, uma estranha paz os cercava. Para ele, isso era muito diferente de outras experiências, de uma maneira calma. Para ela, era como se suas auras estivessem entrelaçadas. Mas ela não tinha intenção de ter um relacionamento sexual com um homem casado. Para ele estava tudo bem – já tinha feito isso uma vez, e, de qualquer maneira, não acreditava no amor.

E eles decolaram, conversando de maneira relaxada e natural.

O relacionamento obviamente não tinha futuro; ela foi para a América do Sul participar de uma escavação arqueológica. Ele ficou nos Estados Unidos com sua esposa. Dois anos depois, ele pediu o divórcio. Um ano mais tarde, Paula e Ted se encontraram novamente em uma festa, inesperadamente. Ambos estavam surpresos e, novamente, se viram experimentando as mesmas sensações agradáveis de antes. No dia seguinte se encontraram para tomar um café, saíram para caminhar e trocaram números de telefone. Eles *gostavam* um do outro de verdade. O que floresceu para eles primeiro não foi romance ou sexo, mas uma boa amizade.

Namoraram durante quatro meses. Uma noite, voltando de uma festa com alguns amigos, Paula convidou todos para irem à casa dela tomar um *drink*. Eles adoraram a idéia. Ted não teve muita vontade de ir, ela perguntou por quê. Os amigos também insistiram, mas Ted disse: "Eu só não estou a fim, tá legal?"

Então ele deixou Paula, irritadiço, e foi para casa. Ficara magoado por ela não querer passar tempo sozinha com ele. O relacionamento não havia se aprofundado a ponto de ele estar confiante no amor dela. Mas Ted não estava pronto para terminar, então voltou no dia seguinte com flores.

"Eu só estava tentando ser amigável. Não sei se quero continuar esse relacionamento se você for ser sempre paranóico assim!", ela disse.

Eles foram de cômodo em cômodo falando e debatendo sobre como ele era um idiota, o cachorro os seguindo a todo lugar. No final, acabaram no sofá se beijando apaixonadamente. "A única razão pela qual você está aqui é porque ainda vira minha cabeça", ela disse.

Ele namorou outra pessoa por um tempo, mas não havia excitação. Com Paula, uma vez que a afeição foi adicionada à amizade genuína, a excitação cresceu para os dois. Ele gostava da sensação de paz silenciosa que lhe dava. Ela sentia uma esmagadora vibração de paixão.

Ambos valorizavam o aspecto intelectual de seu relacionamento. Paula disse a Ted que ele era o primeiro com quem ela saía que podia falar de algo além de esportes. Ela gostava de discutir sobre uma vasta gama de assuntos e até de falar sobre a arqueologia dela – mantinha alguns de seus artefatos no escritório. Paula ficava surpresa com o fato de ele se importar o bastante com ela e seus interesses para exibir seus tesouros no escritório dele.

Depois de uma noite de verão dourada, Ted disse: "acho que deveríamos nos casar". Paula perguntou quando. Ted entrou em choque. Ele achava que eles deveriam se casar dentro de seis meses, porque não queria perdê-la. Ela achava que eles deveriam esperar outros seis meses para ter certeza. Ela ganhou, como de costume.

Vamos olhar o relacionamento deles antes do casamento usando os Dados do Amor. Eu avaliaria da seguinte forma:

A química de Ted por Paula era alta.
A química de Paula por Ted era muito alta.
A maturidade de Ted era média.
A maturidade de Paula era alta.

Esse é um "diamante bruto". Os sentimentos de Ted por Paula na área de atração romântica eram grandes, mas não *muito* (agradável, pacífico). Paula, por outro lado, tinha uma atração romântica *muito* grande por Ted ("você vira minha cabeça"). Ele ainda estava à margem no departamento de maturidade emocional (possessividade); era quase tão maduro quanto um adulto normal. Ela era mais madura emocionalmente do que a maioria das pessoas – era honesta, confiável, carinhosa, otimista, realista, talvez um pouco tímida –, e todos gostavam dela. Mas, tomando por base a maturidade emocional deles, não acho que seja possível dizer que nesse período fossem "espiritualmente avançados".

Ted investia cada vez mais emocionalmente em Paula. Ele disse "eu nunca acreditei em amor, mas agora acredito porque você me amou".

Só que, conforme o casamento se aproximava, Ted começou a sentir um nó no estômago, um grande medo como o de ir a combate sem armadura. Estava sentindo *medo da vulnerabilidade*. Tinha medo de não ser bom o bastante para ela e que ela ficasse insatisfeita com ele. O nó no estômago durou dois anos, mas finalmente acabou devido à devoção incansável dela.

O maior problema de Paula era que, em festas, Ted gravitava em direção a outras mulheres e começava a paquerá-las. Ele flertava muito, e isso a deixava nervosa. Um dia ela mencionou isso a ele; depois disso Ted tentou flertar menos, por respeito a ela. Lentamente ela estava tentando aumentar a maturidade emocional dele (ela era sua amante terapeuta).

Um dia eles foram jantar fora, num bom restaurante. Ele sentou-se e esperou que ela se sentasse também, mas Paula ficou em pé. Ted perguntou porque ela não se sentava; ela respondeu: "Eu gostaria de me casar com um cavalheiro". Ele saltou da cadeira para segurar a dela, e sempre repetiu esse gesto depois disso. Ela era gentil e esperta ao ajudá-lo a crescer.

Eles precisavam esconder dos outros o quanto eram felizes, porque todos tinham inveja dessa felicidade.

Embora a vida sexual deles fosse razoavelmente satisfatória, ele queria que ela se "rendesse" completamente. Paula resistia. Ted queria compartilhar suas fantasias sexuais com ela. Ela não entendia. Ela podia ser bem madura (um ⚄), mas ainda não era muito madura (um ⚅).

Durante a primeira metade do trigésimo primeiro ano de casamento, Ted ocasionalmente teve alguns encontros sexuais fora do casamento. Ele só estava provando que era digno de amor, e compensando por suas privações sexuais. Não tinha nada que ver com Paula; os casos eram insignificantes e vazios. Nunca ocorreu a ele que pudesse haver repercussões para Paula.

Foi um desastre quando Paula finalmente descobriu. Ela ficou magoada e afastou-se dele emocionalmente. Sugeriu que Ted se mudasse para outro apartamento para que pudesse jogar seus joguinhos, e poderia ir vê-la quando realmente quisesse estar com ela. Pensava que o sexo externo *tinha* que ver com ela. Era um insulto ao seu orgulho; ela achava que Ted não tinha investido nela da forma que ela havia imaginado.

Mas eles eram amigos com um compromisso. Gostavam um do outro. Paula não queria se divorciar, nem ele. O amor deles era real: era a coisa mais importante de suas vidas. Continuaram morando juntos e trabalhando para melhorar o relacionamento. Ambos estavam comprometidos em descobrir o que estava acontecendo e como melhorar. Apesar disso, a mágoa e desconfiança entre eles durou um longo tempo.

Paula conversou com Ted, conversou com amigos e foi a um psicólogo. Ela leu livros. E finalmente o perdoou por suas indiscrições quando passou a entender o que era a privação sexual masculina e o que eram as fantasias. Ela não o perdoou simplesmente porque o amava, o que poderia ter repercussões mais tarde; ela o perdoou porque o entendeu de verdade. Passou a compreender as forças que o controlavam, mesmo que nem mesmo ele entendesse isso. ("Pai, perdoai-os pois eles não sabem o que fazem.") Ela cresceu, tornou-se uma espiritualmente avançada.

Quanto a Ted, aprendeu que lutar pela segurança do lar é um instinto básico feminino, e também aprendeu que a solidão que ele sentia antes de conhecer Paula voltou quando ela começou a se afastar emocionalmente. A solidão foi pior do que a não-satisfação de seus impulsos sexuais. Embora seu desejo por sexo fora do casamento ainda existisse, compreendeu que poderia controlá-lo se seu casamento oferecesse uma saída para suas fantasias.

Eles aprenderam juntos que podiam conversar sobre todas essas coisas, brincar com elas em sua vida sexual e fantasias e, ao fazê-lo, aproximavam-se mais ainda. Ela o ajudou com o trabalho dele, ele a ajudou com os filhos. Tornaram-se amantes melhores. Ainda havia áreas em que ele precisava crescer, e ela o ajudou nelas, mais do que nunca. O que havia começado como um "diamante bruto" tornou-se um relacionamento amoroso bom e, finalmente, um relacionamento amoroso muito bom.

O casamento terminou tragicamente após 31 anos, quando Paula morreu em um acidente de automóvel. Ted ficou arrasado. A solidão o assolou novamente. Agora, já tarde demais, ele percebeu inteiramente que o amor que tinha com Paula era a melhor coisa que havia conhecido em sua vida, a única que tinha verdadeiro significado. Ele havia encontrado esse relacionamento por sorte, e permaneceu nele com a ajuda dela. Percebeu rapidamente como havia sido difícil lidar com ele todos esses anos. Ainda assim ele a tinha amado, e ela o amara. Ele aprendeu com ela e cresceu. Paula aprendeu com ele e cresceu. Aqui estão o antes e o depois do relacionamento deles.

Antes

A química de Ted por Paula era alta.
A química de Paula por Ted era muito alta.
A maturidade de Ted era média.
A maturidade de Paula era alta.

Depois

A química de Ted por Paula permaneceu alta.
A química de Paula por Ted permaneceu muito alta.
A maturidade de Ted tornou-se alta.
A maturidade de Paula tornou-se muito alta.

Infelizmente, diamantes levam muito tempo para se formar. Levou metade de seu casamento para Ted crescer de um adulto normal ⚃ para mais maduro ⚄, e para Paula crescer de madura ⚄ para espiritualmente avançada ⚅. Ela havia crescido, e ele colheu os benefícios de viver com uma deusa. Mas foi preciso ela morrer para que ele crescesse em um nível espiritualmente avançado (um ⚅).

Embora esse relacionamento não fosse perfeito, era um relacionamento amoroso de qualidade. Eles gostavam muita da companhia um do outro e havia afeição. Estavam comprometidos a superar todos os problemas, mesmo que fossem muito complicados. Ambos cresceram durante o processo. Ele poderia ter crescido mais rápido, se seus sentimentos de química romântica por ela fossem maiores. Mas conforme se sentia mais seguro no amor e na compreensão dela, finalmente percebeu-se mais satisfeito e menos sozinho. Paula precisou trabalhar duro para ajudá-lo a superar suas imaturidades, mas valorizou a conexão química muito alta que sentia, e isso fez tudo valer a pena.

Esse relacionamento tinha uma alta conexão química e crescimento emocional em níveis altos. Esse é o quadro do amor de qualidade. A história de Ted e Paula é o único relacionamento amoroso de qualidade discutido neste livro, porque tais relacionamentos são muito raros. Barry/Linda e Mário/Elise, no Capítulo 5, tinham tanto potencial quanto Ted e Paula, mas não conseguiram obter o amor de qualidade. Como discutido neste livro, é muito difícil superar as dificuldades de encontrar e/ou construir um relacionamento amoroso de qualidade. Paula e Ted as superaram, e foram recompensados com uma vida amorosa feliz.

Uma razão pela qual eles foram capazes de superar as probabilidades era que eles acreditavam no valor daquilo que tinham. Acreditavam nisso mesmo quando as coisas não iam bem.

FÉ

Eu não sou um especialista em fé. Também não posso apresentar algo abrangente sobre esse assunto numa pequena seção de um único capítulo deste livro. Passaram-se séculos de pensamentos dedicados a esse tema. O que posso fazer é mostrar uma das coisas que me ajudaram no caminho.

Vejo a fé como a crença de que existem forças maiores moldando nosso destino, e que essas forças são forças do bem. Se você quiser, podemos chamar essas forças de "Deus", embora também possamos chamá-las de "Buda", ou "A Força", ou "O Rio", ou o que quer que faça sentido para você. Essas forças não são necessariamente a mesma, como o Deus que fomos ensinados a seguir. Dr. Peck diz: "[...] *você não conhece a mente de Deus. Tudo que você sabe é o que lhe ensinaram sobre Deus. Muito do que você pode ter ouvido sobre Deus está errado*". Seja o que for que tenhamos ouvido sobre Deus, seja certo ou errado, esse assunto está sujeito à interpretação de quem estiver nos contando sobre Ele. Portanto, devemos separar o joio do trigo com base em nossa própria experiência. Com sorte, nossa experiência inclui experimentações não-usuais, e não segue uma aceitação cega do dogma de outras pessoas. ("A estrada dos excessos leva ao palácio da sabedoria.") A fé cega (conhecida também como sabedoria convencional) pode fazer com que resistamos às verdadeiras forças do universo.

A fé surge quando nos entregamos sem resistência a essas forças, mesmo que não sejam familiares a nós. Existem maneiras alternativas de construir essa não-resistência: "Deixe estar e deixe Deus agir"; "Deixe estar e deixe o Bem agir"; "Que a Força esteja com você"; e "Confie no Rio".

O que quero dizer com "Confie no rio"? Estou me referindo à parábola do livro *Ilusões*, de Richard Bach. É tão boa que a reproduzo aqui:

> *O Mestre respondeu: "Uma vez existiu uma vila de criaturas perto do fundo de um grande rio de cristal. A corrente do rio deslizava silenciosamente sobre todos eles – jovens e velhos, ricos s pobres, bons e maus: a corrente seguia seu próprio caminho, e conhecia apenas o seu eu cristalino.*

Cada criatura à sua própria maneira se pendurava firmemente nos galhos e rochas do fundo do rio, porque se pendurar era seu modo de vida, e resistir à corrente era o que cada um havia aprendido desde o nascimento.

Mas uma criatura finalmente disse: "Estou cansado de me segurar. Embora eu não possa ver com meus olhos, confio que a correnteza sabe aonde está indo. Me soltarei e deixarei que ela me leve onde quiser. Me segurando, acabarei morrendo de tédio".

As outras criaturas riram e disseram: "Tolo! Solte-se, e aquela correnteza que você adora irá te lançar violentamente contra as rochas, e você morrerá mais rápido do que morreria de tédio!"

Mas ela não lhes deu atenção, e respirando fundo soltou-se, e de uma só vez foi lançada violentamente contra as rochas.

Ainda em tempo, conforme a criatura se recusou a se pendurar de novo, a corrente a elevou do fundo, e ela não estava ferida ou machucada.

E as criaturas na correnteza abaixo, para quem ele era um estranho, gritaram: "Vejam, um milagre! Uma criatura como nós, e voa! É o Messias, que vem salvar a todos nós!"

E aquela criatura, carregada pela correnteza, disse: "Não sou mais Messias do que vocês. O rio se delicia em nos libertar, se ousarmos nos soltar. Nosso verdadeiro trabalho é essa viagem, essa aventura".

Mas eles gritaram ainda mais: "Salvador!", enquanto se seguravam às pedras, e quando olharam de novo ela havia sumido e foram deixados sozinhos inventando lendas sobre um Salvador.

Eu tenho fé no rio. Eu confio nas forças maiores. Acredito na conexão entre todas as coisas vivas. Meu livre-arbítrio existe como uma pequena parte do todo, operando em harmonia com essas conexões e forças.

O rio flui.

Eu fluo com o rio.

Eu dou graças por ser parte do rio.

Eu exalto suas águas profundas e rasas.

Tenho gozo em meu coração pela dor.

Com a rede de amigos, não precisarei me segurar às margens do rio.

Com meu conhecimento, toco na fonte do amor.

Com lealdade aos segredos dos Dados do Amor, encontro paz de espírito.

Estou conectado ao centro do universo.

Minha futura amante está aqui, em algum lugar.

E eu digo ao rio: não faça a minha vontade, mas sim a sua.

Quando não consigo dormir, ansioso e cansado pela busca, deixo o rio tomar conta da minha mente. Posso senti-lo correndo sobre mim, me acalmando. Eu posso ouvi-lo, algumas vezes movendo-se devagar, outras apressando-se em frente. Deixo-me levar pela correnteza. Estou à vontade porque ele sabe aonde está me levando. Trouxe você a mim e me levou a ti. Estamos conectados. Nunca poderemos nos separar. O rio sempre vai estar lá, nos unindo. Está me levando rumo ao meu destino, e você rumo ao seu. Eu adormeço murmurando:

"Confie no rio.
Confie no rio.
Confie no rio
Confie..."

E amanhã vou acordar pronto para continuar a busca pelo meu relacionamento amoroso de qualidade. Reconheço o quanto é difícil encontrar alta química mútua e alta maturidade mútua, o quanto é difícil superar a privação, como existe pouco entendimento e apoio para uma comunicação honesta sobre fantasias, e como é difícil mudar o mundo. Mas é mais fácil conhecendo vocês, meus amigos e leitores. Vocês são as estrelas do universo e adorei passar meu tempo com vocês. Sua energia me dá força. E o rio levará todos nós a um destino maior.

"Vozes maiores estão chamando..."

RESUMO

Forças maiores agem sobre nossas vidas, independentemente de como as chamamos, e precisamos aprender a confiar nelas. Essas forças incluem, em particular, a química romântica e o impulso interno em direção ao crescimento emocional. Quando nos alinhamos com essas forças, estamos no caminho para encontrar relacionamentos amorosos de qualidade. Estabilidade, liberdade, flexibilidade e fé são apenas alguns dos atributos que os amantes deveriam desenvolver em si mesmos, e procurar e sustentar em outros se quiserem seguir por esse caminho.

TAREFA

Avalie suas metas para determinar se encontrar um relacionamento amoroso de qualidade é importante para você.

Avalie sua maturidade emocional para determinar se você está preparado para procurar por esse relacionamento.

Avalie seu conhecimento para determinar se você entende os segredos dos Dados do Amor.

Avalie suas atitudes para determinar se elas ajudam a fazer do mundo um lugar melhor para relacionamentos amorosos de qualidade.

Faça sua parte para ajudar o mundo de hoje a se tornar um mundo melhor no futuro.

Nota

1. *Neurose e desenvolvimento humano*, de Karen Horney. Esses tipos de personalidade são descritos detalhadamente nos capítulos 8, 9 e 11. Suas descrições são completas e excelentes, e você reconhecerá muitos de seus amigos e/ou amantes. Recomendo a leitura desse livro para entender melhor as pessoas em sua vida.

RESUMO E CHECKLIST

A seguir proponho um breve resumo dos Segredos dos Dados do Amor. Use como um checklist de perguntas para se fazer periodicamente a fim de determinar se você está ou não no caminho certo da sua busca por um relacionamento amoroso de qualidade. Este checklist também pode ser usado ao conversar com um amigo sobre a busca dele. Se você precisar de explicação adicional sobre qualquer material deste resumo, volte ao capítulo apropriado.

1. Poder e magia

Qual é o grau de **química romântica**?
Seu? Dele/dela?

2. Estabilização

Qual é o grau de **maturidade emocional**?
Seu? Dele/dela?

3. Beijando sapos

Você está conhecendo pessoas o suficiente?
Você **conhece as probabilidades**?

4. A nave espacial

Tudo funciona junto?
Todos os sistemas "valem"?

5. Diamantes levam muito tempo para se formar

Você é paciente o suficiente para suportar o **longo tempo de espera**?

6. Sexo é como água

Você tem sexo e apoio emocional o suficiente (**água e comida**) para atravessar o deserto?

7. Desfrute das doces distrações

O quanto sua **rede de segurança** é forte?
Sua **carteira de investimentos** é diversificada?

8. Procure por um arco-íris de valores

Você encontra e mantém relacionamentos **orientados por valores** em sua rede de comunicações?

9. Sem o medo não haveria coragem

Você pode se lançar para fora da sua zona de conforto para adquirir **conhecimento**?

10. Se você estiver tentando relaxar, não faça perguntas

Você aprendeu a "**deixar estar**" até a hora certa?

11. Descubra o verdadeiro significado das fantasias

Você tomou a "estrada dos excessos" para o palácio da **aceitação verdadeira**?

12. Confie no rio

Você é capaz de **se soltar** e deixar que as forças maiores (mesmo que não sejam familiares) guiem sua vida?

Para escrever um poema

Escrever um poema
É mesmo difícil,
Imaginação sábia
É preciso.
Uma fonte borbulhante
jorrando e
rolando
acima e
para fora.
Para visualizar
sem nenhuma
dúvida.
Escrever um poema
é difícil de fazer
a menos que você
escreva o que é
verdadeiro
para
você.

Por Christy Hurlburt,
13 anos de idade

APÊNDICE 1

De *The love test* [*O teste do amor*]
De Harold Bessell, Ph.D.

TABELAS DE COMPARAÇÃO:

PAIXÃO PASSAGEIRA OU QUÍMICA ROMÂNTICA VERDADEIRA? SEMELHANÇAS E DIFERENÇAS

Paixão passageira	*Atração romântica verdadeira*
Semelhanças	
Fortes sentimentos iniciais de excitação prazerosa	Fortes sentimentos iniciais de excitação prazerosa
Forte desejo de estar com aquela pessoa	Forte desejo de estar com aquela pessoa
Pontuação alta em um questionário de atração romântica	Pontuação alta em questionário de atração romântica
Não relacionada com a maturidade emocional de ambos	Não relacionada com a maturidade emocional de ambos
Diferenças	
Baseada em tempo limitado e associação real	Dura mais que três ou quatro meses, geralmente indefinidamente
Uma viagem de fantasia em seus desejos	Realidade, baseada em atração verdadeira e contínua satisfação com a companhia dessa pessoa
O interesse sexual diminui	O interesse sexual persiste
O contato real e freqüente quebra o encanto	O contado real e freqüente reforça a atração "química", quer você goste, confie e respeite a pessoa, quer não
Quando o relacionamento acaba, está acabado para sempre; e você se sente mais leve e aliviado	A atração da personalidade do outro geralmente dura indefinidamente, quer você goste, confie e respeite essa pessoa, quer não
O desejo de estar junto acaba, um caso de "identidade equivocada"	O desejo de associação permanece indefinidamente
Forte emoção provocada por fantasia realizada	Forte emoção como uma sensação positiva biopsicológica de excitação normal, que é uma resposta intrínseca, não baseada ou continuada por fantasia
Quase sempre começa imediatamente e termina muito rápido	Embora com freqüência comece imediatamente, às vezes cresce e floresce com o contato freqüente
Sentimentos morrem	Sentimentos persistem

SEXO OU QUÍMICA ROMÂNTICA VERDADEIRA? SEMELHANÇAS E DIFERENÇAS

Sexo	*Química romântica verdadeira*
Semelhanças	
Muito prazeroso	Muito prazerosa
Diferenças	
Um grande número de pessoas pode apreciar, umas com as outras	Vivenciada por menos pessoas
O prazer partilhado um com o outro de uma maneira física	Prazer partilhado de muitas maneiras diferentes
Pode haver tédio com o parceiro quando o sexo acaba	Interesse contínuo no parceiro após o sexo
Interesse variável a fraco em relacionamento permanente	Desejo muito forte de relacionamento permanente
O foco do prazer é físico	O foco do prazer é a personalidade da outra pessoa
Pode ou não incluir verdadeira química romântica	Quase sempre inclui forte interesse sexual e satisfação
Pode ou não ter um grande interesse no prazer e bem-estar da outra pessoa	Existe um forte interesse no prazer e bem-estar da outra pessoa
O relacionamento pode acabar rapidamente quando surgem dificuldades	Há forte interesse em continuar o relacionamento, apesar de dificuldades
O desejo é pelo prazer físico	O desejo é por um relacionamento para a vida inteira
Proporciona uma sensação temporária de bem-estar	Proporciona um duradouro sentimento de pertencimento
Pode ou não haver um forte interesse protetor em relação ao parceiro	Existe um forte interesse de proteção em relação ao parceiro

COMPARAÇÃO DE SEXO, PAIXÃO PASSAGEIRA, ATRAÇÃO ROMÂNTICA E MATURIDADE EMOCIONAL			
Sexo	*Paixão passageira*	*Atração romântica*	*Maturidade emocional*
Ímpeto biológico	Realização de desejo, viagem de fantasia que termina com o impacto da realidade, mostrando que a fantasia é um falso indicador da verdadeira atração romântica; a falsa crença é a de que o parceiro romântico foi encontrado	Uma atração biopsicológica pela personalidade da outra pessoa, uma sensação de excitação prazerosa, desejo de associação íntima e vontade de ser muito desejado pela outra pessoa	Grau no qual a pessoa desenvolveu a capacidade de ter o conhecimento do próprio eu, para se relacionar construtivamente em relacionamentos sociais, ser capaz de resolver os problemas da vida, ter autodisciplina e se comportar com altos padrões de ética.
Oferece satisfação temporária	Oferece a vibração temporária de ter encontrado um companheiro excitante e completo	Oferece satisfação vitalícia quando a atração e o prazer são mútuos	Oferece aumento regular da habilidade de lidar de maneira realista e efetiva com as exigências e desafios da vida. Personifica a capacidade de tratar outra pessoa com respeito, dignidade e carinho. Tira o melhor das pessoas.
Interesse pode ser unilateral ou mútuo	Pode ser unilateral ou mútua, mas geralmente termina bem cedo	Pode ser unilateral ou mútua. Uma vez passado o momento da paixão, tipicamente dura uma vida inteira. Se estiver lá, não sabemos como fazer ir embora. Se não está lá, não sabemos como trazer.	Qualquer pessoa que queira pode ser mais madura ao ter mais comportamentos maduros. Todos podem crescer emocionalmente, se o desejo, a determinação e os esforços forem fortes o bastante.
Pode ser muito entediante se não acompanhado de atração romântica	Em seqüência está o prazer, seguido de decepção e desinteresse	Existe, quando mútua, grande satisfação, preenchimento, com sexo, companheirismo. Quando não mútua, é muito frustrante, difícil ficarem juntos.	Quando presente, constrói relacionamentos fortes; quando ausente, destrói relacionamentos, mesmo que haja forte interesse romântico
Propósito: procriação, via prazer	Propósito: o desejo de ter encontrado um amante	Pode manter duas pessoas juntas para sempre, se maturidade suficiente estiver presente	Assegura ajustamento de sucesso na vida

APÊNDICE 2

De *The love test* [*O teste do amor*]

De Harold Bessell, Ph.D.

QUESTIONÁRIO DE ATRAÇÃO ROMÂNTICA

Instruções: Classifique a intensidade do seu sentimento pelo seu parceiro em cada uma das afirmações seguintes. Circule um dos cinco números à direita de cada afirmação, com o 5 indicando o sentimento mais forte e 1, o mais fraco. Circule um número para cada afirmação. Todas as afirmações devem ser classificadas; se você não estiver seguro de uma resposta ou não entender a afirmação, circule o 3. Cada parceiro deve preencher seu próprio questionário e poderá refazer o teste em uma data futura, no questionário original, usando uma caneta de cor diferente.

Data: ____________________ Classificador: ______________________

Pontuação total: ____________ Parceiro: __________________________

	Baixa				*Alta*
1. Sinto-me uma pessoa de sorte por conhecê-lo.	1	2	3	4	5
2. Parecia haver algo de incomum e muito especial entre nós em nosso primeiro encontro.	1	2	3	4	5
3. Com freqüência nos divertimos quando não estamos fazendo nada de especial.	1	2	3	4	5
4. Eu sinto muita falta dessa pessoa quando estamos longe.	1	2	3	4	5
5. A aprovação dessa pessoa é muito importante para mim.	1	2	3	4	5
6. Eu sinto uma vibração só de olhar para essa pessoa.	1	2	3	4	5
7. Eu quero que esse relacionamento seja permanente.	1	2	3	4	5
8. Eu sou mais feliz quando estamos juntos.	1	2	3	4	5
9. Estar com essa pessoa é mais importante para mim do que onde estamos ou do que estamos fazendo.	1	2	3	4	5
10. Gosto dessa pessoa em muitas outras maneiras além de só compartilhar afeição.	1	2	3	4	5
11. Eu sinto que fomos feitos um para o outro.	1	2	3	4	5
12. Meu amigo é uma pessoa linda.	1	2	3	4	5
13. Eu gosto de planejar coisas que faremos juntos.	1	2	3	4	5
14. Estou curioso em relação ao porquê e quanto essa pessoa está interessada em mim.	1	2	3	4	5
15. Quero que nossa atração seja mútua.	1	2	3	4	5
16. Não estou mais procurando por um parceiro romântico.	1	2	3	4	5

	Baixa				*Alta*
17. Eu tenho algo muito especial com essa pessoa, algo que não tenho com mais ninguém.	1	2	3	4	5
18. Estou disposto a manter esse relacionamento mesmo que meu amigo não faça mudanças.	1	2	3	4	5
19. Eu adoro surpreender essa pessoa com um cartão ou presente.	1	2	3	4	5
20. Posso perdoar essa pessoa quase instantaneamente.	1	2	3	4	5
21. Tenho um sentimento de excitação quando estamos juntos.	1	2	3	4	5
22. Quero ser muito especial na vida dessa pessoa.	1	2	3	4	5
23. Eu precisaria procurar por muito tempo para encontrar alguém de quem eu gostasse tanto e com tanta consistência.	1	2	3	4	5
24. Afeição física por essa pessoa é algo muito diferente e muito especial.	1	2	3	4	5
25. Essa pessoa é uma grande companheira.	1	2	3	4	5
26. Meu amigo tem uma personalidade atraente.	1	2	3	4	5
27. Eu gosto de fazer coisas por essa pessoa.	1	2	3	4	5
28. Nosso relacionamento tem algo de esplêndido e muito difícil de encontrar.	1	2	3	4	5
29. Essa pessoa está com freqüência em minha mente.	1	2	3	4	5
30. Existe algo quase místico em nosso contato olho a olho.	1	2	3	4	5
31. Eu experimento sentimentos incomuns e excitantes quando estou com essa pessoa.	1	2	3	4	5
32. Estou muito disposto a continuar esse relacionamento, apesar dos aborrecimentos.	1	2	3	4	5
33. Quando existem tarefas a serem feitas, prefiro que façamos juntos.	1	2	3	4	5
34. Fiz esforços para mudar e ser mais agradável ao meu amigo.	1	2	3	4	5
35. Eu gosto de discutir uma grande quantidade de assuntos com essa pessoa.	1	2	3	4	5
36. Essa é a minha pessoa favorita para se estar junto.	1	2	3	4	5
37. Temos algo que poderia ser descrito como intimidade espiritual.	1	2	3	4	5
38. Tenho uma sensação muito agradável quando encontro essa pessoa inesperadamente.	1	2	3	4	5
39. Eu sentiria ciúme se meu amigo se interessasse fortemente por outra pessoa.	1	2	3	4	5
40. Eu estou, ou poderia ficar, totalmente comprometido com esse relacionamento.	1	2	3	4	5

	Baixa				*Alta*
41. Gosto de estar com essa pessoa mesmo quando estamos em silêncio.	1	2	3	4	5
42. Quero que essa pessoa me respeite pelas minha habilidades.	1	2	3	4	5
43. Quando as coisas estão indo bem entre nós, tenho uma sensação de plenitude e bem-estar.	1	2	3	4	5
44. Significa muito para mim quando meu amigo faz algo de especial por mim.	1	2	3	4	5
45. Às vezes eu desejo que meu amigo me conheça e me aceite completamente pelo que eu sou.	1	2	3	4	5
46. Eu gostaria de saber o que meu amigo acha de atraente em mim.	1	2	3	4	5
47. Gosto de tocar e ser tocado por essa pessoa.	1	2	3	4	5
48. Estou atraído de uma maneira que outros não entendem.	1	2	3	4	5
49. Existem tantas coisas que gostaria que fizéssemos juntos, se ao menos houvesse tempo o bastante.	1	2	3	4	5
50. Se criticado por outros, eu defenderia meu amigo.	1	2	3	4	5
51. Estou bem disposto a fazer coisas pelo meu amigo sem precisar saber a razão.	1	2	3	4	5
52. Eu tenho um interesse protetor no bem-estar do meu amigo.	1	2	3	4	5
53. O prazer que obtenho desse relacionamento vale o preço que pago.	1	2	3	4	5
54. Essa pessoa tem uma grande influência sobre mim.	1	2	3	4	5
55. Muitas vezes me pergunto o que meu amigo está pensando.	1	2	3	4	5
56. Dizer não a essa pessoa é difícil para mim.	1	2	3	4	5
57. Eu gosto de inventar surpresas especiais para meu amigo.	1	2	3	4	5
58. Fico feliz quando essa pessoa se agrada comigo.	1	2	3	4	5
59. Esse relacionamento é meu interesse mais forte na vida.	1	2	3	4	5
60. Essa é a pessoa com quem eu preferiria envelhecer.	1	2	3	4	5

APÊNDICE 3

De *The love test* [*O teste do amor*]
De Harold Bessell, Ph.D.

FORMULÁRIO DE CLASSIFICAÇÃO DA MATURIDADE EMOCIONAL

Instruções: Classifique seu parceiro em cada um desses 63 traços comportamentais em termos de com que freqüência esse comportamento é observado por você: quase nunca (qn); algumas vezes (av); com freqüência moderada (cfm); com freqüência (cf); com muita freqüência (cmf). Quando possível, classifique o comportamento dessa pessoa quando estiver com você ou relacionado a você. Cada item deve ser classificado. Circule o código que descreve melhor o comportamento de seu parceiro. Se você não entender a afirmação, circule cfm. Coloque o número de classificações que circulou do lado esquerdo da lista. Essas pontuações básicas devem ser totalizadas em cada uma das quatro áreas da maturidade. Preencha essas pontuações nas linhas a seguir. Cada uma dessas pontuações baixas mostram uma área provável de imaturidade.

Data: ________________ Classificador: ____________________

Pontuação de maturidade: _________ Parceiro: ______________________

Baixa pontuação de consciência: ________________

Baixa pontuação de relacionamento: ____________

Baixa pontuação de competência: ______________

Baixa pontuação de integridade ________________

Consciência	quase nunca	algumas vezes	com freqüência moderada	com freqüência	com muita freqüência
1. *Conhecendo seus próprios sentimentos* Meu amigo está consciente e é capaz de relatar seus próprios sentimentos com precisão.	qn	av	cfm	cf	cmf
2. *Conhecendo os sentimentos dos outros* Meu amigo é sensível ao sentimentos dos outros e pode descrevê-los.	qn	av	cfm	cf	cmf
3. *Ser espontaneamente expressivo* Meu amigo é emocionalmente expressivo de uma maneira imediata e natural.	qn	av	cfm	cf	cmf
4. *Habilidade de discutir sentimentos pessoais* Meu amigo é capaz de discutir sentimentos pessoais com precisão e está disposto a fazê-lo.	qn	av	cfm	cf	cmf
5. *Lidando com sentimentos conflitantes* Meu amigo aceita a inevitabilidade de ter sentimentos conflitantes e lida com eles efetivamente.	qn	av	cfm	cf	cmf

Consciência (continuação)	quase nunca	algumas vezes	com freqüência moderada	com freqüência	com muita freqüência
6. *Curiosidade* O comportamento do meu amigo é inquisitivo e investigativo.	qn	av	cfm	cf	cmf
7. *Satisfazendo desejos construtivamente* Os desejos pessoais e necessidades do meu amigo são atendidos de maneira construtiva.	qn	av	cfm	cf	cmf
8. *Lidando com o medo* Meu amigo está ciente de seus sentimentos de medo, mas lida com a situação de maneira eficaz.	qn	av	cfm	cf	cmf
9. *Lidando com a raiva* Meu amigo está ciente de seus sentimentos de raiva, mas lida com a situação de maneira eficaz.	qn	av	cfm	cf	cmf
10. *Aceitando a responsabilidade do fracasso* Meu amigo reconhece e aceita suas próprias limitações quando são a causa de fracasso.	qn	av	cfm	cf	cmf
11. *Lidando com frustração e desencorajamento* Meu amigo é positivo, persistente e eficaz em resolver sentimentos de frustração e desencorajamento	qn	av	cfm	cf	cmf
12. *Aceitação e aprovação do eu* Meu amigo reconhece suas limitações pessoais e ainda se sente aceitável e digno.	qn	av	cfm	cf	cmf
13. *Lidando com a incerteza* Meu amigo aceita um certo grau de incerteza como inevitável e mantém uma atitude positiva e disposta a lidar com ele.	qn	av	cfm	cf	cmf
14. *Separando o real do faz-de-conta* Meu amigo realmente distingue realidade, conhecendo claramente a diferença entre o real e o faz-de-conta.	qn	av	cfm	cf	cmf
15. *Usando a imaginação construtivamente* Meu amigo apresenta uma imaginação bem desenvolvida e aplica as idéias de maneiras construtivas.	qn	av	cfm	cf	cmf

Baixa pontuação de consciência: ____________________

Relacionamento	quase nunca	algumas vezes	com freqüência moderada	com freqüência	com muita freqüência
1. *Importando-se com outros* Meu amigo é sensível e construtivamente compreensivo com as necessidades dos outros.	qn	av	cfm	cf	cmf
2. *Obtendo atenção construtivamente* Meu amigo obtém atenção às suas necessidades de maneiras construtivas.	qn	av	cfm	cf	cmf
3. *Merecendo aceitação* Meu amigo consegue aceitação e inclusão respeitando os valores dos outros.	qn	av	cfm	cf	cmf
4. *Merecendo aprovação de outros* Meu amigo merece reconhecimento e aprovação de outros.	qn	av	cfm	cf	cmf
5. *Dando atenção afetuosa* Meu amigo demonstra interesse em outras pessoas com entusiasmo.	qn	av	cfm	cf	cmf
6. *Sendo socialmente responsável* Meu amigo entende sua habilidade de afetar pessoas para melhor ou pior e usa esse poder com responsabilidade.	qn	av	cfm	cf	cmf
7. *Sendo atencioso* Meu amigo está ciente dos sentimentos dos outros e lida com eles de maneira atenciosa.	qn	av	cfm	cf	cmf
8. *Fazendo amizades* Meu amigo faz novas amizades facilmente e as mantém.	qn	av	cfm	cf	cmf
9. *Lidando com a pressão de colegas* Meu amigo é capaz de resistir à pressão negativa de colegas	qn	av	cfm	cf	cmf
10. *Expressando insatisfação construtivamente* Meu amigo é capaz de expressar reclamações ou críticas em maneiras que incentivam outras pessoas.	qn	av	cfm	cf	cmf
11. *Correspondendo ao bom tratamento* Meu amigo reconhece, aprecia e voluntariamente corresponde ao bom tratamento.	qn	av	cfm	cf	cmf

Relacionamento (continuação)	quase nunca	algumas vezes	com freqüência moderada	com freqüência	com muita freqüência
12. *Compartilhar a tomada de decisões* Meu amigo vive pelo valor de obter e dar a outros igual voz no processo de tomada de decisão.	qn	av	cfm	cf	cmf
13. *Mantendo promessas* Meu amigo mantém suas promessas.	qn	av	cfm	cf	cmf
14. *Solucionando conflitos construtivamente* Meu amigo, sem sacrificar seus direitos, usa de meios pacíficos e construtivos para solucionar conflitos.	qn	av	cfm	cf	cmf
15. *Disposição de compartilhar* Meu amigo compartilha reconhecimento e posses voluntariamente.	qn	av	cfm	cf	cmf
16. *Tornando-se mais agradável* Meu amigo aprecia e usa construtivamente a crítica que recebe para se tornar uma pessoa mais agradável.	qn	av	cfm	cf	cmf
17. *Lidando com sentimentos conflitantes em relação a pessoas* Meu amigo reconhece, aceita e lida construtivamente com decepções e desavenças com outras pessoas.	qn	av	cfm	cf	cmf
18. *Tratando bem o sexo oposto* Meu amigo é igualmente cortês com membros de ambos os sexos.	qn	av	cfm	cf	cmf

Baixa pontuação de relacionamento: ____________________

Competência					
1. *Aplicando energia e esforço* Meu amigo está disposto a aplicar energia e esforço.	qn	av	cfm	cf	cmf
2. *Usando conhecimento e habilidades* Meu amigo demonstra que adquiriu conhecimento e habilidades.	qn	av	cfm	cf	cmf
3. *Sendo engenhoso* Meu amigo se comporta de maneiras engenhosas e organizadas.	qn	av	cfm	cf	cmf

Competência (continuação)	quase nunca	algumas vezes	com freqüência moderada	com freqüência	com muita freqüência
4. *Mostrando iniciativa* Meu amigo inicia e implementa idéias e projetos.	qn	av	cfm	cf	cmf
5. *Mostrando criatividade* Meu amigo demonstra maneiras originais e inventivas de fazer as coisas.	qn	av	cfm	cf	cmf
6. *Comportando-se com expectativas realistas* As expectativas e metas do meu amigo são realistas.	qn	av	cfm	cf	cmf
7. *Mostrando autoconfiança* Meu amigo conta com seus próprios recursos para alcançar seus objetivos.	qn	av	cfm	cf	cmf
8. *Tomando desafios por conta própria* Meu amigo está disposto e ansioso a testar suas habilidades com novas tarefas.	qn	av	cfm	cf	cmf
9. *Mostrando precaução adequada* Meu amigo antecipa e evita perigos sérios.	qn	av	cfm	cf	cmf
10. *Mostrando autoconfiança* Meu amigo mostra uma atitude de segurança quando está lidando com novas situações.	qn	av	cfm	cf	cmf
11. *Sendo responsável* Sem precisar ser lembrado, meu amigo cumpre suas obrigações.	qn	av	cfm	cf	cmf
12. *Sendo motivado ao sucesso* Meu amigo mostra interesse e se motiva para o sucesso.	qn	av	cfm	cf	cmf
13. *Direcionando-se às metas* Meu amigo tem metas altamente definidas, que são buscadas construtivamente.	qn	av	cfm	cf	cmf
14. *Mostrando padrões altos* Meu amigo valoriza e busca altos níveis de precisão e habilidade em seu trabalho.	qn	av	cfm	cf	cmf
15. *Cooperando* Meu amigo combina bem seus talentos com os dos outros para atingir um benefício comum.	qn	av	cfm	cf	cmf

Competência (continuação)	quase nunca	algumas vezes	com freqüência moderada	com freqüência	com muita freqüência
16. *Mostrando flexibilidade* Meu amigo está pronto para levar em consideração uma nova informação e tentar novas maneiras de mudar circunstâncias para buscar uma mesma meta original.	qn	av	cfm	cf	cmf
17. *Desenvolvendo interesses pessoais* Meu amigo tem fortes interesses pessoais e os busca.	qn	av	cfm	cf	cmf
18. *Resolvendo problemas com eficácia* Meu amigo é organizado e eficaz em seus métodos de solução de problemas.	qn	av	cfm	cf	cmf

Baixa pontuação de competência: ____________________

Integridade					
1. *Mostrando autocontrole* O controle de meu amigo prevalece sobre o seu impulso.	qn	av	cfm	cf	cmf
2. *Esperando com vontade* Meu amigo espera com atitude realista e calma.	qn	av	cfm	cf	cmf
3. *Sendo fiel a afirmações* Meu amigo é natural, espontâneo e sincero quando descreve eventos.	qn	av	cfm	cf	cmf
4. *Lidando com aborrecimentos* Meu amigo mostra uma atitude positiva quando lida com aborrecimentos, dor ou desconforto.	qn	av	cfm	cf	cmf
5. *Perseverando* Meu amigo termina aquilo que começa.	qn	av	cfm	cf	cmf
6. *Sendo justo* Meu amigo tem igual consideração pelas suas necessidades e pelas dos outros.	qn	av	cfm	cf	cmf
7. *Asseio* Meu amigo se comporta de maneira limpa e organizada.	qn	av	cfm	cf	cmf

Integridade (continuação)	quase nunca	algumas vezes	com freqüência moderada	com freqüência	com muita freqüência
8. *Sendo confiável* Meu amigo cumpre com seus compromissos.	qn	av	cfm	cf	cmf
9. *Sendo genuíno em comportamento* O comportamento do meu amigo é natural e sincero.	qn	av	cfm	cf	cmf
10. *Aceitando culpa quando se é culpado* Meu amigo reconhece e aceita responsabilidade por sua má conduta.	qn	av	cfm	cf	cmf
11. *Respeitando o direito de propriedade dos outros* Meu amigo lida de maneira respeitosa com o direito pessoal de propriedade dos outros.	qn	av	cfm	cf	cmf
12. *Dividindo trabalho* Meu amigo leva sua porção do trabalho com vontade.	qn	av	cfm	cf	cmf

Baixa pontuação de integridade: ______________________

APÊNDICE 4

INFORMAÇÃO SOBRE DOENÇAS SEXUALMENTE TRANSMISSÍVEIS

A informação a seguir foi tirada do website do Centro para o Controle de Doenças (CDC), www.cdc.gov (conteúdo em inglês e espanhol). O propósito deste apêndice é dar uma olhada em algumas das doenças sexualmente transmissíveis mais comuns, sua prevenção, sintomas e tratamentos. Para mais informação consulte o website do CDC. Nem este apêndice, nem o website da CDC têm a intenção de substituir o aconselhamento de um médico ou profissional.

Mais informações também estão disponíveis nos websites do Ministério da Saúde, www.saude.gov.br; *Web MD*, www.webmd.com (em inglês) e *Planned Parenthood*, www.plannedparenthood.org (em inglês e espanhol).

Como novas informações estão sendo continuamente disponibilizadas, esses websites são atualizados com freqüência. Portanto, as informações anexas são somente uma amostra do que estava disponível em junho de 2003, e encorajo o leitor a visitar os *websites* citados para obter informações mais recentes.

O website da CDC tem a seguinte advertência:

> *As informações aqui contidas não têm o propósito de autodiagnosticar ou de substituir um profissional da saúde. Se você tiver uma pergunta sobre as doenças descritas ou acredita ter uma doença sexualmente transmissível, consulte um profissional.*

CLAMÍDIA

A clamídia é uma doença sexualmente transmissível (DST) comum, causada pela *Chlamydia trachomatis*, uma bactéria que pode danificar os órgãos reprodutores femininos. Como os sintomas da clamídia são brandos ou ausentes, complicações sérias que causam danos irreversíveis, incluindo infertilidade, podem ocorrer "silenciosamente", antes que a mulher reconheça o problema.

A clamídia pode ser transmitida durante o sexo vaginal, anal ou oral; também pode ser transmitida de uma mãe infectada para o filho recém-nascido durante o parto normal.

Clamídia é a infecção sexualmente transmissível mais freqüentemente recorrente nos Estados Unidos. É conhecida como uma doença "silenciosa" porque três quartos das mulheres infectadas, e metade dos homens infectados, não apresentam sintomas. Ela freqüentemente não é diagnosticada ou tratada até que as infecções se desenvolvam.

Em mulheres, a bactéria inicialmente ataca o colo do útero (se abrindo para o útero) e a uretra (canal urinário). As poucas mulheres com sintomas podem apresentar secreção vaginal anormal ou uma sensação de queimação ao urinar. Quando a infecção se espalha do colo do útero para as tubas uterinas, algumas mulheres ainda não apresentam sinais ou sintomas; outras têm dores abdominais e nas costas, náusea, febre, dor durante a relação e sangramento entre os períodos menstruais. Quando a infecção se espalha além do colo do útero para o sistema reprodutor superior, pode haver danos permanentes e irreversíveis.

Homens com sinais ou sintomas podem apresentar secreção no pênis e uma queimação ao urinar. Também podem ter sensações de queimação e coceira em volta da abertura do pênis ou dor e inchaço nos testículos, ou ambas.

Os sintomas normalmente aparecem entre uma e três semanas após a contaminação.

Clamídia pode ser facilmente tratada e curada com antibióticos. Recomenda-se uma dose única de azitromicina ou tratamento durante uma semana com doxiciclina (duas vezes por dia). Todos os parceiros sexuais também devem passar por tratamento.

Um comportamento sexual seguro e a procura por cuidados médicos adequados podem evitar que pessoas sejam infectadas ou reinfectadas com a clamídia e sofram complicações decorrentes dela.

- Use camisinhas corretamente toda vez que fizer sexo.
- Limite o número de parceiros sexuais e não fique alternando entre eles.
- Faça exames.

Se você acha que está infectado, evite ter contato sexual e procure um profissional imediatamente. Se ficar sabendo que foi infectado, notifique todos os seus parceiros sexuais imediatamente.

HERPES GENITAL

Herpes é uma doença sexualmente transmissível (DST) causada por vírus do herpes tipo 1 (HSV-1) e tipo 2 (HSV-2). A maioria das pessoas tem apenas sinais ou sintomas mínimos da infecção HSV-1 ou HSV-2. Quando os sinais aprecem, em geral surgem como uma ou mais bolhas em volta ou na genitália ou no reto. As bolhas estouram, deixando feridas que podem levar uma ou duas semanas para sarar na primeira vez. Tipicamente, outra erupção pode aparecer semanas ou meses após a primeira, mas é quase sempre menos severa e mais curta do que no primeiro episódio. Embora a infecção possa ficar no corpo indefinidamente, o número de erupções tende a diminuir após alguns anos.

HSV-1 e HSV-2 podem ser encontrados e liberados das feridas causadas pelo vírus, mas também são liberados entre trechos de pele que não pareça estar partida ou ferida. Uma pessoa quase sempre pega a infecção HSV-2 durante contato sexual com alguém que tenha a infecção HSV-2 genital. HSV-1 causa infecções na boca e lábios, chamadas de "bolhas de febre". Uma pessoa pode pegar HSV-1 ao entrar em contato com a saliva de uma pessoa infectada. HSV-1 dos genitais quase sempre são causados por contato sexual oral-genital com uma pessoa que tenha a infecção HSV-1 oral.

Os sinais e sintomas associados ao HSV-2 podem variar muito. Profissionais da saúde podem diagnosticar herpes genital por uma inspeção visual se a erupção for típica, ou tirando uma amostra da(s) ferida(s). Infecções HSV podem ser difíceis de diagnosticar entre as erupções. Exames de sangue que detectam HSV-1 ou HSV-2 são úteis, embora os resultados nem sempre sejam 100% corretos.

Não existe tratamento para curar a herpes, mas medicamentos antivirais podem diminuir e prevenir erupções durante o período em que a pessoa estiver medicada.

O uso constante e correto das camisinhas de látex pode ajudar a proteger contra a infecção. Entretanto, não oferecem proteção total porque a camisinha pode não cobrir a(s) ferida(s), e a irradiação viral pode acontecer de qualquer maneira. Se você ou seu parceiro tiverem herpes, é melhor se abster do sexo quando os sintomas ou sinais estiverem presentes e usar camisinhas de látex entre os períodos de erupção.

GONORRÉIA

A gonorréia é causada pela *Neisseria gonorrhoeae*, uma bactéria que pode crescer e se multiplicar facilmente em membranas mucosas do corpo. A bactéria pode crescer das áreas reprodutoras mornas e molhadas, incluindo o colo do útero (abertura para o útero), útero e tubas uterinas (canais de óvulos) em mulheres, e na uretra (canal urinário) em mulheres e homens. A bactéria também pode crescer na boca, garganta e ânus.

A gonorréia espalha-se por intermédio do contato sexual (vaginal, oral ou anal). Isso inclui pênis-vagina, pênis-boca, pênis-ânus, boca-vagina e boca-ânus. A ejaculação não precisa acontecer para a gonorréia ser transmitida ou adquirida. Gonorréia também pode ser passada de mãe para filho durante o parto.

A infecção pode espalhar-se para as áreas mais improváveis do corpo. Por exemplo, uma pessoa pode pegar uma infecção ocular se tocar os genitais e depois os olhos. Indivíduos que já tiveram gonorréia podem pegá-la novamente se tiverem contato sexual com pessoas infectadas.

Quando infectados, a maioria dos homens tem alguns sinais ou sintomas, que incluem uma sensação de queimação ao urinar e secreção amarela saindo do pênis. Às vezes apresentam também testículos doloridos e inchados.

Nas mulheres, os primeiros sintomas da gonorréia são muitas vezes leves, e muitas que são infectadas não apresentam sintoma algum. Mesmo quando a mulher apresenta sintomas, eles são tão pouco específicos que podem ser confundidos com infecção de bexiga ou vaginal. Os sintomas e sinais iniciais em mulheres incluem uma dolorosa sensação de queimação ao urinar e secreção vaginal amarelada e ocasionalmente sangrenta. Mulheres sem sintomas de gonorréia ou sintomas brandos ainda correm risco de desenvolver complicações sérias por causa da infecção. A gonorréia não tratada em mulheres pode desenvolver e se tornar uma doença inflamatória pélvica.

Os sintomas de infecção do reto incluem secreção, prurido anal, dor, sangramento e às vezes movimentos viscerais dolorosos. Infecções na garganta causam poucos sintomas.

Em homens, os sintomas geralmente aparecem de dois a cinco dias após a infecção; em alguns casos pode demorar até trinta dias para que os sintomas apareçam. Apesar dos sintomas, uma vez que uma pessoa foi infectada com gonorréia, pode espalhar a infecção para outros se camisinhas ou outras barreiras protetoras não forem usadas durante o ato sexual.

Muitos dos antibióticos utilizados atualmente podem curar a gonorréia com sucesso em adolescentes e adultos. A penicilina é um antibiótico comum que não é mais usado no tratamento de gonorréia. Como muitas pessoas com gonorréia também apresentam clamídia, antibióticos para ambas as infecções são geralmente ministrados concomitantemente. É recomendável que pessoas com gonorréia também façam exames para detecção de outras DSTs.

É importante tomar o medicamento receitado para curar a gonorréia, mesmo que os sintomas ou sinais parem antes que a medicação acabe. Embora a medicação pare a infecção, não irá reparar qualquer dano permanente causado por ela. Pessoas que já tiveram gonorréia e já foram tratadas podem pegar a doença novamente se tiverem contato sexual com uma pessoa infectada.

Pode-se prevenir a gonorréia usando camisinhas de látex corretamente em todas as relações sexuais.

Pessoas que escolherem participar de atividades sexuais que as colocam em risco de DSTs devem usar camisinhas de látex toda vez que fizerem sexo. Uma camisinha colocada no pênis antes da relação pode ajudar a proteger o homem e a mulher da gonorréia. Quando uma camisinha masculina não puder ser usada adequadamente, os parceiros sexuais precisam considerar o uso da camisinha feminina.

Camisinhas não propiciam proteção completa para todas as DSTs. Feridas e lesões de outras DSTs em homens e mulheres infectados podem estar presentes em outras áreas não protegidas pela camisinha, resultando em transmissão da infecção para outra pessoa.

- Limite o número de parceiros sexuais e não fique alternando entre parceiros.

- Pratique abstinência sexual ou limite seu contato sexual a um parceiro não infectado.

- Se você achar que está infectado, evite ter contato sexual e visite um profissional imediatamente.

Quaisquer sintomas genitais, tais como secreção, sensação de queimação ao urinar, feridas incomuns ou erupções devem ser vistas como um alerta para parar de fazer sexo e procurar um médico imediatamente. Se lhe disserem que você tem gonorréia ou outra DST e passar por tratamento, você precisará notificar todos os seus parceiros sexuais recentes, para que eles possam ser diagnosticados e tratados, se for o caso. Isso reduzirá o risco de seus parceiros desenvolverem complicações sérias da gonorréia e reduzirá seu próprio risco de reinfecção.

HEPATITE B

A hepatite B é causada pelo vírus da hepatite B (HBV). Ocorre quando sangue ou fluidos corporais de uma pessoa infectada entram no corpo de uma pessoa não-imune. HBV espalha-se por intermédio do sexo sem camisinha (a eficácia das camisinhas de látex na prevenção da HBV é desconhecida, mas o uso adequado pode reduzir a transmissão), pela partilha de agulhas no uso de drogas ou por meio de uma mãe infectada para o bebê durante o parto. Pense nos riscos se você estiver querendo fazer uma tatuagem ou um *piercing*. Pode acabar infectado se os instrumentos estiverem com o sangue de alguém.

Cerca de 30% das pessoas com HBV não apresentam sinais ou sintomas. Os sintomas são menos comuns em crianças do que em adultos. Alguns sinais e sintomas incluem icterícia, fadiga, dor abdominal, perda de apetite, náusea, vômito e dor nas juntas.

A vacina da hepatite B é a melhor proteção. Efeitos crônicos, incluindo morte por doença crônica do fígado, podem ocorrer se a vacina não for administrada.

SÍFILIS

Sífilis é uma DST complexa, causada pela bactéria *Treponema pallidum*. Com freqüência foi chamada de "a grande imitadora" porque tem muitos sinais e sintomas comuns a outras doenças.

A sífilis é passada de pessoa a pessoa pelo contato direto com uma ferida. Feridas ocorrem principalmente no exterior da genitália, vagina, ânus ou no reto; também podem ocorrer nos lábios e na boca. A transmissão do organismo ocorre durante sexo vaginal, anal ou oral. Mulheres grávidas podem passá-la para seus bebês. Sífilis não pode ser transmitida

Carta
Resposta
1.74.05.0297-0 - *DR/SPI*
AC/ Presidente Kennedy
Tecmedd Imp. Dist.
Livros Ltda
CORREIOS

CARTA - RESPOSTA
não é necessário selar

O selo será pago por

Tecmedd
editora

AC Presidente Kennedy
14.095-971 - Ribeirão Preto - SP

REMETENTE:
ENDEREÇO:

cole aqui

Sim, quero fazer parte do banco de dados seletivo da editora Novo Conceito para receber informações sobre lançamentos na(s) área(s) de meu interesse.

Nome: ______________________________

CPF: ______________________________

Sexo: O Masc. O Fem. Data de aniversário: ____________

Endereço: ______________________________

Cidade: ______________________________

CEP: ________________

Telefone: ________________

Fax: ________________

E-mail: ______________________________

De que forma tomou conhecimento deste livro?

O Jornal O Revista O Internet O Rádio
O TV O Mala direta O Indicação de professores
O Outros: ______________________________

dobre aqui

Indique sua(s) área(s) de interesse:

O Interesse geral
O Relacionamento
O Negócios
O Auto-ajuda
O Saúde
O Outras áreas ______________________________

Comentários

____
____
____
____

corte aqui

Título: O amor não é um jogo
Autoria: Randy Hurlburt

Leia também outros lançamentos da editora Novo Conceito

Meu terapeuta está me deixando maluco!

Este livro oferece um meio aberto e conciso de ajudar você a encontrar uma solução à sua maneira. Seja capaz de encontrar seu caminho, contornando as dificuldades que bloquearam seu sucesso e sua realização pessoal e profissional.

Espírito de Dragão

Espírito de dragão é um guia indispensável para o empreendedorismo do século XXI. Faça a si próprio e a seus negócios um favor. Esta obra não é apenas um livro, e sim um estilo de vida. Aproveite e divirta-se!

Novo Conceito editora

sac@editoranovoconceito.com.br
Centro de distribuição - (11) 3512-5500
Centro administrativo - (16) 3512-5500

Impressão e Acabamento

Prol

EDITORA GRÁFICA